W0470672

HISTOIRE
1

ROME ET LE MOYEN ÂGE 735 av. J.-C. - 1492

MALET ET ISAAC

HISTOIRE
1

ROME ET LE MOYEN ÂGE
735 av. J.-C. - 1492

André Alba

HACHETTE
Littératures

Collection fondée par Georges Liébert
et dirigée par Joël Roman

Avertissement

Aujourd'hui, alors que le débat sur l'enseignement de l'histoire a quitté les amphithéâtres et les bureaux ministériels, et que les médias s'en sont emparés avec une ampleur sans précédent, il a semblé que la réédition du livre d'histoire qui a formé quatre générations de Français correspondait à une demande de plus en plus vive.

Le « Malet-Isaac » présente en effet au lecteur un récit chronologique clair et précis, un texte solidement charpenté et d'une lecture agréable. Autant de qualités qui font que cet ouvrage prend naturellement place dans une collection de poche à large diffusion. Il allie la saveur de l'image d'Epinal à la rigueur du cours : références essentielles et récits vivants s'y côtoient.

Ce classique de la vie culturelle française demeure donc un irremplaçable ouvrage de référence.

C'est en 1902, sur la recommandation de l'historien Ernest Lavisse, alors au faîte de sa carrière, qu'Albert Malet se vit confier par les éditions Hachette la rédaction d'un nouveau manuel d'histoire. Quatre ans plus tard lui fut adjoint un jeune agrégé, Jules Isaac.

A la mort de Malet, Isaac continua et enrichit l'œuvre de son prédécesseur.

C'est lui qui fit du «Malet-Isaac», plus qu'une réussite exceptionnelle dans le domaine de l'édition, une véritable institution.

Le «cours Malet» était né des programmes du 31 mars 1902. L'étude de l'histoire était alors divisée en deux cycles. De la sixième à la troisième, les lycéens étudiaient l'histoire de l'Egypte ancienne à 1889, date du premier centenaire de la Révolution française. De la seconde à la terminale, les élèves reprenaient l'étude des époques moderne et contemporaine.

Le «Malet-Isaac» proprement dit est issu des programmes mis au point en 1923 et 1925. Aux deux cycles se substituait un cycle unique : de la sixième à la terminale, les élèves suivaient le fil chronologique, en partant des périodes les plus reculées pour aboutir aux plus récentes.

De 1923 à la mort de Jules Isaac en 1963, plusieurs réformes et plusieurs éditions de l'ouvrage se succédèrent. De nombreux historiens de renom y collaborèrent : André Alba, Antoine Bonifacio, Jean Michaud, et Charles H. Pouthas.

La présente édition reproduit les volumes des classes de cinquième et de quatrième de l'édition de 1958 (sous le titre «ROME ET LE MOYEN-AGE»), le volume de troisième de l'édition de 1958 («L'AGE CLASSIQUE»), le volume de seconde de 1960 («LES REVOLUTIONS»), et le volume de première de l'édition de 1961 («LA NAISSANCE DU MONDE MODERNE»).

Pour répondre aux exigences d'une édition populaire en format de poche et pour simplifier la lecture, les illustrations, les documents et la cartographie ont été supprimés et les notes allégées. Le texte n'a subi que quelques modifications de détail (suppression des chapitres XXI, XXVII, XXIX et XXX du livre de première).

Cette édition, fidèle à l'esprit du texte original, met ainsi à la disposition du public un instrument de culture générale introuvable depuis des années.

PREMIERE PARTIE
HISTOIRE ROMAINE

Après la Grèce, l'Italie où l'on voit naître et grandir Rome

1. L'Italie.

L'Italie occupe une situation très favorable. Elle partage en deux bassins la Méditerranée; elle tient solidement à la Gaule et à L'Europe centrale pendant qu'elle semble aller au-devant de la Grèce et de l'Afrique du Nord.

Le nord de l'Italie forme une plaine, traversée par le Pô et encadrée par deux chaînes de montagnes : d'une part, au Nord et à l'Ouest les *Alpes*, d'autre part, au Sud l'*Apennin*. Jusque vers l'époque de Jésus-Christ, la plaine du Pô n'a pas fait partie de l'Italie : comme elle fut, pendant deux cents ans, occupée par des Gaulois, les Romains l'appelaient *Gaule cisalpine*[1]. Le nom d'Italie était donc réservé à l'Italie péninsulaire.

L'*Italie péninsulaire* est parcourue du Nord au Sud par l'Apennin, âpre, difficile à traverser, jadis très boisé, de sol pauvre. Au pied des montagnes, il y a quelques plaines : l'*Apulie* au Sud-Est, le long de la mer Adriatique; puis, du côté de la mer Tyrrhénienne et en allant du Nord au Sud, des parties de

1. Le préfixe *cis* signifie : de notre côté.

l'*Étrurie*, du *Latium* et de la *Campanie.* Par-delà le détroit de Messine, la Sicile continue la botte italienne.

Le sol de l'Italie et de la Sicile est en partie *volcanique* : le Vésuve en Campanie, l'Etna en Sicile, le Stromboli dans les îles Lipari sont, aujourd'hui encore, des volcans en activité.

Ni à l'Est ni à l'Ouest, les côtes ne sont favorables à la navigation. *A l'inverse des Grecs qui furent, avant tout, des marins et des commerçants, les Romains furent des terriens et des paysans.*

2. Les anciens habitants. Les Italiotes.

Vers 750 av. J.-C., au moment où commence l'histoire romaine, on trouvait en Italie trois sortes de peuples : les Italiotes, les Grecs, les Étrusques.

Les *Italiotes* étaient de la même famille de peuples que les Grecs, les Gaulois, les Germains[1]. Comme eux, ils étaient venus des grandes plaines d'Europe orientale. Ils pénétrèrent en Italie, par vagues successives, entre 1500 et 1000 av. J.-C. et y formèrent différentes peuplades,, dont les principales étaient les *Ombriens*, les *Latins*, les *Sabins*, les *Volsques*, les *Samnites.* Ils étaient alors des bergers et des paysans à demi barbares.

Ceux qui étaient destinés à jouer le plus grand rôle dans l'Histoire étaient les *Latins.* Ils s'étaient fixés sur les collines du *Latium* et y avaient fondé plusieurs villages, dont le plus important, au début du VIIIe siècle, s'appelait *Albe.*

En 753 av. J.C., dit la tradition, quelques-uns de ces Latins quittèrent Albe et allèrent fonder sur une colline, à quelques kilomètres de là, un village qui est l'origine de la ville de *Rome.*

3. La fondation de Rome.

La légende racontait que la ville de Rome avait été fondée par deux frères jumeaux, *Romulus* et *Remus.* Leur père, disait-on, était le dieu *Mars* et leur mère était la fille d'un roi d'Albe. Leur oncle avait ordonné qu'on les exposât sur le Tibre et qu'on les laissât périr. Ils avaient été miraculeusement sauvés, allaités

1 Ainsi que les Perses et les Hindous C'est pourquoi on appelle cette famille de peuples les Indo-Européens

par une louve, puis recueillis par un berger. Devenus grands, ils revinrent à Albe, puis allèrent fonder un village nouveau sur la colline du *Palatin*, près de laquelle ils avaient été allaités par la louve. Du nom de Romulus, ce village s'appela Rome.

Sur les collines voisines, il y avait d'autres villages latins et des villages sabins. D'abord ennemis, Sabins et Latins s'unirent. Dès lors, pendant deux siècles environ, les rois qui se succédèrent à Rome furent tantôt des Sabins, tantôt des Romains. Le premier qui succéda à Romulus, le Sabin *Numa*, organisa la religion romaine. Sous le Romain *Tullus Hostilius*, la guerre éclata entre Rome et Albe : à la suite du combat singulier qui opposa les trois *Horaces* aux trois *Curiaces*, Rome devint, à la place d'Albe, la ville principale du Latium.

Mais déjà Romains et Sabins commençaient à subir l'influence de deux peuples étrangers, établis depuis peu en Italie, les Grecs et les Étrusques.

4. Arrivée des Grecs et des Étrusques.

Dans le temps où Romulus fondait Rome, les premiers colons grecs arrivaient en Sicile et dans l'Italie méridionale. Ils finirent par y être si nombreux que ces régions prirent le nom de *Grande Grèce*. Les principales villes qu'ils y fondèrent furent *Cumes, Naples, Paestum* en Campanie ; *Crotone, Sybaris* et *Tarente* à l'extrémité de la botte italienne ; *Syracuse* et *Agrigente* en Sicile. Aux Italiotes des environs, les Grecs apportèrent peu à peu la connaissance des dieux de l'Olympe, le goût de l'art, quelques notions scientifiques et surtout l'alphabet.

Peu après les Grecs, les *Étrusques*, venus sans doute d'Asie Mineure par mer, débarquèrent en Étrurie[1]. Ils drainèrent le pays qui devint une riche terre à blé ; ils travaillèrent le fer de l'île d'Elbe, l'or, l'argent ; ils sculptèrent de magnifiques statues en bronze ou en terre cuite et décorèrent de peintures les murs des caveaux souterrains où ils enterraient leurs morts. Marins et commerçants, les Étrusques eurent une flotte nombreuse et établirent des comptoirs en Provence et en Espagne, mais, par là, ils entrèrent en rivalité avec les Carthaginois.

1 L'« Étrurie » s'appelle aujourd'hui la *Toscane*

Les Étrusques étaient hantés par la crainte des morts et des dieux. Les morts, torturés sous terre par d'affreux démons, revenaient parfois au jour et tourmentaient les vivants : pour les apaiser, on leur offrait des sortes de sacrifices humains en faisant combattre sur leurs tombes des *gladiateurs* qui s'entre-tuaient. Pour connaître la volonté des dieux et ne rien faire qui pût leur déplaire, les Étrusques avaient recours, comme les Chaldéens, à la *divination*. Leurs prêtres observaient le foie des animaux sacrifiés ou le vol des oiseaux et indiquaient les cérémonies par lesquelles on pouvait se rendre favorables les dieux.

5. Les rois étrusques à Rome.

Au cours du VIe siècle av. J-C., les Étrusques étendirent leur domination sur le Latium et la Campanie au sud et sur une partie de la plaine du Pô au nord : Rome et Capoue d'une part, Bologne et Milan d'autre part furent des villes étrusques.

Trois rois étrusques régnèrent à Rome peut être de 550 à 509 av. J.-C. : *Tarquin l'Ancien*, *Servius Tullius* et *Tarquin le Superbe* (c'est-à-dire : l'orgueilleux). Ces rois unifièrent en une *ville* les villages latins et sabins et ils l'entourèrent d'un solide rempart. En ce sens on peut dire que *les Étrusques ont vraiment fondé Rome*. Sur la colline du Capitole, ils élevèrent un temple au dieu Jupiter et, pour drainer la dépression marécageuse qui se trouvait au pied des collines, ils creusèrent un égout : la *Cloaca Maxima*. Enfin, ils apportèrent aux Romains l'alphabet étrusque.

6. Patriciens, clients, plébéiens.

A cette époque, les Romains étaient divisés en grandes familles qui comprenaient non seulement le père, la mère et les enfants, mais encore toutes les personnes qui descendaient d'un même ancêtre. Cet ancêtre, on l'appelait «le père» (en latin *pater*) et on donnait le nom de *patriciens* aux membres de ces grandes familles. Les *clients* (d'un mot latin qui signifie «ceux qui obéissent») étaient des pauvres que les patriciens admettaient dans leur «famille» et à qui ils concédaient des terres, moyennant certaines redevances. Les patriciens les plus importants formaient le *Sénat* qui aidait le roi à gouverner; les autres formaient l'*Assemblée du peuple.*

A côté des patriciens et des clients, on trouvait à Rome des gens qui n'appartenaient à aucune «famille» patricienne. Ils formaient la *plèbe* et on les appelait *plébéiens.* C'étaient des vaincus, des aventuriers, des marchands étrangers. Rome était en effet un centre de passage. Un pont, établi très tôt sur le Tibre, faisait communiquer non seulement l'Étrurie avec le Latium et la Campanie, mais aussi la côte avec le pays sabin, au nord-est de Rome[1].

Depuis Servius Tullius les plébéiens faisaient partie de l'armée, mais ils ne pouvaient être ni membres de l'Assemblée, ni, à plus forte raison, sénateurs ou prêtres.

7. Expulsion des Étrusques. La République.

Tarquin le Superbe semble avoir favorisé les plébéiens, au détriment des patriciens. Voilà pourquoi, sans doute, le Sénat se souleva contre lui et le chassa (509 av. J.-C.). Le moment était favorable : les Étrusques venaient de subir une grave défaite en Campanie, en même temps que les Sabins et les Latins se soulevaient contre eux.

La royauté fut abolie à Rome et on constitua un régime nouveau, la République. Le roi fut remplacé par deux *consuls* élus : ils avaient les mêmes pouvoirs et les mêmes insignes que le roi, mais ils ne restaient en charge qu'un an et chacun ne pouvait rien faire sans l'assentiment de l'autre. En cas de péril grave, les consuls nommaient un *dictateur*, qui, pour une durée de six mois au maximum, était investi d'un pouvoir absolu.

Le régime de la République dura environ cinq siècles, jusqu'à l'époque de Jésus-Christ.

1. L'une des plus anciennes routes romaines fut la *Via Salaria*, c'est à dire la route du sel, par où le sel récolté sur la côte occidentale parvenait aux montagnards de l'Apennin.

V

Les débuts de la République
Le gouvernement de la République romaine

1. Plébéiens contre patriciens.

Les patriciens avaient chassé Tarquin le Superbe parce qu'il favorisait les plébéiens. Aussi la situation des plébéiens fut-elle très dure après 509. Ils étaient jugés par des tribunaux composés uniquement de patriciens et d'après des lois non écrites que les patriciens étaient seuls à connaître ; les plébéiens pauvres devaient souvent emprunter aux patriciens et, s'ils ne pouvaient rembourser leurs dettes, ils devenaient esclaves de leur créancier.

Les plébéiens exigèrent de devenir les égaux des patriciens. Il leur fallut plus de deux cents ans pour conquérir cette égalité. La lutte aurait peut-être duré plus longtemps encore si, durant cette période, Rome n'avait eu à soutenir de nombreuses guerres. En menaçant les patriciens de refuser de se laisser enrôler comme soldats, les plébéiens les contraignirent plus d'une fois à céder.

2. Les étapes de la victoire des plébéiens.

En 493, les plébéiens décidèrent de quitter Rome, pour fonder une ville nouvelle sur le Mont Sacré. Ce fut la *sécession sur le Mont Sacré.* Effrayés, les patriciens abolirent les dettes des plébéiens les plus pauvres et accordèrent aux plébéiens des protecteurs spéciaux, les *tribuns.* Si un plébéien était poursuivi par un patricien, le tribun pouvait le libérer. Pour faire respecter les tribuns, on déclara qu'ils seraient *sacro-saints*, c'est-à-dire qu'attenter à leur personne serait un sacrilège puni de mort.

Une cinquantaine d'années plus tard, le Sénat fut contraint de faire rédiger des lois qui seraient communes aux patriciens et aux plébéiens. Quand elles furent achevées, on les grava sur douze tables de bronze : aussi appelle-t-on ce code la *Loi des Douze Tables.* Peu après les *mariages* furent autorisés entre patriciens et plébéiens.

Il restait aux plébéiens à conquérir l'*égalité politique*, c'est-à-dire le droit de se faire élire aux diverses magistratures. C'est seulement vers 300 qu'ils y parvinrent : il fut d'ailleurs décidé que les tribuns seraient toujours plébéiens.

Désormais, qu'ils fussent patriciens ou plébéiens, les citoyens romains étaient tous égaux. Quiconque possédait le *droit de cité romaine* avait le droit d'acquérir une propriété en territoire romain, d'épouser une Romaine, de voter dans les Assemblées, d'être élu magistrat, enfin de faire appel au peuple s'il était condamné à mort.

3. Les esclaves.

On ne pouvait être citoyen romain que si l'on était un *homme libre.* Or, au-dessous des hommes libres, il y avait, à Rome comme en Grèce, des *esclaves.*

Aux yeux des Romains, un esclave n'était pas une personne, c'était une chose et il n'avait aucun droit. Sa vie était généralement très dure. Jamais aucun repos, sauf à la fin de décembre, pendant les *Saturnales*, c'est-à-dire les fêtes en l'honneur du dieu Saturne. A la moindre faute c'étaient les verges, le fouet, les chaînes, la prison, parfois la mise en croix. Du moins, si le maître était satisfait d'un esclave, il pouvait l'*affranchir*, c'est-à-dire le libérer. Il n'était plus alors son maître, mais son *patron*. L'affranchi ne devenait pas citoyen, non plus que ses enfants : ses petits-enfants seulement pouvaient jouir du droit de cité.

4. Le gouvernement républicain. Les Comices.

Le mot *République* signifiait «la chose du peuple». A Rome comme à Athènes, *le peuple était souverain*. Les Assemblées (on disait les *Comices*) votaient les lois et élisaient les magistrats. On en distinguait deux sortes : les Comices centuriates et les Comices tributes.

Dans les *Comices centuriates*, les citoyens étaient répartis d'après leur fortune en cinq classes; chaque classe comprenait un certain nombre de *centuries* et chaque centurie comptait pour une voix. Or, dans cette organisation les riches étaient favorisés : en effet la première classe, c'est-à-dire la plus riche, comptait 88 centuries sur un total de 373, tandis que les très pauvres (ceux qu'on appelait les *prolétaires*), naturellement beaucoup plus nombreux que les riches, ne formaient qu'une seule centurie.

Dans les *Comices tributes*, les citoyens étaient groupés d'après leur domicile en quartiers qu'on appelait *tribus* et chaque tribu comptait pour une voix. Mais les pauvres finirent par être groupés dans 4 tribus, tandis que les riches en formaient 31 autres.

Ainsi le droit de vote était en fait refusé aux pauvres. Jadis c'étaient les patriciens qui gouvernaient, maintenant c'étaient les riches, qu'ils fussent patriciens ou plébéiens.

5. Les magistrats.

Le peuple, réuni en Comices, élisait les magistrats. Il pouvait nommer qui il voulait. En fait les Romains aimaient à choisir les magistrats dans les familles où ils en avaient déjà choisi précédemment. Ces familles formaient la *noblesse* : on appelait *noble* celui qui comptait parmi ses ancêtres un magistrat.

Les magistrats étaient élus pour un an (sauf les censeurs) et chaque magistrature était remplie par plusieurs personnes. Chaque magistrat avait le droit de s'opposer aux actes de son collègue. Les principaux magistrats :

— Les deux *censeurs* étaient élus pour cinq ans, mais ne remplissaient leurs fonctions que dix-huit mois. Ils faisaient le *recensement* des citoyens et les répartissaient dans les tribus d'après leur domicile et dans les classes d'après leur fortune. Ils dressaient aussi la *liste des sénateurs*, qu'ils choisissaient parmi les anciens magistrats. Ils avaient enfin un *droit de haute surveillance sur les mœurs.*

— Les deux *consuls* présidaient le Sénat et les Comices, faisaient exécuter les lois, veillaient à la levée des soldats, nommaient la plupart des officiers et commandaient l'armée. Dans les cas très graves et sur la demande du Sénat, ils nommaient un *dictateur.*

— Les *préteurs*, d'abord uniquement chargés de la justice, purent ensuite suppléer les consuls dans le commandement de l'armée. Consuls et préteurs se partageaient donc l'autorité militaire : les uns et les autres avaient le droit d'être précédés par des *licteurs*[1].

— Les *questeurs* étaient des fonctionnaires des finances. Les *édiles* veillaient à l'approvisionnement de Rome et à la voirie ; ils organisaient aussi les jeux et les spectacles officiels.

Les dix *tribuns* n'étaient pas à proprement parler des magistrats. A leur droit d'intervention en faveur des plébéiens ils avaient ajouté le *droit de veto*[2] : en vertu de ce droit, ils pouvaient s'opposer à toute mesure prise par un magistrat ou par le Sénat[3].

6. Le Sénat.

Tandis que les magistrats ne restaient qu'un an en fonctions, le Sénat était une *assemblée permanente.* Formé d'environ trois cents membres choisis par les censeurs parmi les anciens magis-

1. Les licteurs portaient sur l'epaule un faisceau de baguettes d'ou sortait le fer d'une hache Mais, dans l'intérieur de Rome, ils ne portaient pas la hache.

2. Le mot latin *veto* signifie : j'interdis.

3. Mais ils ne pouvaient s'y opposer que dans l'intérieur de Rome et s'ils étaient tous du même avis.

trats, il n'était officiellement qu'un corps consultatif, à qui les magistrats demandaient son avis. Mais, comme il était composé des citoyens les plus expérimentés, *le Sénat dirigeait en fait l'État.* En particulier, il avait la haute main sur les questions financières et religieuses et sur la politique extérieure.

Lorsqu'il était convoqué par un consul, un préteur ou un tribun, le Sénat se réunissait, soit dans un temple, soit dans un bâtiment situé à côté du Forum et qu'on appelait la *Curie.* Chaque sénateur donnait son avis après que le président le lui avait demandé et il parlait de sa place. Puis on votait et la décision du Sénat s'appelait *senatus-consulte.*

7. L'équilibre nécessaire.

La constitution romaine ne pouvait bien fonctionner que s'il y avait une sorte d'*équilibre entre les Comices, le Sénat et les magistrats.* Il fallait que ces trois pouvoirs fussent d'accord pour coopérer loyalement, sans qu'aucun essayât d'empiéter sur le domaine des deux autres, ni de s'imposer à eux. Cela supposait que les citoyens avaient en vue non leur intérêt personnel, mais uniquement l'intérêt de la patrie. *La force de la constitution romaine reposait donc sur le patriotisme des citoyens.* Durant le troisième siècle (300-200 av. J.-C.), la bonne entente entre les trois pouvoirs se réalisa à peu près.

Le peuple romain. La religion. La famille

1. Le peuple romain.

Les Romains étaient, et ils le restèrent longtemps, un *peuple de paysans*, durs à la fatigue, âpres au gain, souvent avares et toujours prêts à engager de longs procès pour défendre leur bien : aussi furent-ils d'excellents *juristes.*

La tradition attribuait aux anciens Romains de nombreuses vertus : le respect de l'autorité paternelle, le dévouement à la patrie, l'obéissance aux lois, le désintéressement dans la pauvreté. On citait *Brutus* ordonnant lui-même le supplice de son fils qui tentait de rétablir la royauté, ou *Manlius* condamnant à mort son fils qui avait remporté la victoire mais en dépit des ordres de son général. On rappelait le souvenir de *Cincinnatus :* il labourait son champ quand on vint lui annoncer qu'il était nommé dictateur et, seize jours plus tard, il reprenait la charrue après avoir repoussé l'ennemi. On glorifiait *Curius Dentatus* qui mangeait des légumes dans une écuelle de bois quand les envoyés ennemis vinrent à lui, chargés de présents : il leur répondit « qu'il préférait commander à ceux qui ont de l'or plutôt que d'en avoir lui-même ».

En revanche, le Romain dédaignait ce qui n'était pas absolument indispensable à la vie de tous les jours, par exemple la littérature et l'art. *Il n'était pas, comme le Grec, un poète, un penseur, un artiste.* Ce trait de son caractère se retrouve dans la religion romaine.

2. La religion romaine.

La religion romaine n'enseignait pas une doctrine et ne se préoccupait pas de rendre les hommes meilleurs. Elle faisait seulement connaître les cérémonies qu'il fallait accomplir pour se rendre les dieux favorables.

Ces dieux étaient des *êtres vagues, sur lesquels on ne savait rien.* Ils n'avaient souvent pas de nom propre et, s'ils en avaient un, on ajoutait pour plus de sécurité quand on invoquait le dieu : «Préfères-tu que je t'appelle d'un autre nom ?» Ils étaient *extrêmement nombreux* : il y avait un dieu de la porte, mais il y en avait un aussi dans les gonds et un autre dans le seuil. Chaque homme avait son «génie», sorte d'ange gardien, mais il y avait en plus un dieu spécial qui fait pousser à l'enfant son premier cri, un autre qui lui apprenait à boire, un autre à manger, un autre à sortir de la maison, un autre à y rentrer, etc.

Quand on savait à quel dieu il fallait s'adresser, on devait lui exposer sa demande en employant *certaines formules* sans y changer un seul mot et en faisant *certains gestes.* Il y avait des phrases qu'il fallait prononcer en pirouettant sur soi-même, d'autres qu'il fallait répéter vingt-sept fois en crachant à chaque fois d'une certaine façon. Ensuite on offrait au dieu un *sacrifice :* tantôt des fruits ou des gâteaux, tantôt du vin ou du lait, tantôt enfin des animaux qu'on mettait à mort.

Les dieux, croyait-on, font connaître leur volonté aux hommes. Parfois ils répondent aux questions qu'on leur pose : ces réponses s'appelaient *auspices ;* parfois, ils envoient eux-mêmes des signes qu'on appelait *présages.*

3. Religion domestique et religion d'État.

Comme en Grèce, il y avait à Rome une *religion domestique* (c'est-à-dire de chaque maison, de chaque famille) et une *religion de l'État.*

Dans la religion domestique, les dieux les plus importants étaient les ancêtres de la famille. On les adorait sous le nom de *Dieux Mânes*, c'est-à-dire Dieux bons. Si on les négligeait, ils revenaient sous forme de fantômes torturer les vivants. La maison avait aussi ses dieux : celui de la porte, *Janus ;* ceux du garde-manger, les *Pénates ;* la flamme du foyer, *Vesta*, à laquelle la mère rendait un culte quotidien. Le dieu de la propriété (champ et maison) était le *Lare.*

Au-dessus des divinités familiales, il y avait les *grands dieux* qui protégeaient l'État romain tout entier. C'étaient surtout *Janus*, le dieu d'une porte de Rome ; *Vesta* à qui on avait élevé un temple rond sur le Forum ; *Jupiter* ; enfin *Mars*, dieu de la guerre et père de Romulus. De même que le père offrait les sacrifices dans sa maison au nom de sa famille, de même le roi (et après lui un consul) les offrait au nom de l'État. Pour l'aider dans sa fonction, il avait à ses côtés des *prêtres* qui étaient ses conseillers religieux. Les principaux étaient les *Pontifes* qui fixaient dans le calendrier les jours *fastes* et *néfastes*[1] : à leur tête était un *Grand Pontife.* Les *Augures* aidaient les magistrats à «prendre les auspices», c'est-à-dire à poser une question aux dieux et à comprendre leur réponse d'après le vol des oiseaux ou l'appétit des poulets sacrés. Enfin les *Vestales* étaient des jeunes filles vouées au culte de Vesta.

La religion romaine s'est sans cesse *enrichie en adoptant des dieux étrangers.* Dès l'époque royale, des divinités italiotes et étrusques, plus tard des divinités grecques, enfin celles d'Égypte, d'Asie Mineure, de Syrie, de Perse vinrent s'ajouter aux dieux primitifs et *modifier la vieille religion romaine.*

4. La famille.

La famille était fondée sur le *mariage.* Le mariage était une cérémonie religieuse qui consistait à détacher de sa famille la jeune fille pour la faire entrer dans la famille de son mari : elle abandonnait alors les dieux de sa famille et adoptait ceux de son mari.

1. Les jours *fastes* sont ce que nous appelons les jours *ouvrables*, où l'on travaille , les jours *néfastes* sont les jours *fériés*, où l'on chôme.

Dans la famille *l'autorité du père était toute-puissante.* Il pouvait refuser d'élever ses enfants, il pouvait les vendre, les marier à sa guise, les condamner à mort s'ils avaient commis un crime. La mère aussi était subordonnée au père de famille. Du moins paraissait-elle en public aux cérémonies et aux jeux et elle était entourée d'un grand respect.

Les Romains des premiers siècles de la République étaient fiers d'avoir beaucoup d'enfants, surtout des garçons, car ceux-ci seuls pouvaient célébrer le culte des ancêtres. Le Romain qui n'avait pas de fils pouvait en *adopter* un : il s'entendait avec un ami qui en avait plusieurs et qui acceptait de lui céder tous ses droits sur l'un d'eux[1].

Quelques jours après sa naissance, l'enfant recevait son prénom et on lui passait au cou une *bulle*, petit sachet contenant des amulettes qui devaient le protéger contre les malheurs possibles.

En général tout Romain portait trois noms : le prénom, le nom de famille et un surnom, parfois hérité de ses ancêtres. Le grand orateur Cicéron s'appelait *Marcus Tullius Cicero.* Marcus était son prénom ; Tullius était son nom de famille parce qu'il appartenait à la famille Tullia ; enfin son surnom signifiait «l'homme au pois chiche», peut-être parce qu'un de ses ancêtres avait eu au bout du nez une excroissance en forme de pois chiche.

L'éducation et l'instruction étaient d'abord données à l'enfant par son père. Quand le jeune homme avait atteint l'âge de dix-sept ans, il devenait citoyen : dès lors il avait le droit de porter la *toge virile*, c'est-à-dire la toge des hommes.

Après la mort, le corps était soit enterré, soit brûlé (l'*inhumation* [2] était réservée aux pauvres). Après la *crémation*, on recueillait les cendres dans une *urne funéraire.*

1. L'enfant adopté prenait tous les noms de son père adoptif et y ajoutait un surnom (terminé en -*anus*) tiré du nom de son ancienne famille. Un enfant de la famille *Æmilia*, adopté par *Publius Cornelius Scipio*, s'appelait *Publius Cornelius Scipio Æmilianus.*

2. L'*inhumation* (de deux mots latins qui signifient «dans la terre») désigne à proprement parler l'enterrement. La *crémation* (d'un mot latin qui veut dire «brûler») indique le brûlement du corps sur un bûcher : on dit aussi l'*incinération*, c'est-à-dire la réduction du corps en cendres.

5. Simplicité de la vie.

La vie, au troisième siècle av. J.-C., est encore très simple. Levé avec le soleil, le Romain déjeune de pain trempé dans du vin et de quelques olives, puis il passe la matinée à travailler dans son champ ou à son atelier. Au milieu du jour, il fait une collation de légumes, de fruits et de fromage (la viande est réservée pour les jours de fêtes). Puis, après une petite sieste, il retourne peiner jusqu'au soir, dîne un peu plus abondamment et se couche dès que la nuit est tombée. Seuls les jours de marché mettent quelque variété dans cette existence monotone et austère.

Ce Romain de l'ancien temps porte des vêtements tissés à la maison : chemise, caleçon et *tunique*. Par-dessus, dans les grandes occasions, le citoyen passe la *toge*. Les pieds sont chaussés de sandales.

La maison, elle aussi, est d'une grande simplicité. Les premiers Romains se contentaient de huttes rondes faites de branches et de boue mêlée de paille. Puis ils ont copié la maison étrusque, rectangulaire et sans étage. La grande pièce, l'*atrium*, au sol battu, sert de salle à manger et de cuisine. Le toit de tuiles rouges est percé d'un trou pour donner de la lumière, laisser sortir la fumée et laisser entrer l'eau de pluie qui tombe dans un bassin placé en dessous.

Rome conquiert l'Italie

1. La lente et difficile conquête de l'Italie.

En deux siècles et demi, de 509 à 270 av. J.-C., les Romains conquirent l'Italie. Ce fut une œuvre lente et difficile, dont les détails nous échappent.

Sous les rois étrusques, Rome avait imposé son autorité à tout le Latium. Leur expulsion marqua pour elle une profonde décadence. Il lui fallut un siècle et demi de luttes contre ses voisins (*Étrusques au Nord*, *Sabins* au Nord-Est, *Volsques* au Sud-Est) pour retrouver sa prépondérance. La prise, vers 400 av. J.-C., de la ville étrusque de *Veies*, après un siège de dix années, permit même aux Romains d'occuper l'Étrurie méridionale. Mais, quelques années plus tard, ils succombèrent, sur les bords du petit fleuve *Allia*, sous les coups d'une armée gauloise venue de la Gaule cisalpine. Les Gaulois pillèrent la Ville et ne se retirèrent qu'après avoir exigé une énorme rançon. Pendant plusieurs siècles, Rome conserva l'effroi de ces terribles adversaires.

La ville de Capoue, en Campanie, sans cesse menacée par les incursions des Samnites, peuplade sauvage de l'Apennin, avait imploré le secours des Romains. Ceux-ci se trouvèrent ainsi engagés pendant un demi-siècle dans les *guerres samnites* (340-290). Deux épisodes en sont restés célèbres : l'humiliation des Romains aux *Fourches Caudines* et l'héroïsme des Samnites de la *légion du lin.* En vain les Samnites trouvèrent-ils l'appui des Étrusques, des Gaulois, des Ombriens, Rome l'emporta finalement. Peu après 300 av. J.C., elle dominait toute l'Italie centrale.

Dans l'Italie méridionale, la plupart des villes grecques avaient accepté la prépondérance de Rome. Seule la riche cité de *Tarente* entendait maintenir son indépendance et même exercer le monopole du commerce dans la mer Adriatique. Cette prétention la mit en conflit avec Rome. Les Tarentins prirent à leur solde un général grec, cousin d'Alexandre et homme de guerre réputé, *Pyrrhus,* roi d'Épire[1]. Grâce à sa bonne cavalerie et surtout à ses éléphants de combat, Pyrrhus fut d'abord vainqueur, mais ses victoires, chèrement achetées, ne furent pas décisives[2]. Puis il alla batailler en Sicile et, quand il revint en Italie, ce fut à son tour d'être vaincu. Découragé, il retourna en Grèce et Tarente capitula (vers 270 av. J.-C.). *Toute l'Italie était soumise à Rome.*

2. Organisation de l'Italie.

A l'égard des cités vaincues[3], le Sénat romain choisit entre deux régimes différents. Les unes furent annexées à Rome et formèrent avec elle le « territoire romain ». Leurs habitants recevaient, en totalité ou en partie, les droits des citoyens romains et étaient tenus aux même charges que ceux-ci. Les autres cités étaient considérées comme *les Alliés du peuple romain :* leurs habitants conservaient leur lois et leurs magistrats ; mais ils étaient tenus de reconnaître le protectorat de Rome ou, comme on disait, la *majesté du peuple romain ;* de ne déclarer la guerre et ne conclure d'alliance qu'avec l'autorisation du Sénat ; enfin de fournir des soldats qui servaient dans l'armée romaine.

1. L'Épire se trouve à l'ouest de la Grèce, face à l'Italie méridionale.
2. De là l'expression : *une victoire à la Pyrrhus* pour désigner une bataille d'où le vainqueur sort presque aussi épuisé que le vaincu.
3. Le terme de *cité* désignait un peuple, un État.

Droits et charges variaient considérablement d'une cité à l'autre. Cette diversité de traitement semait la jalousie entre elles, ce qui était tout profit pour Rome. Elle poussait aussi les cités les moins favorisées à remplir scrupuleusement leurs engagements dans l'espoir d'être mieux traitées à l'avenir.

Pour assurer plus complètement leur autorité sur l'Italie, les Romains eurent encore recours à deux procédés : ils fondèrent des *colonies* et construisirent des *routes.* Les colonies étaient des postes militaires établis dans les pays conquis dont il fallait surveiller la fidélité. Elles étaient reliées à Rome par quelques grandes routes ou *voies romaines :* la plus ancienne, la *Voie Appienne*, commencée en pleine guerre samnite par le censeur *Appius Claudius*, reliait Rome à Capoue en suivant le littoral; elle fut plus tard continuée jusqu'à la mer Adriatique.

3. L'armée romaine.

Les succès des Romains étaient dus en grande partie à la valeur de leur armée. *L'armée romaine n'était pas permanente :* en temps de paix il n'y avait pas de soldats. Mais, quand la guerre était déclarée, tous les citoyens de dix-sept à soixante ans pouvaient être mobilisés : seuls ceux qui ne possédaient rien (on les appelait *prolétaires)* étaient dispensés du service militaire. Le Sénat fixait le chiffre de l'effectif et les consuls choisissaient le nombre de recrues nécessaires.

L'armée romaine ne comprit d'abord que les patriciens et leurs clients. A partir de Servius Tullius, les plébéiens y entrèrent à leur tour. Les citoyens les plus riches formaient la cavalerie et l'infanterie lourde, les moins fortunés l'infanterie légère. Plus tard, au moment du siège de Veies, on institua la *solde*, ce qui permit de retenir plus longtemps les soldats sous les drapeaux.

Au début, le mot *légion* signifiait l'armée tout entière. Plus tard, il prit le sens de «corps d'armée» et l'armée comprit plusieurs légions. Au troisième siècle av. J.-C. l'effectif de la légion était de 300 cavaliers et de 4 200 fantassins. Ils étaient groupés en compagnies de 120 hommes appelées *manipules* et chaque manipule comptait deux *centuries.* Les armes défensives étaient la cuirasse, le casque, le bouclier; les armes offensives étaient l'épée, les javelots ou la lance. La légion était formée uniquement de citoyens; mais à côté d'elle on trouvait les *contingents fournis par les alliés.*

En ordre de bataille les soldats formaient trois lignes : les plus jeunes en avant, les plus âgés en arrière. Chaque soir l'armée installait son *camp.* Protégé par un fossé et par un parapet que surmontait une palissade, le camp était comme une place forte à l'intérieur de laquelle l'armée était à l'abri de toute surprise.

4. Le commandement. Discipline et patriotisme.

L'armée était sous l'autorité de deux consuls (ou du dictateur); chaque légion était commandée par six *tribuns militaires;* enfin les *centurions* jouaient le rôle de nos sous-officiers.

La plus *rigoureuse discipline* régnait dans l'armée. Le général en chef avait droit de vie et de mort sans appel. La moindre défaillance était sévèrement punie. Les décorations consistaient en armes d'honneur, bracelets, couronnes. Enfin la récompense suprême, pour une armée victorieuse, était d'obtenir du Sénat le *triomphe,* c'est-à-dire le droit d'entrer en armes à Rome pour monter en grande procession du Forum au temple de Jupiter sur le Capitole[1].

Rome eut rarement des hommes de guerre remarquables. Elle dut ses succès à la valeur de son *organisation militaire* qu'elle perfectionna sans cesse en empruntant à ses adversaires tout ce qui faisait leur force. Elle les dut surtout au *patriotisme de ses citoyens.* Pour le Romain comme pour le Spartiate, il n'était rien de plus sacré que l'amour de la patrie, rien de plus honteux que d'obéir à un prince étranger. Les Romains subirent des échecs militaires, mais on ne les vit presque jamais s'enfuir. Enfin la *ténacité des Romains* fut une des causes de leurs succès. Ils ne se laissèrent jamais abattre par les revers. Jamais, ni après le désastre de l'Allia, ni après les Fourches Caudines, ni après les victoires de Pyrrhus, ils ne se découragèrent ni ne s'avouèrent vaincus. Cette ténacité finissait par lasser l'adversaire : «C'est, disait Pyrrhus, comme l'hydre de Lerne : quand on coupe une de ses têtes de serpent, il en repousse deux à la place.»

1. La cérémonie du triomphe était le seul cas où l'armée eût le droit d'entrer en *armes* dans la ville de Rome.

Le duel de Rome et de Carthage
Les trois guerres puniques

1. Carthage.

A peine Rome avait-elle étendu son autorité sur l'Italie qu'elle s'engagea dans une série de guerres contre *Carthage*. Ces guerres qui durèrent, avec de longs intervalles de trêves, plus d'un siècle (264-146 av. J.-C.), ont été appelées *guerres puniques* parce que les Romains donnaient aux Phéniciens le nom de *Puni*.

Carthage était en effet une colonie de la ville phénicienne de Tyr. Fondée vers 800 av. J.-C. dans un site admirablement choisi, elle avait créé de nombreux comptoirs sur les côtes de l'Afrique du Nord, de l'Espagne, de la Corse, de la Sardaigne. Au début du troisième siècle, elle possédait même la plus grande partie de la Sicile. Elle était alors le *plus grand entrepôt du monde antique* : elle récoltait en Tunisie l'huile d'olive, le blé, le vin; elle recevait l'or et l'ivoire du Soudan, l'argent et le fer de l'Espagne, l'étain de la Bretagne (l'Angleterre d'aujourd'hui). Comme jadis Tyr, elle teignait en pourpre les étoffes et possédait de grands chantiers de constructions navales.

Carthage était gouvernée par ses plus riches marchands. Le peuple, dont le sort était misérable, était toujours prêt à se soulever. La flotte était excellente, mais l'armée, qui se recrutait parmi les indigènes numides[1], n'était jamais sûre. *Autant le Sénat de Rome pouvait compter sur la loyauté de ses citoyens, autant celui de Carthage devait craindre les révoltes.*

Tant que Rome avait fait la guerre uniquement en Italie, elle avait été l'amie de Carthage ; elle s'était même alliée à elle contre Pyrrhus. Mais quand Rome se prit à convoiter la Sicile, elle entra nécessairement en conflit avec Carthage. Pyrrhus l'avait bien compris : en quittant la Sicile il s'était écrié, dit-on : « Quel beau champ de bataille nous laissons aux Carthaginois et aux Romains ! »

2. La lutte pour la Sicile. Première guerre punique.

La première guerre punique dura plus de vingt ans (264-241), avec des alternances de succès et de revers pour les deux parties. Chose curieuse : sur terre, en Sicile, les légions commandées par *Regulus*, furent tenues en échec par le général carthaginois *Hamilcar*; sur mer, ce fut au tour de la flotte carthaginoise d'être vaincue. Finalement, Carthage se résigna à traiter. *Rome annexa la Sicile*, à l'exception du territoire de la riche cité grecque de *Syracuse* (241).

Après la signature de la paix, Carthage eut affaire à une terrible révolte de ses mercenaires. Les Romains en profitèrent pour conquérir la Corse et la Sardaigne. Ils réussirent même à repousser une nouvelle attaque des Gaulois et à s'emparer d'une partie de la *Gaule cisalpine*.

Carthage, de son côté, ne restait pas inactive. Ou plutôt Hamilcar (car c'est lui qui en avait pris l'initiative) travaillait à fonder en Espagne un empire qui pût lui fournir non seulement de l'argent et du fer, mais aussi de bons soldats pour une *guerre de revanche contre Rome*. Car Hamilcar haïssait les Romains et il légua cette haine à son fils, *Hannibal*.

1. Les indigenes de l'Afrique du Nord, que nous appelons aujourd'hui *Berbères*, étaient appelés *Numides* par les Romains.

3. Deuxième guerre punique. Foudroyantes victoires d'Hannibal.

Hannibal n'avait que vingt-six ans lorsqu'il devint chef de l'armée d'Espagne ; mais il fut peut-être *le plus grand homme de guerre de l'Antiquité.* Pour contraindre les Romains à la guerre, il s'empara d'une ville espagnole qui était leur alliée (219).

Audacieusement, Hannibal décida de *porter la guerre en Italie même* : il espérait qu'à son appel les Gaulois cisalpins et les Italiens se soulèveraient contre Rome. Tantôt négociant, tantôt combattant, Hannibal mit cinq mois à franchir les Pyrénées, le Rhône et les Alpes. Quand il atteignit la plaine du Pô, il avait perdu les trois quarts de son infanterie et la moitié de sa cavalerie : il ne lui restait plus que 26 000 soldats et 21 éléphants. Cela lui suffit pour vaincre les armées romaines, d'abord près du *Tessin*, puis sur la *Trebbie* (218). Du coup, les Gaulois cisalpins, qui venaient à peine d'être soumis par Rome, passèrent en foule dans son camp.

L'année suivante (217), Hannibal franchit l'Appennin et marcha vers le Sud, en direction de Rome. Il sut attirer l'armée romaine dans une véritable embuscade au bord du lac *Trasimène* : surpris en ordre de marche, les Romains furent exterminés.

Hannibal allait-il foncer sur Rome ? Il préféra la contourner et l'isoler en appelant les peuples italiens à la révolte. Mais ils ne bougèrent pas. Rome mit à la tête de ses troupes un dictateur, *Fabius*, qui entreprit d'affaiblir l'armée carthaginoise par une guerre de harcèlement, sans jamais lui livrer bataille[1]. C'était la sagesse même. Et pourtant, à la longue, cette habile tactique fut taxée de lâcheté. Les nouveaux consuls, moins prudents, affrontèrent Hannibal en bataille rangée à *Cannes* en Apulie (216) : ils subirent un effroyable désastre.

Rome semblait perdue. Mais, cette fois encore, Hannibal n'osa pas l'attaquer, peut-être parce qu'elle était bien fortifiée et qu'il n'avait pas de matériel de siège.

1. Fabius en reçut le surnom de *Cunctator*, c'est-à-dire le Temporiseur, celui qui prend son temps.

4. Quatorze ans après, victoire finale de Rome.

Quand le consul *Varron*, l'un des vaincus de Cannes (son collègue avait été tué dans la bataille), revint à Rome, le Sénat n'eut pas un mot de reproche pour lui. Il le remercia de «n'avoir pas désespéré de la République». *Le patriotisme des Romains et leur inébranlable ténacité devaient finalement l'emporter* : car d'un côté il y avait tout le peuple romain entouré de ses fidèles alliés; de l'autre il n'y avait qu'un homme de génie, Hannibal, mal soutenu par le gouvernement de Carthage.

Le Sénat reconstitua en hâte une armée, enrôla même des esclaves, augmenta les impôts. D'ailleurs les postes fortifiés et les colonies dont l'Italie était parsemée arrêtaient à chaque pas Hannibal. Rome en revint aussi à la tactique prudente de Fabius et pratiqua une guerre d'usure qui peu à peu lui fut profitable. Bientôt même elle reprit l'offensive. En Sicile, elle s'empara de la cité de *Syracuse* qui avait passé au parti d'Hannibal[1]. En Espagne, un tout jeune général, *Scipion*, commença à repousser les garnisons carthaginoises.

Cependant, en 207, le frère d'Hannibal, *Hasdrubal*, réussit à faire passer d'Espagne en Italie une armée de secours. Rome courut alors de nouveau un terrible danger. A tout prix il fallait empêcher les deux armées carthaginoises de se réunir. Mais Hasdrubal fut vaincu et tué sur les bords du fleuve *Métaure* : les Romains jetèrent sa tête dans le camp d'Hannibal.

La guerre se poursuivit dans les montagnes de l'Italie méridionale où Hannibal s'était retranché comme dans une forteresse naturelle. Pour en finir, Scipion proposa d'attaquer Carthage en Afrique même. Le souvenir de Regulus fit longtemps hésiter les sénateurs; ils finirent pourtant par y consentir. Les carthaginois effrayés rappelèrent Hannibal. La bataille décisive s'engagea au cœur de la Tunisie à *Zama* (202). Grâce à l'appui d'un chef numide, Scipion remporta la victoire[2]. Carthage dut accepter des conditions de paix très dures : livrer sa flotte et ses éléphants, payer une lourde indemnité, s'engager à ne faire aucune guerre sans l'autorisation du Sénat. *Elle tom-*

1. Il y avait dans la ville un grand savant grec, *Archimède*, qui inventa de nouveaux moyens de défense, par exemple des miroirs qui faisaient converger les rayons de soleil sur les navires romains et les incendiaient.

2. Il fut dès lors connu sous le nom de *Scipion l'Africain*

bait dans la dépendance de Rome qui allait maintenant dominer toute la Méditerranée occidentale.

5. Troisième guerre punique. Destruction de Carthage.

Cependant Carthage continuait à effrayer les Romains. «Il faut détruire Carthage!» ne cessait de répéter l'ancien censeur *Caton* (235-149), un combattant de la seconde guerre punique. Le Sénat résolut d'écraser à jamais sa rivale détestée. Il envoya une armée en Afrique et ordonna aux Carthaginois d'évacuer leur ville et d'en fonder une autre ailleurs (149).

Alors, dans un sursaut d'indignation, ils décidèrent la lutte à outrance, et, pendant trois ans, ils résistèrent farouchement. Enfin la ville fut prise d'assaut par *Scipion Émilien*, fils adoptif de Scipion l'Africain. Elle fut entièrement détruite et son emplacement fut déclaré maudit, afin qu'on ne la rebâtit jamais (146). Le territoire carthaginois forma la *province romaine d'Afrique*.

Rome conquiert le bassin de la Méditerranée

1. La politique de conquête.

Dans les deux siècles qui suivirent la victoire de Zama, les Romains étendirent leur autorité sur tout le pourtour de la Méditerranée et annexèrent même la Gaule. Les territoires conquis formèrent seize *provinces romaines.*

Deux faits surtout expliquent cette politique de conquête. D'une part l'*ambition de certains généraux*, désireux de se couvrir de gloire pour jouer ensuite un grand rôle politique à Rome. D'autre part la *cupidité des financiers* qui poussaient à la formation de nouvelles provinces, parce qu'ils y voyaient un moyen de s'enrichir. Ils surent forcer la main aux sénateurs en les intéressant à leurs spéculations. *Les conquêtes romaines furent en partie une vaste opération financière.*

2. Les Romains en Orient.

A la fin de la seconde guerre punique, trois États dominaient l'Orient : les royaumes d'*Egypte*, de *Macédoine* et de *Syrie*.

Les rois d'Égypte n'étaient pas redoutables, mais les ambitions des rois de Macédoine sur la Grèce et la puissance du roi de Syrie, dont l'immense empire s'étendait de la Méditerranée à l'Inde, inquiétaient le Sénat.

La Macédoine fut annexée peu après que son roi, *Persée*, eut été vaincu par le consul *Paul Émile* à la bataille de *Pydna* (168). Le gouverneur romain de la province de Macédoine reçut en même temps la surveillance des cités grecques.

La Syrie, si puissante sous le roi *Antiochus* qui avait osé donner refuge à Hannibal, s'affaiblit rapidement. Une tribu perse, les *Parthes*, lui enleva la Perse et la Mésopotamie, pendant que les Judéens[1] se rendaient indépendants (vers 140 av. J.-C.). Enfin, le général romain *Pompée* conquit la Syrie (63).

En Asie Mineure, à la suite d'un testament de son souverain qui n'avait pas d'enfants, le *royaume de Pergame* devint la province d'Asie (129). Mais peu après Rome trouva un très redoutable adversaire dans le roi *Mithridate* qui possédait la côte septentrionale de l'Asie Mineure et rêvait de dominer l'Orient. Il ne fut vaincu qu'au bout de trente ans et son royaume fut annexé (63). En revanche, quand les Romains voulurent enlever la Mésopotamie aux Parthes, ils subirent un désastre (53).

3. Afrique du Nord et Espagne.

La troisième guerre punique avait abouti à l'annexion de la Tunisie. Peu après, Rome se heurta aux ambitions d'un prince numide, *Jugurtha*, dont la capitale était la ville actuelle de Constantine. Il fut battu par le consul *Marius* (105), et son royaume forma la province de Numidie. Enfin, l'*Égypte* fut annexée en 30 av. J.-C.

Scipion l'Africain avait commencé la conquête de l'Espagne alors qu'Hannibal était encore en Italie. Mais il fallut deux siècles pour triompher du courage des Espagnols. L'épisode le plus célèbre de la lutte fut la résistance désespérée que la ville de *Numance* opposa (vers 130) à Scipion Émilien, le vainqueur de Carthage.

1 C'est ainsi que les Grecs et les Romains appelaient les Israélites de là est venu le mot français : «Juif»

4. La Gaule.

Ce que les Romains appelaient la Gaule était un vaste territoire bordé par le Rhin, le Jura, les Alpes, la Méditerranée, les Pyrénées et l'océan Atlantique. La population était formée en grande partie de *Celtes*, qui étaient des Indo-Européens, apparentés aux Grecs et aux Italiotes. D'abord installés dans l'Europe centrale, les Celtes avaient pénétré par vagues successives dans les régions qui forment aujourd'hui la Belgique, la Suisse, la France, les Iles Britanniques et l'Espagne. Grands batailleurs, certains d'entre eux avaient enlevé aux Étrusques la plaine du Pô, d'autres avaient même fondé un royaume en Asie Mineure. Cependant, au milieu du second siècle av. J.-C., les Celtes ne dominaient plus que deux régions : la Gaule transalpine d'une part, l'Angleterre, l'Écosse, l'Irlande, d'autre part.

La Gaule transalpine formait non pas un seul État, mais plus de soixante États indépendants et rivaux. Dans chacun, le pouvoir appartenait à un petit nombre de *nobles* qui possédaient la terre. Nulle part le peuple ne jouait de rôle politique. Les *druides*, à la fois prêtres, savants et juges, formaient une classe puissante et respectée. Les villes étaient rares et servaient surtout de places fortes.

5. La civilisation gauloise.

Les Gaulois étaient des paysans. Ils élevaient les chevaux et les porcs, savaient bien cultiver les céréales et utilisaient même déjà la charrue à roues. En revanche, arbres fruitiers et vigne leur étaient inconnus.

Les Gaulois témoignaient d'une grande habileté dans le *travail du bois*, comme en témoignaient leurs voitures et leurs navires ; pour renfermer les liquides, ils avaient inventé les tonneaux en bois alors que les Grecs et les Romains ne connaissaient que les jarres en argile. Habiles *métallurgistes et orfèvres*, ils aimaient les belles armes et les bijoux qu'ils décoraient avec une fantaisie exubérante. Le commerce était actif par eau et par terre. Si les chemins gaulois étaient bien inférieurs aux belles voies romaines, ils étaient du moins assez nombreux ; les peuples de l'Armorique (notre Bretagne) étaient d'excellents marins qui allaient chercher l'étain en Angleterre.

Il existait une *littérature gauloise :* des bardes, semblables aux aèdes homériques, récitaient des poèmes dans les festins des riches et les druides avaient composé de longs ouvrages. Mais de cette littérature nous ne connaissons rien parce qu'elle n'était pas écrite. Les Gaulois avaient pourtant subi dans une certaine mesure l'*influence des Grecs.* Dès 600 av. J.-C., des colons de la ville de Phocée en Asie Mineure avaient fondé *Marseille.* Des œuvres d'art de Grande Grèce ou de Grèce arrivaient aussi en Gaule par l'Italie du Nord et les cols des Alpes centrales, ou bien en remontant le Danube.

6. Rome et les Gaulois.

Les Romains conquirent la Gaule Transalpine en deux étapes.

Quand ils furent maîtres d'une partie de l'Espagne, ils occupèrent (vers 120 av. J.-C.) le Sud-Est de la Gaule qui relie l'Italie à l'Espagne. Ils en formèrent la *province de Narbonaise,* dont les principales villes furent Aix-en-provence et Narbonne. A peine la Narbonaise était-elle organisée qu'elle fut dévastée par une invasion de tribus germaniques, les *Cimbres* et les *Teutons.* Le consul romain *Marius* les écrasa près d'Aix, puis dans la plaine du Pô (vers 100).

Le reste de la Gaule fut conquis par César de 58 à 51 av. J.-C. L'occasion lui en fut offerte par une nouvelle invasion de Germains. Appelé à l'aide par un État gaulois, César, alors gouverneur de la Narbonaise, entra en Alsace et rejeta les Germains au-delà du Rhin (58). Mis en appétit, il résolut de conquérir la Gaule. Au bout de deux ans il crut avoir réussi. Il franchit même le Rhin pour intimider les Germains, puis la Manche pour intimider les Bretons d'Angleterre.

Cependant les Gaulois, courageux et fiers, s'indignaient d'être traités en peuple sujet. Bientôt une révolte éclata dans la Gaule du Nord et du Nord-Est. César passa un an à la châtier ; il brûla, saccagea les villages, massacra les habitants ou les vendit comme esclaves (53).

7. Vercingétorix, héros national gaulois.

L'exaspération ne fit que grandir en Gaule. En 52 éclata une nouvelle révolte, véritable guerre de libération. Cette fois presque tous les peuples gaulois s'unirent, sous la direction d'un jeune chef arverne (auvergnat), brave, éloquent et hardi, *Vercingétorix.*

Pour vaincre les Romains, Vercingétorix résolut d'employer une nouvelle tactique : refuser le combat, harceler l'ennemi et faire le désert autour de lui en brûlant les bourgs et même les villes, pour l'empêcher de s'y ravitailler. Quand César voulut frapper un coup décisif et prendre *Gergovie*, capitale de Vercingétorix (dans un site voisin de Clermont-Ferrand), il échoua ; les Romains furent repoussés avec de grosses pertes et obligés de battre en retraite vers la Narbonaise.

Une faute des Gaulois allait sauver César. Un jour, près de Dijon, la cavalerie gauloise se lança follement sur les légions ; elle fut écrasée. César en profita pour faire demi-tour et refouler les Gaulois de Vercingétorix jusque dans la ville haute d'*Alésia.* Alors il les y bloqua étroitement, bien décidé cette fois à ne pas lâcher prise. Pour briser toutes les tentatives ennemies, les légions accomplirent un travail formidable : deux lignes de fortifications, une face à la ville, l'autre face à l'extérieur. Assiégés et armées de secours s'y brisèrent. Quand Vercingétorix eut perdu tout espoir, il résolut de se sacrifier pour sauver au moins ses compagnons : de lui-même, héroïquement, il se livra à César (52). Le vainqueur, impitoyable, le garda prisonnier, puis, six ans plus tard, à Rome, le soir de son triomphe, il le fit étrangler.

La chute d'Alésia marqua la fin de la guerre. Huit ans avaient suffi pour conquérir la Gaule, alors qu'il fallut deux siècles pour réduire l'Espagne. Cet extraordinaire succès est dû tout à la fois aux divisions qui opposaient les Gaulois les uns aux autres, à la supériorité des légions sur les bandes gauloises, enfin et surtout au génie militaire de César. La Gaule avait peut-être perdu un million de tués, un autre million était réduit en esclavage. Pourtant elle allait se romaniser plus vite qu'aucune des autres provinces et devenir en peu de temps une des régions les plus riches du monde romain.

8. Organisation des provinces.

Les territoires conquis par les Romains hors de l'Italie furent organisés en *provinces.* Les habitants étaient tenus au service militaire et à de lourds impôts, en argent et en nature. Comme en Italie, droits et charges variaient considérablement d'une région à l'autre.

A la tête de la province se trouvait le *gouverneur ;* c'était soit un *proconsul*, soit un *propréteur*, choisi par le Sénat parmi les anciens consuls ou les anciens préteurs[1]. Le gouverneur était à la fois général en chef et juge suprême : il avait le droit de vie et de mort sur les indigènes, mais les citoyens romains qui habitaient sa province pouvaient en appeler de sa sentence aux Comices de Rome. Jusqu'à la fin de la République, sauf de très rares exceptions, les gouverneurs virent dans les provinces des territoires qu'ils pouvaient piller à leur gré. Tel fut *Verrès,* propréteur en Sicile vers 70 av. J.-C.

Plus encore que les gouverneurs, les provinciaux avaient à souffrir des *banquiers* et des *publicains.* Les banquiers italiens empruntaient à très bas prix à Rome et prêtaient aux provinciaux à des taux usuraires (50 p. 100 par exemple). Quant aux publicains c'étaient des hommes d'affaires chargés de lever pour le compte de l'État les impôts dans les provinces. Ils extorquaient naturellement aux habitants des sommes beaucoup plus fortes que celles qu'ils avaient à verser aux censeurs.

1 Le préfixe *pro* signifie en latin *à la place de* Le proconsul tient la place d'un consul et le propréteur celle d'un préteur

Les conséquences des grandes conquêtes

1. Enrichissement et goût du luxe.

Jusqu'à la fin de la seconde guerre punique les Romains avaient été un peuple pauvre. Brusquement, en un demi-siècle, *ils s'enrichirent par le pillage du monde méditerranéen.* Sur tous les peuples vaincus ils levèrent des indemnités de guerre énormes. Ainsi enrichis, les Romains ne se contentèrent plus de la vie simple qu'ils avaient menée jusque-là. Ils voulurent jouir à leur tour du luxe qu'ils avaient appris à connaître dans les grandes villes de la Grèce et de l'Orient.

On conserva les vêtements traditionnels, mais on apprit à se servir de linge fin et de tissus somptueux. Les dames romaines se couvrirent de bijoux, bagues, bracelets et colliers. L'usage de parfums et de produits de beauté se répandit, au grand scandale de certains vieux Romains respectueux des traditions.

On connut le même luxe pour la table : les Romains, jadis réputés pour leur sobriété, devinrent souvent d'effrénés gloutons. Les riches adoptèrent la coutume grecque de manger couchés, et les festins copieux et raffinés durèrent de longues heures, au cours desquelles des musiciens, des chanteurs et des danseurs venaient distraire les convives.

2. Les transformations de la maison.

Quand les Romains connurent les maisons grecques, ils voulurent en posséder de semblables. Désormais les habitations des citoyens aisés et riches furent disposées de la façon suivante : l'atrium subsista, mais ne fut plus qu'une sorte d'antichambre luxueuse. Au delà venait le *tablinum*, où le maître de maison recevait ses clients. Par derrière s'étendait comme une deuxième maison, plus intime, où les pièces s'ouvraient sur un jardin intérieur entouré d'une colonnade appelée *péristyle*. Outre leur maison à la ville, les riches avaient des *villas* à la campagne : le grand orateur Cicéron en possédait neuf.

A la campagne comme à la ville, on voulait un intérieur luxueusement décoré. Les meubles furent toujours peu nombreux mais souvent incrustés de bronze ; on prit goût aux tableaux, aux statues, aux mosaïques, aux fresques, aux légers bas-reliefs en stuc, ou en terre cuite.

3. Transformations morales.

Cette vie de luxe exigeait que l'on possédât d'immenses revenus : de là le *désir passionné de s'enrichir*. Pour devenir riche tous les moyens furent bons, même les plus frauduleux. L'amour de l'argent eut ainsi pour conséquence *la corruption des mœurs et la perte des vertus civiques* qui avaient fait la force de la République à ses débuts. On vit des généraux vendre des congés à leurs soldats, des candidats acheter ouvertement les suffrages des citoyens, un ancien censeur, Prince du Sénat et Grand Pontife[1], détourner l'argent du Trésor public.

On assista en même temps à *l'affaiblissement progressif de la vie familiale*. Le respect des enfants à l'égard des parents diminua ; les divorces pour les causes les plus futiles devinrent fréquents ; enfin les parents reculèrent souvent devant les soucis et les charges qu'impose le soin d'élever une famille et ils eurent moins d'enfants.

1. Le mot *Prince* signifie . premier Le Prince du Sénat était le sénateur inscrit par les censeurs en tête de liste des sénateurs C'était donc un homme politique important. Le *Grand Pontife* était le chef des Pontifes.

4. Transformations religieuses.

La vie religieuse, elle aussi, fut profondément transformée. Au contact de la religion grecque, la religion romaine perdit son caractère propre. Les dieux romains furent assimilés aux dieux grecs : Jupiter à Zeus, Mars à Arès, Junon à Héra, Vénus à Aphrodite ; on leur prêta la même figure, les mêmes aventures. Beaucoup d'hommes instruits, sous l'influence de certains penseurs grecs, abandonnèrent les croyances religieuses des anciens temps. L'*irréligion* fit, surtout au premier siècle av. J.-C., de rapides progrès. On disait que deux augures ne pouvaient se regarder sans rire et l'un des plus grands auteurs de la littérature latine, *Lucrèce* (98-55 av. J.-C.), écrivit tout un poème pour combattre la religion traditionnelle.

Ceux qui pourtant avaient besoin de croire à une religion préféraient souvent à la vieille religion romaine *les religions orientales* d'Asie Mineure, de Syrie et d'Égypte. Leurs prêtres promettaient aux fidèles l'immortalité et leurs cultes séduisaient par des cérémonies mystérieuses et magnifiques, accompagnées de chants et de musique, qui contrastaient avec la froideur du culte romain.

5. Les débuts de la littérature et de l'art.

Depuis longtemps déjà, les Romains cultivés s'intéressaient à la civilisation grecque. Pourtant ce fut seulement après les guerres en Macédoine, en Syrie et en Grèce, dans la première moitié du second siècle, que l'*hellénisme* pénétra les hautes classes de la société romaine. Dès lors il fut de bon ton, même pour des personnes âgées, d'apprendre le grec, de donner un précepteur grec aux enfants, d'envoyer les jeunes gens passer un an à Athènes ou à Rhodes ou même à Marseille pour s'y perfectionner dans la langue et la littérature grecques. Les nombreux Grecs qui vinrent s'installer à Rome étaient souvent méprisés : ils n'en furent pas moins les éducateurs de leurs vainqueurs.

On admira les chefs-d'œuvre de la littérature grecque, puis on les imita. Ainsi naquit la *littérature latine*, d'abord inspirée de très près par des modèles grecs. Les premiers grands écrivains furent des poètes : *Plaute* et *Térence*, qui composèrent des comédies et *Ennius* qui chanta les hauts faits de l'histoire romaine[1]. Un petit groupe d'esprits cultivés, particulièrement Scipion l'Africain, Paul Émile, Scipion Émilien, s'intéressa à leurs efforts et les protégea, alors que le métier d'écrivain avait été jusqu'alors méprisé à Rome. Mais le peuple, beaucoup moins affiné que les Grecs, ne s'intéressa pas à la littérature.

L'art aussi subit l'influence grecque. Les premiers temples, les basiliques[2], les statues, les mosaïques, les fresques, les stucs furent d'inspiration grecque et souvent l'œuvre d'artistes grecs.

6. Vains efforts de Caton le Censeur.

Quelques hommes essayèrent pourtant de lutter contre ces nouveautés qui transformaient si profondément la vieille civilisation romaine. Le plus célèbre d'entre eux fut *Caton le Censeur* (234-149).

C'était un cultivateur des environs de Rome. Entre deux campagnes militaires, il revenait cultiver ses terres. Censeur en 184, Caton exclut sept sénateurs auxquels il reprochait leur luxe excessif ; il frappa de lourdes taxes les riches vêtements et les parures. Tout le reste de sa longue vie, il poursuivit la lutte à la fois contre le relâchement des mœurs et contre l'influence des Grecs qu'il en rendait responsables. En 155, les Athéniens avaient envoyé au Sénat trois ambassadeurs qui firent des conférences publiques à Rome et eurent grand succès : Caton, alarmé, les fit repartir au plus vite. Il ne laissa passer aucune occasion de s'attaquer à l'illustre famille des Scipions : il leur reprochait de s'entourer d'artistes et d'écrivains grecs, d'encourager la politique de conquêtes, propice au pillage des gouverneurs et des publicains, enfin de flatter le peuple et de s'entourer d'un grand nombre de clients pour faire pression sur le Sénat.

Ces efforts furent inutiles. Et, d'ailleurs, Caton lui-même apprit le grec. A la fin du second siècle av. J.-C., *la civilisation*

1 Plaute (254-184), Térence (184-159), Ennius (235-169). Aucun n'était Romain. Plaute était un Ombrien, Térence un Africain affranchi, Ennius un Grec de Tarente.

2 Grandes salles rectangulaires divisées par des colonnes en trois ou cinq travées. Les Romains venaient y discuter de leurs affaires, le préteur y rendait parfois la justice.

romaine était devenue une civilisation gréco-romaine : c'est sous cette forme qu'elle allait se répandre dans l'Europe occidentale, encore à demi barbare.

L'affaiblissement de l'État Romain

1. Les nobles, maîtres de l'État et grands propriétaires.

Les guerres de conquêtes transformèrent la société romaine. A partir du IIe siècle av. J.-C., les familles riches formèrent deux classes distinctes : les *nobles* qui vivaient du revenu de leurs grandes propriétés et gouvernaient l'État ; les *chevaliers* qui se consacraient aux affaires et dont la richesse était fondée sur l'argent.

Les nobles étaient ceux qui comptaient au moins un magistrat parmi leurs ancêtres. Ils portaient au doigt un anneau d'or et conservaient dans leur maison les bustes de leurs ancêtres-magistrats, des places leur étaient réservées dans les cérémonies publiques et aux spectacles. Les nobles formaient une *caste orgueilleuse et fermée*. Ils faisaient tout pour écarter du gouvernement les *hommes nouveaux*, c'est-à-dire ceux dans la famille desquels il n'y avait pas eu de magistrats. Pour maintenir leur pouvoir, ils s'attachaient de nombreux *clients* en leur distribuant de l'argent et des vivres ; ils corrompaient les électeurs en achetant leurs voix et n'avaient plus pour les lois autant de respect qu'on en avait jadis. Scipion l'Africain fit toute sa carrière en violant les règlements sur les magistratures et dans les provinces, les magistrats ne songeaient guère qu'à s'enrichir. Ils étaient sûrs de l'impunité : en effet les juges qui auraient dû les condamner étaient tous des sénateurs, anciens ou futurs gouverneurs de provinces.

Avides de pouvoir et d'argent, les nobles voulaient aussi agrandir leurs propriétés et, malgré les lois, *ils accaparaient l'ager publicus.* On appelait *ager publicus*, c'est-à-dire domaine public, les terrains que le Sénat avait enlevés aux Italiens vaincus et qu'il louait, moyennant une légère redevance, à qui voulait les cultiver ou y faire paître des troupeaux. Les nobles ne payaient plus la redevance, ils empêchaient les hommes nouveaux d'acquérir des parcelles de l'ager publicus, enfin, malgré la loi, il se refusaient à embaucher comme ouvriers agricoles des hommes libres.

2. Les hommes d'affaires ou chevaliers.

Depuis le temps de la seconde guerre punique, une loi interdisait d'être en même temps sénateur et homme d'affaires. Un certain nombre de riches préférèrent les affaires aux magistratures. On les appela *chevaliers* parce qu'ils avaient la fortune autrefois exigée pour servir dans la cavalerie, et leur classe s'appela l'*ordre équestre.*

Leur nombre augmenta, en même temps que se développèrent le commerce et la banque. Les uns importaient à Rome les produits des autres pays, les autres s'installaient dans les provinces ou à l'étranger pour s'y enrichir dans les affaires; d'autres étaient armateurs, c'est-à-dire propriétaires de navires, ou bien banquiers.

Certains, appelés *publicains*, travaillaient, on l'a vu, pour le compte de l'État : ils étaient entrepreneurs de travaux publics, fournisseurs d'armes et d'équipements militaires, percepteurs d'impôts dans les provinces pour le compte du Trésor public. Ils devaient parfois risquer de grosses sommes d'argent; aussi se groupaient-ils en *sociétés financières.* Parfois plusieurs sociétés financières s'entendaient pour prendre en main une entreprise importante. Les chevaliers réalisaient des bénéfices énormes par des moyens scandaleux. Ils achetaient la complicité des magistrats, et surtout celle des sénateurs, puisque toute l'administration financière dépendait du Sénat.

3. Situation tragique du petit paysan.

Tandis que les riches se partageaient les magistratures et les affaires, *la classe moyenne des petits propriétaires tendait à disparaître.* Ce fut la plus importante conséquence des conquêtes.

En effet, c'est surtout dans cette classe moyenne que se recrutaient les légionnaires, et il en était tombé des centaines de milliers sur les champs de bataille. Si par bonheur le petit cultivateur échappait à la mort, il lui fallait souvent emprunter pour remettre son domaine en état. S'il ne pouvait rembourser, son créancier lui prenait sa terre.

La crise que connaissait alors l'agriculture italienne acheva de ruiner le petit propriétaire. Quand le Sénat eut annexé la Sicile, la Sardaigne, la Tunisie, les grains de ces pays affluèrent à Rome. L'État les vendit à si bas prix que les cultivateurs italiens ne purent supporter cette concurrence Les riches n'en souffrirent pas; ils remplacèrent les champs de blé par des vignobles, des olivettes ou des pâturages. Faute d'argent, le paysan ne pouvait en faire autant : il vendait son champ et tentait de se placer comme ouvrier agricole. Mais là il se heurtait à la concurrence des esclaves. Alors il ne lui restait plus qu'à aller à Rome.

4. Vie dégradante du peuple à Rome.

Le petit paysan pouvait espérer y trouver du travail : à ce moment en effet on commençait à perdre l'habitude de fabriquer à la maison tout ce dont on avait besoin dans le ménage; les premières boulangeries apparaissent en 175 av. J.-C. Mais la tentation était forte de vivre sans travailler, en se faisant le client d'un noble.

A partir du milieu du second siècle av. J.-C. et surtout au premier, la population de Rome était *une foule bigarrée où les vrais Romains et même les Italiens n'étaient plus qu'une mi-*

norité; on y coudoyait des hommes de tous les pays, on y entendait parler toutes les langues. Les petites gens habitaient des maisons de rapport, hautes de trois ou quatre étages, construites hâtivement en mauvais matériaux et qui s'écroulaient souvent, quand elles n'étaient pas la proie des flammes. Pour subsister, beaucoup de pauvres prirent l'habitude de *vivre des aumônes des riches ou de l'État.* A partir de 120 environ av. J.-C., le gouvernement distribua au peuple, d'abord à très bas prix, puis même gratuitement, tout le blé nécessaire. En même temps il l'amusait par des représentations théâtrales, des courses de chars, de combats de gladiateurs.

5. L'immense troupeau des esclaves.

A cette plèbe s'ajoutait la foule des esclaves. Au début, les Romains n'en avaient eu qu'un petit nombre. Mais les guerres de conquêtes avaient jeté dans l'esclavage des millions de vaincus. Tel général en avait fait vendre 150 000 à la suite d'une expédition militaire. Les riches en eurent plusieurs centaines, parfois plusieurs milliers à leur service. Certains esclaves vivaient à la maison, dans l'entourage du maître : ils étaient domestiques, cuisiniers, secrétaires, médecins, pédagogues, musiciens, danseurs. Le plus grand nombre travaillait aux champs, dans les mines et les carrières, ou encore dans des ateliers ouverts par les riches pour faire concurrence aux petits artisans. L'État lui-même occupait une multitude d'esclaves, comme employés. Au cœur de ces malheureux, dont la situation était souvent atroce, fermentaient des haines qui, parfois, explosaient en révoltes. Il y eut, dans les deux derniers siècles de la République, particulièrement en Sicile, de nombreuses et terribles *guerres serviles*, c'est-à-dire des soulèvements d'esclaves.

6. La République en péril.

L'amour de la patrie, l'obéissance aux lois, l'honnêteté et le désintéressement, l'âpreté au travail, toutes ces vertus qui avaient fait la force de la République romaine à ses débuts tendaient à disparaître. Des nobles, dédaigneux des lois et qui ne pensent qu'à accaparer le sol et les magistratures ; des financiers avides de s'enrichir encore davantage ; des pauvres qui, pour n'avoir pas à travailler, se complaisent à la vie dégradante qu'ils mènent ; une masse immense d'esclaves enfin, voilà la société romaine à partir du milieu du second siècle av. J.-C.

Viennent les généraux ambitieux, qui convoiteront le pouvoir ; ils pourront s'appuyer non seulement sur leur armée qu'ils auront gorgée de butin, mais aussi sur cette plèbe de Rome avide de pillage. Les *guerres civiles* vont commencer : en un siècle (133 à 29 av. J.-C.), elles amèneront la ruine de la République.

Le début des guerres civiles
Les Gracques, Marius, Sylla

1. Un réformateur généreux, Tiberius Gracchus.

Dans la deuxième moitié du second siècle av. J.-C. deux nobles, d'esprit large et généreux, deux frères, *Tiberius Gracchus et Caïus Gracchus* (on les appelle en français les *Gracques*), tentèrent de reconstituer la classe des petits propriétaires. L'un après l'autre ils se heurtèrent à l'opposition égoïste et haineuse de la noblesse et payèrent de leur vie leur courageuse tentative.

Tribun en 133 av. J.-C., Tiberius Gracchus fit voter une *loi agraire*, c'est-à-dire une loi qui concernait l'« ager publicus » : l'État reprenait aux riches une grande partie des terres qu'ils avaient illégalement occupées et il les répartissait entre les citoyens pauvres, à la condition pour ceux-ci, de les cultiver eux-mêmes, sans avoir le droit de les revendre.

Les nobles ripostèrent en gagnant à leur cause un tribun qui mit son veto à la loi. Pour surmonter cet obstacle, Tiberius ne recula pas devant une *très grave illégalité* : il fit voter par le peuple que son collègue serait déchu de la fonction de tribun. Dès lors beaucoup de ceux qui l'avaient d'abord soutenu l'abandonnèrent. Puis, par *une deuxième illégalité*, il tenta de se faire réélire tribun pour l'année suivante. Ses adversaires l'accusèrent de vouloir se faire roi et provoquèrent une émeute : Tiberius fut tué au cours de la bagarre et son cadavre jeté au Tibre (133).

2. Après Tiberius, Caïs Gracchus.

Dix ans après, son frère Caïus Gracchus était à son tour tribun (123). De neuf ans plus jeune que Tiberius, d'une éloquence entraînante, il avait de plus vastes projets.

Il était évident que toute loi agraire se heurterait à l'hostilité du Sénat. Il fallait donc *affaiblir le Sénat* en lui opposant les chevaliers et en détachant de lui le peuple. Caïus fit voter la *loi judiciaire* en vertu de laquelle les chevaliers pourraient, à côté des sénateurs, siéger comme juges dans les tribunaux : c'était un bon moyen de brouiller la noblesse et l'ordre équestre.

Puis Caïus fit voter la *loi frumentaire*[1] qui permettait à tout citoyen d'acheter du blé à un prix très bas : de cette façon les pauvres ne seraient plus obligés de se faire les clients des riches.

Réélu tribun pour l'année suivante, Caïus semblait le vrai chef du gouvernement. Il essaya alors de *reconstituer la classe des petits propriétaires.* Il mit en application la loi agraire qu'avait fait voter Tiberius; il fit créer des colonies de paysans sur l'emplacement ou dans le voisinage des villes détruites par la guerre, par exemple à Carthage; il proposa enfin d'accorder le droit de cité à de nombreux Italiens.

La hardiesse même de ces réformes le perdit. Ses ennemis firent valoir, devant la plèbe, que tant de nouveaux citoyens prendraient à Rome toutes les bonnes places; ils accusèrent aussi Caïus de sacrilège parce qu'il avait fondé une colonie sur le sol maudit de Carthage. Devant ces attaques, la popularité de Caïus diminua. Alors, on saisit la première occasion de l'abattre comme Tibérius : une bagarre éclata, plus ou moins provoquée; pour échapper à ses ennemis, Caïus se fit tuer par un esclave; ses partisans furent massacrés (121).

Il ne resta presque rien de l'œuvre entreprise par les Gracques.

1 Le mot latin *frementum* signifie le blé

3. Les généraux ambitieux. Les débuts de Marius.

Après les réformateurs vinrent les généraux ambitieux qui essayèrent de s'emparer du pouvoir en s'appuyant sur leur armée. Le premier à le tenter fut *Marius.*

Italien d'une famille aisée de citoyens, officier de valeur, Marius se distingua dans la guerre contre Jugurtha. Puis, au grand scandale des nobles, il se fit élire consul quoiqu'il fût un «homme nouveau». Durant son consulat (107 av. J.-C.), il *modifia profondément l'organisation de l'armée.*

L'effectif de la légion passa de 4 200 hommes à 6 000 hommes, répartis en dix bataillons appelés *cohortes*; l'aigle devint l'emblème de toutes les légions; enfin Marius enrôla quiconque se présentait, tandis que jusque-là on n'avait jamais admis les «prolétaires» : grave décision qui allait modifier rapidement la caractère des armées romaines. Car les pauvres restèrent à l'armée pour la plupart, et ils devinrent des *soldats de métier*, plus dévoués à leurs généraux qu'à la République. *La réforme de Marius portait en germe la guerre civile et la dictature des généraux.*

Pendant quelques années tout réussit à Marius. Vainqueur de Jugurtha (105), puis des Cimbres et des Teutons (102-101), il fut élu consul six fois de suite, ce qui était illégal, et jouit d'une extraordinaire popularité. Mais il n'était qu'un bon général; il n'avait aucune qualité d'homme politique; il fut incapable de gouverner et même de maintenir l'ordre : il y eut dans Rome de sanglantes batailles de rues et Marius, déconsidéré, quitta la ville pour un temps (100).

4. Les débuts de Sylla.

L'exemple donné par Marius allait être suivi par un de ses anciens officiers, *Sylla.* Celui-ci était un noble de grande famille, mais sans fortune : un homme étrange qui passait aisément de la vie de plaisirs aux travaux les plus rudes, violent, dur, cruel, très supérieur à Marius par ses talents politiques. Il se fit successivement connaître par ses succès dans deux guerres : la guerre sociale et la guerre contre Mithridate.

La guerre sociale fut une révolte des Alliés italiens contre Rome[1]. Les Italiens avaient espéré que leur loyauté pendant la seconde guerre punique leur ferait obtenir le droit de cité romaine. Mais le Sénat ne leur accorda aucune concession, les magistrats romains se montrèrent plus méprisants et brutaux que jamais et le peuple repoussa le projet de loi que Caïus Gracchus avait préparé en leur faveur. Indignés, les Italiens se soulevèrent; toute l'Italie centrale fut à feu et à sang durant deux ans (90-88 av. J.-C.).

Mais Sylla s'empara des places fortes des insurgés et le Sénat jugea prudent d'*accorder le droit de cité à tous les Italiens au sud du Pô.* Rome qui était jusqu'alors la cité maîtresse de l'Italie, n'en fut plus désormais que la capitale (88).

Au lendemain de la guerre sociale, le Sénat choisit Sylla pour aller combattre en Asie mineure le roi *Mithridate.* Ce choix fut l'origine de la *rivalité de Marius et de Sylla.* Illégalement, Marius obtint du peuple une loi qui enlevait à Sylla son commandement pour l'accorder à Marius. Sylla riposta en entrant dans Rome à la tête de ses troupes, ce qui était un sacrilège, et il contraignit Marius à s'enfuir. Puis il partit pour l'Asie Mineure, battit Mithridate et rentra en Italie (83).

5. Sylla dictateur.

A cette date Marius était mort, mais ses partisans terrorisaient Rome. Sylla les battit et, pour la seconde fois, entra dans la ville à la tête de son armée. Puis il se fit proclamer *dictateur à perpétuité*[2] avec droit de vie et de mort sur tous et le pouvoir de changer la Constitution (82).

Sylla inaugura sa dictature par des *proscriptions* qui lui permirent à la fois de se débarrasser de ses adversaires et d'enrichir à bon compte ses partisans et lui-même. Il entreprit ensuite de *modifier de fond en comble la Constitution.* Il dou-

1 Le mot Alliés se dit en latin *Socii.*

2 En droit, les pouvoirs du dictateur ne devaient pas dépasser six mois.

3. On appelait *proscription* l'affichage des noms des citoyens mis hors la loi. Ceux dont le nom figurait sur la liste étaient les *proscrits.* N'importe qui avait le droit de les tuer : leurs biens étaient confisqués et vendus, leurs esclaves étaient affranchis.

bla l'effectif du Sénat, réduisit les pouvoirs des tribuns de la plèbe, réorganisa toutes les magistratures, interdit aux chevaliers de siéger dans les tribunaux mais en fit entrer trois cents au Sénat.

On connaît mal les intentions de Sylla. Peut-être ce bouleversement de la Constitution s'explique-t-il par le *désir de Sylla de gouverner Rome en maître absolu, à la manière des rois d'Orient*. Il fit frapper des monnaies d'or à son effigie et édifier sa statue sur le Forum ; il prit officiellement le surnom de *Félix* (c'est-à-dire « heureux ») jusque-là réservé aux dieux. Mais, brusquement, sans doute parce qu'il comprit que le Sénat s'opposerait à ses vues, il abdiqua, se retira en Campanie et mourut peu après (78 av. J.-C.).

Moins de dix ans plus tard, il ne subsistait à peu près plus rien de l'œuvre de Sylla.

Pompée, Cicéron, César

1. Les débuts de Pompée. La conjuration de Catilina.

Sylla disparu, le Romain le plus en vue fut un de ses anciens officiers, *Pompée*. Tout jeune, il se signala par de brillants succès (72-63 av. J.-C.) : en Espagne, il triompha des derniers partisans de Marius ; en Italie, il contribua à écraser les bandes des esclaves qui s'étaient révoltés sous la direction d'un gladiateur, *Spartacus ;* en Méditerranée, il fit la chasse aux *pirates* qui paralysaient le commerce et menaçaient d'affamer Rome ; enfin, en Asie, il battit *Mithridate*, puis le roi de Syrie, et annexa leurs deux royaumes.

Pendant ce temps, à Rome, les désordres continuaient. En 64, un ancien massacreur du temps de Sylla, le sénateur *Catilina*, groupa autour de lui les mécontents et les miséreux et se fit le chef d'un parti révolutionnaire dont le programme était l'abolition des dettes et le partage des fortunes. Pris de peur, les riches, les modérés, tous ceux qui avaient quelque chose à perdre si Catilina l'emportait, se groupèrent autour d'un honnête homme, avocat célèbre et le plus grand écrivain de la littérature Romaine, *Cicéron*. Ils lui demandèrent de se présenter au consulat pour faire échec à Catilina qui était candidat. Cicéron fut élu.

Catilina projeta alors de le faire assassiner et de déchaîner en Italie une insurrection. Mais Cicéron, averti secrètement, fit proclamer «la patrie en danger» et, en plein Sénat, dénonça publiquement Catilina (63).

Celui-ci s'enfuit, ses complices furent arrêtés et étranglés, lui-même fut peu après vaincu et tué.

La République allait-elle à nouveau connaître l'ordre et la paix? Il n'en fut rien. *Pompée*, revenu d'Orient sur ces entrefaites, s'entendit avec deux autres ambitieux, le richissime *Crassus* et l'habile *César*, pour dominer l'État. Ensemble ils formèrent un *triumvirat*, c'est-à-dire une entente à trois. César en profita pour se faire élire consul et commencer ainsi sa prodigieuse carrière.

2. Qui était César?

Jules César appartenait à l'une des plus illustres familles de Rome, la *gens* Julia, qui disait descendre de Iule, fils d'Énée. Il se familiarisa avec la civilisation grecque, étudia l'art oratoire à Rhodes et fut un jeune homme élégant, amateur d'art, d'un goût raffiné.

A l'âge de vingt-six-ans, César s'engagea dans la carrière politique. Un charme séduisant lui attirait les sympathies; son éloquence claire et convaincante frappait les auditeurs. Immensément ambitieux, tous les moyens lui furent bons pour parvenir. Il s'endetta de plusieurs millions pour donner des jeux magnifiques en qualité d'édile, mais il y gagna une grande popularité. Il se fit élire Grand Pontife, malgré l'opposition du Sénat, et favorisa secrètement la conjuration de Catilina. L'appui de Crassus et de Pompée lui permit, on l'a vu, d'être consul en 59; il agit pendant son consulat comme s'il était le seul maître.

Jusqu'alors, César avait surtout la réputation d'un politicien habile. Pour devenir aussi puissant que Pompée, il lui fallait acquérir la gloire militaire qui lui manquait. A cet effet, il se fit attribuer, pour une durée exceptionnelle de cinq ans, le gouvernement de deux provinces : la Gaule cisalpine et la Narbonaise.

On sait comment les circonstances et son génie militaire lui permirent en neuf années (58-51) de conquérir toute la Gaule. Appuyé sur son armée qui lui était fanatiquement dévouée. César allait tenter de réaliser ses rêves ambitieux et de devenir le seul maître à Rome.

3. César vainqueur de Pompée.

En 51, le triumvirat n'existait plus. D'une part Crassus avait péri en Syrie au cours d'une guerre contre les Parthes (53), d'autre part Pompée intriguait avec le Sénat contre César, et, sous prétexte de rétablir l'ordre à Rome, venait de se faire nommer seul consul, avec pleins pouvoirs. La République semblait condamnée à périr. Ses défenseurs, tel *Caton d'Utique* (arrière-petit-fils de Caton le Censeur), étaient impuissants à la sauver. *Il s'agissait seulement de savoir qui allait l'emporter de Pompée ou de César?*

César n'hésita pas. Quoique la loi lui interdît de quitter sa province, il franchit à la tête de son armée le petit fleuve *Rubicon*, qui formait la limite méridionale de la Gaule cisalpine, et marcha sur Rome. Pompée, surpris, renonça à défendre l'Italie et s'enfuit en Grèce, avec la majorité des sénateurs. César l'y poursuivit et écrasa l'armée pompéienne à *Pharsale* en Thessalie (48). Pompée chercha un refuge en Égypte, mais fut assassiné dès qu'il y débarqua. César y arriva peu après et la reine d'Égypte, *Cléopâtre*, dut accepter le protectorat de Rome. Puis en *Asie Mineure*, en *Tunisie*, en *Espagne* où les Pompéiens avaient levé de nouvelles armées, partout César remporta des victoires décisives. Au début de l'année 45, le monde romain tout entier lui était soumis.

4. La dictature de César.

César se fit accorder des pouvoirs encore plus considérables que ceux qu'avait eus Sylla. Il fut dictateur à vie, reçut le droit de porter comme surnom le titre de *Imperator* qui rappelait l'autorité militaire dont il était investi[1]. Il cumula les pouvoirs

1. Ce titre était donné par les soldats à leur général après une grande victoire. et il le portait jusqu'au jour de son triomphe à Rome.

d'un consul, d'un censeur, d'un Grand Pontife, d'un tribun. Il fut autorisé à faire les lois, à juger sans appel, à nommer la plupart des magistrats : *l'autorité des Comices, du Sénat, des magistrats était en fait annihilée ; il ne restait plus que César.* Mais, à l'inverse de Sylla, César, au lieu de proscrire ses adversaires, leur pardonna. Puis, avec une activité qui tient du prodige, il entreprit de tout réorganiser dans l'État.

Son premier soin fut d'assurer l'ordre. L'administration des provinces fut améliorée : César retira aux publicains la levée de certains impôts et les gouverneurs furent surveillés de près.

César voulut aussi lutter contre la misère, mais en donnant du travail au peuple plutôt que des aumônes. Il diminua de moitié le nombre des citoyens admis aux distributions gratuites de blé. Il installa ses anciens soldats en Italie comme cultivateurs. Il obligea les propriétaires à employer au moins un tiers de travailleurs libres. Il commença d'immenses travaux publics : aménagement de Rome et de son port, Ostie ; construction de routes ; creusement du canal à travers l'isthme de Corinthe ; assèchement des marais en Italie.

César accorda le droit de cité romaine au reste de la Gaule cisalpine[1] et à de nombreux provinciaux. Il fit entrer au Sénat des Gaulois et des Espagnols. Il fonda des colonies romaines dans toutes les provinces. César voulait faire de tous les peuples réunis dans l'Empire un seul peuple où l'on ne distinguerait plus ni vainqueur ni vaincu.

Cet immense labeur fut accompli en quinze mois à peine.

5. La monarchie, ambition suprême.

César projetait un autre changement, si hardi que personne jusque-là, sauf peut-être Sylla, n'avait osé l'envisager à Rome : il songeait à remplacer la République par la monarchie absolue. A l'exemple des rois de l'Orient, il se fit accorder des honneurs réservés aux dieux : on lui éleva des statues, des autels, des temples ; à la suite de la réforme du calendrier[2], on donna son nom au mois de sa naissance, *juillet.*

1. Une partie de la Gaule cisalpine l'avait reçu en 88 après la guerre sociale

2. César a adopté l'année de 365 jours, augmentée d'un jour (appelé *bissextile)* tous les quatre ans. Les *calendes* étaient le premier jour du mois ; les *ides* tombaient le 13 ou le 15

Cependant, il y avait à Rome des républicains, parmi lesquels *Brutus*, que cette politique indignait. Convaincus que le seul moyen de sauver la République était de tuer César, ils l'assassinèrent en plein Sénat, le jour des *ides de mars* (15 mars 44).

Octave Auguste le premier empereur

1. Antoine et Octave.

A l'annonce de l'assassinat de César, le peuple resta presque indifférent. Deux ambitieux en profitèrent pour se glisser au pouvoir : un général de César, *Antoine*, brutal, taillé en hercule, et le fils adoptif de César, *Octave*, un jeune homme de dix-neuf ans, chétif, qui avait peur de l'obscurité et du tonnerre, mais habile et sans scrupules.

Les deux hommes s'unirent d'abord pour lutter contre les républicains et, à l'exemple de Sylla, ils organisèrent d'horribles proscriptions : la plus illustre victime en fut Cicéron. L'armée républicaine commandée par Brutus fut écrasée à *Philippes* en Macédoine (42). Ainsi l'assassinat de César n'avait servi à rien.

Puis les vainqueurs se partagèrent le monde : *Antoine eut l'Orient, et Octave l'Occident avec l'Italie.* Mais l'accord entre eux ne dura pas. Octave, bon administrateur, rétablit l'ordre et la paix dans son domaine. Antoine, au contraire, vivait en Égypte : au grand scandale des Romains, il avait épousé la reine Cléopâtre, et lui avait même fait don de la province de

Syrie. Très habilement, Octave souleva l'opinion publique contre la reine d'Égypte qui, disait-on, voulait détruire le Capitole et faire d'Alexandrie la capitale du monde gréco-romain. Il réussit ainsi à se faire conférer par le Sénat des pouvoirs extraordinaires pour mener la guerre contre l'Égypte. *En réalité c'était la lutte pour la domination suprême qui s'engageait entre Octave et Antoine.*

Une bataille navale se livra dans le sud de la mer Adriatique devant le promontoire grec d'*Actium*. La flotte égyptienne fut vaincue, Antoine et Cléopâtre se suicidèrent peu après (31 av. J.-C.). Octave annexa l'Égypte. Quand il revint à Rome, en 29, il reçut un accueil triomphal. On se réjouissait de la fin des guerres civiles : *c'était aussi la fin de la République.*

2. Octave Auguste.

A la tête de son armée victorieuse, Octave était tout-puissant et il entendait le rester. Pourtant, il agit avec prudence. L'assassinat de César lui montrait le danger qu'il y avait à se proclamer roi ou dictateur. Octave s'appliqua donc à *maintenir les apparences républicaines* et à faire oublier qu'il était le maître. Il affecta toujours la plus grande simplicité et ne voulut être appelé que *prince*, mot qui désignait le plus important des sénateurs. Il fit semblant de vouloir renoncer à tous ses pouvoirs : le Sénat le supplia de conserver au moins les plus importants et, pour l'en remercier, il lui conféra le titre d'*Auguste*, jusque-là réservé aux dieux et aux temples. La personne d'Octave avait désormais un caractère sacré.

3. Situation d'Auguste dans l'État.

Aucune magistrature nouvelle ne fut créée pour Auguste, mais le Sénat lui conféra pour toute la durée de sa vie des pouvoirs qui, légalement, auraient dû être exercés par plusieurs magistrats différents, et pour un an seulement.

Quoique restant à Rome, Auguste eut seul le *pouvoir militaire*. C'est pourquoi il porta, comme un prénom et pour toute sa vie, le titre d'*imperator* (d'où est venu notre mot «empereur»). Il reçut aussi le gouvernement des provinces frontières où se trouvaient cantonnées les armées et il s'entoura d'une garde de soldats qu'on appelait les *prétoriens :* ces cohortes prétoriennes étaient commandées par un *Préfet du prétoire.*

Quoique patricien, Auguste reçut les pouvoirs d'un *tribun,* donc le droit de proposer des lois et d'arrêter par son veto celles qui lui déplaisaient.

Même dans les années où il ne géra pas le consulat, Auguste posséda les droits de *consul :* il put donc administrer Rome et l'Italie et présider aux élections. Les édits qu'il publia eurent force de loi dans toute l'étendue de l'Empire.

Enfin Auguste fut *Grand Pontife,* chef de la religion romaine.

Auguste ne pouvait pas exercer, à lui seul, tant de pouvoirs. Pour le représenter dans les provinces frontières et à la tête des armées, il se choisit des *légats.* Pour administrer la ville de Rome, il créa trois fonctionnaires nouveaux qui ne dépendaient que de lui : le *Préfet de la Ville*[1], le *Préfet de l'annone* et le *Préfet des vigiles,* respectivement chargés de la police, du ravitaillement et du service des incendies.

4. Le gouvernement d'Auguste.

Auguste conserva ces immenses pouvoirs jusqu'à sa mort. Pendant ces quarante années (29 av. J.-C. à 14 ap. J.-C.), il fit tous ses efforts pour fortifier l'Empire, affaibli par les guerres civiles.

Le monde romain connut enfin le repos. Il y eut alors comme une détente, un grand apaisement. *La prospérité économique s'accrut.* L'agriculture, le commerce et l'industrie se développèrent. Auguste fit construire de nombreuses routes. La navigation, favorisée par la création de phares, devint très active.

Ce qui avait fait jadis, au temps des guerres puniques, la force de la République romaine, c'était surtout la vertu de ses citoyens : la piété envers les dieux, le patriotisme, la forte organisation de la famille. Ces vertus traditionnelles, on l'a vu, s'étaient affaiblies : Auguste tenta de les faire revivre. Il répara

1 Le mot *Ville* avec majuscule signifie la ville de Rome

partout les temples qui tombaient en ruines et remit en honneur les vieilles cérémonies religieuses. Il accorda des privilèges aux citoyens mariés, surtout s'ils avaient des enfants, tandis que les célibataires se voyaient interdire l'accès à certaines fonctions.

Les résultats obtenus furent médiocres. Beaucoup de Romains continuèrent à ne pas se marier, ou à divorcer pour des motifs futiles ; les familles nombreuses devinrent plus rares, surtout chez les riches. Les anciens dieux romains ou gréco-romains continuèrent d'être délaissés au profit des dieux de l'Orient. C'est sous le règne d'Auguste que *Jésus* naquit en Palestine.

Auguste voulut aussi *encourager les arts*. Il reprit le projet de César de couvrir de monuments la grande plaine du Champs de Mars : alors s'y élevèrent les premiers thermes (c'est-à-dire des bains publics), le temple du *Panthéon*, des portiques, deux théâtres, un amphithéâtre, enfin un *Autel de la Paix*, à l'intérieur d'une enceinte décorée de bas-reliefs. Auguste put se vanter en mourant que «Rome était avant lui une ville de briques et qu'il en avait fait une ville de marbre».

Aidé de son ami *Mécène*, Auguste protégea aussi les écrivains et leur demanda de l'aider à remettre en honneur les vertus d'autrefois. L'historien *Tite-Live* raconta avec un enthousiasme patriotique l'histoire de Rome depuis ses origines ; les poètes *Horace* et *Virgile* célébrèrent les vieilles traditions romaines. Dans son poème des *Géorgiques*, Virgile décrivit les travaux des champs ; dans un autre poème, l'*Énéide*, il raconta l'établissement légendaire en Italie du Troyen Énée, ancêtre, disait-on, de la famille de César et d'Auguste.

5. Les guerres sous Auguste.

Auguste n'avait rien d'un soldat et il n'aimait pas la guerre. Cependant *il rendit l'armée permanente et agrandit considérablement l'Empire.*

A l'Ouest il acheva la conquête de l'*Espagne* et celle des *Alpes occidentales* (entre l'Italie et la Gaule). A l'Est il annexa la *Judée* et une partie de l'Asie Mineure. Enfin ses beaux-fils *Tibère* et *Drusus* portèrent la frontière de l'Empire *jusqu'au Danube et même au-delà du Rhin jusqu'à l'Elbe.* Mais cette dernière conquête amena un désastre. En l'an 9 ap. J.-C., le légat romain *Varus* fut trahi par un jeune Germain qu'il croyait son ami, *Arminius* : ses trois légions furent cernées et massacrées. Auguste en fut bouleversé. On dit qu'il répétait en pleurant : «Varus, rends-moi mes légions.» Quand Tibère fut devenu empereur, il ramena la frontière sur le Rhin.

6. Le culte impérial.

Le rétablissement de l'ordre et de la paix avait rendu Auguste très populaire. La reconnaissance des populations envers lui prit une forme religieuse. Dans les provinces, les habitants rendaient déjà un culte à «la déesse Rome» : désormais ils offrirent des sacrifices «*à Rome et à Auguste*».

A Rome même Auguste n'osa pas se laisser adorer de cette manière, mais il permit au peuple d'associer son «génie» aux dieux Lares qu'on vénérait dans chaque quartier : les Romains invoquèrent désormais «*les Lares et le génie d'Auguste*». Enfin quand Auguste mourut, en 14 ap. J.-C., âgé de soixante-seize ans, le Sénat lui accorda l'*apothéose*, c'est-à-dire le plaça au rang des dieux.

Peu d'hommes ont joué dans l'histoire un rôle aussi important qu'Auguste. Il a mis fin aux guerres civiles, rendu la paix et la prospérité à tous les peuples du bassin de la Méditerranée, agrandi considérablement le territoire romain, enfin jeté les bases d'un nouveau régime politique : le régime impérial.

Les deux premiers siècles de l'Empire
Empereurs détestables
et empereurs modèles

1. Les premiers successeurs d'Auguste.

La dignité d'empereur n'était pas héréditaire ; mais, selon le désir d'Auguste, son beau-fils *Tibère* fut nommé empereur par le Sénat. Après Tibère régnèrent encore trois autres empereurs de la même famille : *Caligula*, *Claude*, *Néron*. Quoique l'Empire continuât, sous leur règne, à être aussi bien administré que sous Auguste, ils n'ont pas laissé un bon souvenir.

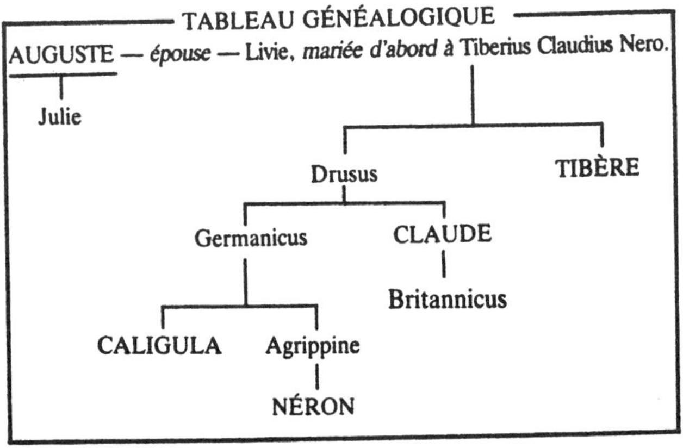

Tibère (14-37) s'était montré excellent général sous Auguste. Très consciencieux, il avait une haute idée de sa tâche d'empereur et rappelait aux gouverneurs de province qu'«un bon berger tond ses brebis et ne les écorche pas». Mais il était souvent aigri, soupçonneux et rancunier. Il essaya sincèrement de gouverner d'accord avec les sénateurs, mais très vite il se heurta à leur hostilité sournoise : dès lors, il vit partout des traîtres et encouragea les délateurs. La haute société de Rome vécut sous un régime de terreur et les arrêts de mort se multiplièrent.

Caligula fut au début un prince excellent, mais, à la suite d'une grave maladie, il devint à moitié fou. Il se livra dès lors aux pires extravagances jusqu'à ce qu'un tribun de la garde prétorienne l'assassinât (41 ap. J.-C.).

Claude avait du bon sens et de bonnes intentions. Il s'entoura d'affranchis intelligents et bien au courant des affaires et les plaça à la tête de *bureaux* qui jouaient le rôle de nos ministères. Claude accorda le droit de cité à de nombreux provinciaux, il agrandit le port d'Ostie, construisit des aqueducs. Mais il était souvent ridicule dans ses manières et facile à duper : il se laissa dominer par sa seconde femme, l'ambitieuse et orgueilleuse *Agrippine*. D'un premier mariage, Agrippine avait un fils, Néron. Pour lui assurer le trône, elle empoisonna Claude et, par surprise, fit reconnaître Néron par les prétoriens et par le Sénat.

Néron (54-68) laissa d'abord le pouvoir à sa mère et à un bon ministre, l'écrivain *Sénèque*. Mais très vite il se montra un empereur détestable. Il empoisonna le fils de Claude, *Britannicus,* en qui il redoutait un rival; puis il fit égorger Agrippine elle-même, qu'il trouvait gênante. Alors il put donner libre cours à ses mauvais instincts, à sa vanité, à sa cruauté. Il se coyait grand poète et grand musicien; il se produisit en public comme acteur, il descendit dans l'arène du cirque pour prendre part aux courses de chars. Et partout il quêtait les applaudissements. Quiconque refusait d'admirer recevait son arrêt de mort. Une des plus illustres victimes de Néron fut son ancien précepteur, le philosophe *Sénèque*. Un énorme incendie éclata à Rome en 64 : c'était un accident fréquent dans cette grande ville où les maisons de bois étaient nombreuses, mais le bruit courut (à tort, probablement) que Néron lui-même l'avait allumé, pour jouir du spectacle d'un immense incendie. A la fin, l'armée d'Espagne se révolta et marcha sur Rome. Néron, abandonné de tous, se fit tuer par un esclave en soupirant : «Quel artiste le monde va perdre!»

2. Un empereur bourgeois : Vespasien.

La mort de Néron fut suivie de luttes sanglantes : la garde prétorienne et les armées de province voulaient en effet chacune faire arriver au trône son général en chef. Finalement l'armée d'Orient l'emporta : le Sénat dut reconnaître comme empereur son chef, *Vespasien* (69).

Le nouvel empereur n'appartenait pas à une vieille famille de Rome. Originaire de l'Italie centrale, fils d'un percepteur d'impôts, il avait le caractère d'un bon bourgeois de petite ville. Simple, économe, il était d'ailleurs autoritaire et entendait être obéi. Il fit entrer au Sénat un grand nombre d'Italiens et de Provinciaux : ainsi, à côté de l'ancienne noblesse, d'ailleurs très diminuée par les guerres civiles et les condamnations à mort, se constitua une nouvelle noblesse d'origine provinciale; honnête et laborieuse, elle allait donner à l'Empire ses meilleurs souverains et administrateurs.

Les deux fils de Vespasien lui succédèrent sur le trône. Sous le règne du premier, *Titus* (79-81), une terrible éruption du Vésuve ensevelit les villes de Pompéi et d'Herculanum. Le frère de Titus, *Domitien*, despote aussi cruel que Néron, périt assassiné en 96.

3. Les Antonins, empereurs modèles.

Les empereurs du siècle suivant, le IIe siècle de notre ère, comptent parmi les meilleurs souverains qui aient jamais gouverné un grand empire : ce furent *Trajan*, *Hadrien*, *Antonin* et *Marc Aurèle*. Ils appartenaient à des familles italiennes établies dans les régions les plus romanisées de l'Empire, l'Espagne et la Gaule. Les trois premiers n'ayant pas de fils adoptèrent qui leur paraissait le plus digne : le Sénat ratifia ces choix et ainsi cette famille artificielle forma une dynastie qu'on appela les

Antonins. Par malheur Marc Aurèle eut un fils, *Commode*, qui lui succéda : c'était une véritable brute.

Tout en témoignant de grands égards au Sénat et en laissant subsister les magistratures républicaines, les Antonins *fortifièrent le gouvernement impérial.* C'était l'empereur qui faisait les lois, qui décidait en appel dans les procès, qui disposait à son gré du revenu des impôts. A ses côtés, le *Conseil du Prince*, organisé par Hadrien, l'aidait à gouverner, pendant que les «bureaux», établis par Claude, dirigeaient l'administration, la justice, les finances. Les fonctionnaires impériaux, de plus en plus nombreux, ne laissaient plus guère de pouvoirs aux magistrats. *Le régime évoluait, lentement mais sûrement, vers la monarchie absolue.*

Les Antonins eurent le soin d'*améliorer la justice*, de la rendre plus équitable et plus humaine Trajan prescrivit de rejeter toute dénonciation anonyme et de ne pas condamner un inculpé sans un ensemble de preuves convaincantes : «Mieux vaut, disait-il, laisser échapper un coupable que de punir un innocent.» Antonin posa pour la première fois en principe que l'accusé ne doit pas être considéré à l'avance comme un coupable et il restreignit l'emploi de la torture.

La loi commença de protéger les faibles : les esclaves, les orphelins, les veuves; des *œuvres de charité* furent créées par Trajan et Marc Aurèle. Trajan fonda *l'institution alimentaire* qui avait pour double but de favoriser l'agriculture et de venir en aide aux familles nombreuses : l'empereur prêtait de l'argent à des cultivateurs, moyennant un intérêt modique qui servait à l'entretien d'un certain nombre d'enfants pauvres. Quand Marc Aurèle voulut perpétuer le souvenir de sa femme qui venait de mourir, il ne lui éleva pas un monument splendide, il fit une fondation charitable en faveur de 5 000 petites filles pauvres.

4. L'armée et l'extension de l'Empire.

Depuis Auguste, l'*armée était permanente.* Au IIe siècle ap. J.-C., elle comptait environ 360 000 hommes. C'était relativement peu pour un aussi vaste empire.

L'armée se recrutait par *engagements volontaires* : le service était de vingt ans dans les légions et de vingt-cinq ans dans les corps auxiliaires. Les Romains et les Italiens avaient de moins en moins de goût pour le service militaire : aussi ne formaient-ils plus que les *cadres* de l'armée (officiers et centurions). Les soldats furent désormais levés sur place dans les provinces qu'ils devaient défendre : l'armée du Rhin fut composée de Gaulois et de Germains, celle d'Orient de recrues d'Asie Mineure. Même quand ils n'étaient pas en campagne, les soldats étaient constamment tenus en haleine par des exercices et des travaux de fortifications (fossés à creuser, remparts à lever) tout au long des frontières. On les employait aussi à construire des routes et des ponts.

Au moment où ils quittaient le service, les légionnaires recevaient une somme d'argent et souvent un petit domaine. Aux soldats auxiliaires on donnait le droit de cité. De la mort d'Auguste à celle de Commode (14-192), l'Empire s'agrandit de la *Bretagne* (Angleterre actuelle et sud de l'Écosse), de la *Dacie* (la Roumanie actuelle), de la partie orientale de l'*Asie Mineure*, enfin de la *Maurétanie* (Algérie occidentale et Maroc).

5. Judéens, Germains, Parthes.

Les guerres les plus acharnées furent dirigées contre les Judéens, les Germains et les Parthes. La *Judée*[1] avait été annexée à l'Empire par Auguste. Mais les Judéens, d'humeur indépendante et très susceptibles au point de vue religieux, supportaient mal le despotisme et les exactions des gouverneurs romains. Une révolte éclata en 66 ap. J.-C. Il fallut quatre années d'une guerre acharnée et 60 000 hommes pour permettre aux généraux Vespasien et Titus d'en venir à bout. Titus rapporta à Rome les dépouilles du Temple de Jérusalem. Soixante ans plus tard, Hadrien décida d'élever à Jérusalem un temple à Jupiter. Indignés de ce qu'ils considéraient comme un sacrilège, les Judéens se soulevèrent à nouveau et, pendant quatre années

1 Le terme de *Judéens*, qui correspond au latin *Judœi* et au grec *Joudaioi* doit être employé pour cette époque de préférence au terme *Juifs*, qui date du Moyen Age.

(132-135), opposèrent aux légions romaines une résistance désespérée. Finalement ils furent vaincus et Jérusalem perdit son nom. Mais les nombreuses communautés que les Judéens avaient fondées depuis plusieurs siècles sur les bords de la Méditerranée ne furent pas inquiétées.

Sur la rive gauche du bas Danube, dans l'actuelle Roumanie, s'était créé un puissant royaume germain : celui des *Daces.* Après une campagne très dure de cinq années, Trajan annexa la Dacie (106). Il y installa de nombreux colons venus de toutes les provinces de l'Empire et fit exploiter les mines d'or de la région. Le nom de Roumanie et la langue roumaine (qui est apparentée au latin) attestent encore aujourd'hui la romanisation de la Dacie.

Cependant sur le moyen Danube, dans l'Autriche actuelle, *les incursions de Germains* devinrent plus dangereuses à partir du milieu du second siècle. Marc Aurèle dut prendre le commandement des légions sur ce front menacé et c'est à Vienne qu'il mourut en 180.

En Asie, les Romains se heurtaient depuis longtemps aux *Parthes* qui, depuis 130 av. J.-C., occupaient la Perse et la Mésopotamie. Crassus en 53, puis Antoine avaient dirigé contre eux de grandes expéditions qui avaient échoué. Puis Auguste avait obtenu la restitution des étendard capturés. Trajan voulut annexer le royaume parthe comme il avait annexé la Dacie. Il occupa la Mésopotamie. Mais il fallut bientôt abandonner cette conquête. Dès le règne de Marc Aurèle, les incursions des Parthes en Syrie commencèrent. *Sur l'Euphrate comme sur le Danube, l'Empire romain était maintenant réduit à la défensive.*

La civilisation romaine en Italie aux deux premiers siècles de l'Empire

1. Magnificence de Rome.

L'étranger qui, à l'époque de Marc Aurèle, voyait Rome pour la première fois était frappé d'admiration. La ville comptait peut-être 1 200 000 habitants et elle s'était fort embellie depuis Auguste. Certes Rome présentait encore des aspects sordides : rues sans trottoirs, jamais nettoyées et souillées de tous les immondices; logements où les soins les plus élémentaires de l'hygiène étaient inconnus; épidémies fréquentes, incendies désastreux. Cependant les monuments magnifiques s'y étaient élevés depuis la mort d'Auguste. C'étaient par exemple les *temples élevés sur le Forum* à la mémoire d'Auguste, de Vespasien, d'Antonin et de sa femme Faustine, c'étaient encore l'*arc de triomphe de Titus*, l'*amphithéâtre du Colisée*, les palais des empereurs sur le Palatin. A côté du Forum proprement dit, cinq autres forums avaient été construits par César, Auguste, Vespasien, Nerva[1] et Trajan. Le plus magnifique était le *forum de Trajan*.

1 Nerva fut empereur dans les deux années (96-98) qui s'écoulèrent entre l'assassinat de Domitien et l'avènement de Trajan.

Parmi les autres monuments il faut citer les *thermes*, vastes établissements de bains à peu près gratuits. On y trouvait des étuves surchauffées pour provoquer la transpiration, des bains chauds et des bains froids. Le chauffage se faisait par une circulation d'air chaud dans les murs qui étaient creux. Plusieurs milliers de personnes pouvaient se baigner à la fois. On trouvait aussi dans les thermes un gymnase, des bibliothèques, des salons pour concerts et conférences. La décoration de statues, de mosaïques, de fresques était somptueuse : quelques-unes des œuvres d'art les plus précieuses que nous ait laissées l'Antiquité gréco-romaine ont été retrouvées dans des thermes.

2. Les classes riches. La vie mondaine.

Alors que, sous la République, les citoyens étaient tous égaux devant la loi, sous l'Empire la loi distingua parmi les citoyens deux classes : les riches, qu'on appelait *les honorables*, et les pauvres, méprisés sous le nom de *petites gens*. Les premiers seuls pouvaient devenir sénateurs, magistrats ou fonctionnaires impériaux; seuls (alors que jadis ce privilège était accordé à tous les citoyens) ils ne pouvaient être ni battus de verges, ni crucifiés, ni jetés aux bêtes.

Si l'on en croit certains écrivains du temps, la haute société, du moins à Rome, aurait eu bien des vices : souvent serviles à l'égard de l'empereur, les riches auraient surtout pensé à mener une vie luxueuse, à faire venir de très loin des mets recherchés, des étoffes somptueuses, des bijoux de grand prix; on ne les voit jamais se soucier d'améliorer le sort de leurs paysans qui menaient une vie affreusement dure. En réalité il y eut toujours parmi les «honorables» des hommes d'une haute moralité et d'une parfaite dignité de vie. Les nombreux provinciaux appelés au Sénat avaient le plus souvent conservé leur simplicité, leur honnêteté, leur sérieux. Dans cette aristocratie, nombreuses furent les âmes très nobles; on a vu ce qu'il en était des Antonins et de leurs fonctionnaires : Pline le Jeune gouverna fort bien la Bithynie, il contribua à la fondation d'une école dans sa ville natale et dota la fille d'un ami qui avait, disait-il, «plus de vertu que de fortune».

La haute société avait plus de loisirs maintenant que les citoyens ne prenaient plus part aux affaires publiques. C'est pourquoi la *vie mondaine* se développa avec des visites, des réceptions. Les *lectures publiques* devinrent à la mode : devant un auditoire élégant, un auteur lisait à haute voix son dernier ouvrage. Le premier siècle ap. J.-C. et le début du second comptèrent quelques grands écrivains : le philosophe *Sénèque*, l'historien *Tacite*, l'aimable épistolier *Pline le Jeune*, le poète satirique *Juvénal*. Mais les règnes d'Hadrien, d'Antonin, de Marc Aurèle n'en comptent plus guère.

Même stagnation dans le domaine de la science et des inventions. Ces deux siècles ne sont marqués par aucun progrès important dans les mathématiques, l'astronomie, la physique, la géographie, les sciences naturelles. Les rares savants que l'on peut citer se contentent de résumer les travaux de leurs devanciers grecs : tel *Ptolémée*, géographe et astronome ; *Galien*, médecin ; *Pline l'Ancien*, naturaliste. Nul progrès non plus dans la *technique*, c'est-à-dire l'art d'inventer des procédés de travail qui donnent un meilleur rendement.

Dans un seul domaine, le droit, il y eut progrès. A partir du règne d'Hadrien, des «jurisconsultes» (c'est-à-dire des hommes compétents dans la connaissance du droit) mirent de l'ordre dans les milliers de textes qui s'étaient ajoutés à la loi des Douze Tables : lois, édits des préteurs, décrets des empereurs. Leurs travaux se continuèrent jusqu'au VIe siècle ap. J.-C. et constituèrent ce que nous appelons *le droit romain*.

3. Les petites gens.

Des «honorables» aux «petites gens», quelle distance ! A Rome le peuple formait une foule bigarrée, où l'on comptait plus d'affranchis et de provinciaux que de citoyens originaires de l'Italie. Certains tenaient boutique ou étaient employés, commis de magistrats. Mais une bonne partie de cette plèbe se refusait à travailler et préférait recourir aux distributions gratuites de blé que depuis longtemps le gouvernement faisait aux pauvres. Sous les Antonins, 200 000 personnes à Rome profitaient de ces libéralités. Beaucoup d'ailleurs étaient les clients d'un riche ; ils allaient le saluer humblement chaque matin et recevaient en échange une maigre portion, la *sportule*.

Les esclaves étaient encore plus bas placés. Néanmoins la loi commençait à les protéger.

Pour se sentir moins faibles et moins seuls, les petites gens des villes se groupaient en associations ou *collèges* : les esclaves même y étaient admis. Certains collèges réunissaient des gens d'un même métier; de temps en temps on se donnait rendez-vous pour des repas en commun. D'autres avaient pour but de fournir à leurs adhérents une sépulture convenable : avec les cotisations des membres, le collège achetait un tombeau. Les murs en étaient tout creusés de petites niches pour les urnes funéraires; comme ils ressemblaient à des *pigeonniers*, on leur donnait ce nom.

4. Distractions innocentes ou cruelles.

Gens du peuple ou de la haute société, tous étaient avides de distractions. Aussi les empereurs leur offraient-ils sans cesse des amusements. *A Rome un jour sur deux était férié.* La foule se pressait au théâtre, au cirque et à l'amphithâtre.

Au *théâtre*, le public demandait surtout des farces grossières, ou encore des spectacles à grands décors, organisés au moyen d'une machinerie savante : des cascades jaillissaient, des paysages paraissaient et disparaissaient.

Au *cirque* avaient lieu des courses de chevaux attelés : une foule immense — au «Grand Cirque» de Rome, peut-être 250 000 spectateurs — se passionnait pour les cochers groupés en quatre associations rivales : les verts, les blancs, les bleus et les rouges. Dans les *amphithéâtres* enfin, tel le gigantesque Colisée édifié à Rome par Vespasien, on donnait des combats de «gladiateurs». Ceux-ci, soumis préalablement à un dur dressage, combattaient par paires ou par groupes, en général avec des armements différents : par exemple, des «myrmillons» couverts d'une cotte de mailles, contre des «rétiaires» n'ayant qu'un filet et un trident. Le vaincu implorait sa grâce, mais bien souvent les spectateurs, en tournant le pouce vers le sol, ordonnaient de l'achever. Ou bien on opposait à des bêtes fauves des prisonniers de guerre ou des condamnés à mort. La foule, toujours cruelle, se complaisait à d'affreux supplices.

Il n'est pas besoin d'insister sur ce qu'il y avait de démoralisant pour les citoyens de Rome à avoir 175 jours de fête par an sur 365 ; sur ce qu'il y avait de dégradant pour eux à être nourris gratuitement sans qu'ils aient besoin de travailler et à trouver leurs amusements dans les spectacles les plus bassement cruels.

5. Deux petites villes, Ostie et Pompéi.

La vie était souvent plus saine dans les petites villes d'Italie. Parmi celles-ci il en est deux, Ostie et Pompéi, que les fouilles nous permettent de bien connaître.

Le port d'*Ostie*, situé sur le Tibre près de son embouchure, prit une grande importance après les travaux ordonnés par Claude au Ier siècle, puis par Trajan et Hadrien. Les vaisseaux chargés de blé ou d'huile venus d'Égypte, de Sicile, d'Afrique du Nord ou d'Espagne, s'amarraient dans l'un des deux plus grands bassins. Les marchandises remontaient directement le Tibre jusqu'à Rome, dans des péniches tirées par des bœufs, ou bien elles étaient entreposées dans les greniers de la *ville* d'Ostie, située sur le fleuve un peu en aval.

Petite ville commerçante de Campanie, non loin de Naples, *Pompéi* fut ensevelie brusquement, en 79 ap. J.-C., sous une pluie de cendres du Vésuve. Lentement déblayée depuis la fin du XVIIIe siècle, elle nous montre aujourd'hui ses rues dallées avec leurs ornières, ses murs avec leurs inscriptions, ses boutiques avec leurs accessoires, ses riches maisons décorées de mosaïques et de fresques, ses termes, ses gymnases, ses temples enfin et ses théâtres.

Les provinces romaines aux deux premiers siècles de l'Empire

1. Prospérité des provinces sous l'Empire.

Sous la République, les provinciaux avaient été en général odieusement exploités. Sous l'Empire ils furent au contraire protégés. Les empereurs n'hésitèrent pas à châtier les fonctionnaires injustes ou malhonnêtes. Quand les délégués d'une province se réunissaient au chef-lieu pour célébrer le culte de Rome et d'Auguste, ils pouvaient formuler des plaintes contre le gouverneur et l'empereur en tenait compte. Pour développer la prospérité matérielle, les empereurs firent partout entreprendre de grands *travaux d'utilité publique*. De nombreuses *villes*, construites à la romaine, remplacèrent les anciens villages. Des *aqueducs*, souvent monumentaux, leur apportaient l'eau nécessaire. Des *routes*, admirablement construites, sillonnèrent l'Empire, jalonnées de bornes, de relais de chevaux et d'hôtelleries. La paix favorisa le commerce : la circulation devint plus intense sur terre et sur mer et *les produits purent s'échanger avec sécurité d'un bout à l'autre du monde romain.*

Au fur et à mesure que les provinces se civilisèrent au contact des Romains, beaucoup de villes s'administrèrent comme celles d'Italie et formèrent des *municipes*, c'est-à-dire qu'elles furent gouvernées par des magistrats assistés d'un conseil municipal élu. *Le droit de cité* se répandit. Finalement, en 212 ap. J.-C., l'empereur *Caracalla* accorda le droit de citoyenneté romaine à tous les hommes *libres* de l'Empire.

En même temps de *nombreuses écoles*, primaires et secondaires, se fondaient dans les provinces, particulièrement dans les villes. La civilisation gréco-romaine se répandit ainsi dans tout l'Empire depuis l'Arménie jusqu'au Maroc et jusqu'en Écosse.

Ainsi toute différence tendait à s'effacer entre les vainqueurs et les vaincus. Rome cessait d'être la maîtresse du monde pour n'en être plus que la capitale.

2. La Gaule romaine.

De toutes les régions de l'Empire aucune autant que la Gaule ne fut aussi profondément romanisée. Sous la direction des Romains, les Gaulois éventrèrent les forêts, construisirent des routes. Si dans la plus grande partie du pays on ne trouvait encore que de rares et misérables bourgades, il y avait pourtant beaucoup de villes qui pouvaient rivaliser avec les villes italiennes : Narbonne, Arles, Vienne, Nîmes, Béziers, Orange, Fréjus dans la Narbonaise, Toulouse, Bordeaux, Lyon, Reims, Autun, Clermont. Sur la frontière du Rhin on trouvait Strasbourg, Mayence, Cologne, Trèves. Les Gaulois élevèrent des *aqueducs* comme le Pont du Gard; des *arènes*, comme celles de Nîmes, d'Arles, de Paris; des *temples*, comme la Maison Carrée à Nîmes ou le temple de Vienne; des *théâtres*, comme ceux de Lyon, d'Orange et d'Arles; des *thermes* comme ceux de Paris; des *arcs de triomphe* comme celui d'Orange. *Lyon,* fondée en 43 av. J.-C., devint une sorte de capitale pour les six provinces qui se partageaient la Gaule.

Des *cultures nouvelles* apparurent, particulièrement celles de la vigne et des arbres fruitiers. L'*industrie* des manteaux à capuchons, fabriqués surtout à Saintes et à Langres dès avant la conquête, la métallurgie, l'art des bijoux, la poterie, la cordonnerie prospérèrent. Les Gaulois améliorèrent certains instruments agricoles, inventèrent des outils nouveaux.

Enfin, dans les villes du moins, beaucoup de Gaulois adoptèrent les mœurs et la langue des Romains. Ils ne furent plus des Gaulois mais des *Gallo-Romains.* Petit à petit, la langue latine se substitua à la langue gauloise : elle se répandit d'abord chez les riches qui étaient en relation avec les fonctionnaires ou les marchands italiens. Au second siècle ap. J.-C. les écoles d'enseignement supérieur d'*Autun* étaient célèbres dans tout l'Occident. Le latin gagna aussi, du moins dans les villes, nombre de gens du peuple ; mais, apporté par les soldats et les petits commerçants, il fut souvent une sorte d'*argot*, assez éloigné de la langue de Cicéron. De là devait sortir plus tard la *langue romane*, première étape vers le français.

3. L'Afrique du Nord.

Le pays que nous appelons Afrique du Nord, c'est-à-dire l'ensemble de la Tunisie, de l'Algérie et du Maroc, constituait au second siècle de notre ère quatre provinces. L'ordre y était assuré par une armée de 27 000 hommes environ.

Les Romains mirent le pays en valeur : à l'exemple de leurs prédécesseurs les Carthaginois, ils creusèrent des puits, des citernes, des canaux, édifièrent des barrages et des aqueducs. Les grandes richesses furent le blé, l'huile d'olive, les vins, les chevaux. Du Sahara et du Soudan arrivaient les esclaves noirs, l'ivoire, la poudre d'or.

Les Romains ne furent jamais nombreux dans l'Afrique du Nord. *Carthage*, détruite en 146 av. J.-C., relevée par César, fut à nouveau la capitale politique et intellectuelle du pays. Les villes étaient nombreuses, soit sur la côte, soit à l'intérieur comme celle de *Timgad*, fondée par Trajan et que les fouilles ont remise au jour. Cependant la romanisation de l'Afrique du Nord ne fut pas profonde. La latin ne fit disparaître ni le punique ni les patois des indigènes. Ceux-ci restèrent en général fidèles aux habitudes et à la religion des Carthaginois. Dès la chute de l'Empire, au Ve siècle ap. J.-C., la civilisation romaine disparut rapidement, sans guère laisser d'autre trace que des monuments.

4. L'Orient.

Si Rome essaya d'étendre la culture latine dans l'Occident, elle ne le tenta même pas en Orient. En Asie Mineure, en Syrie, en Égypte, les classes dirigeantes restèrent attachées à la civilisation et à la langue grecques.

Ces régions étaient riches. Elles produisaient du blé, des fruits, de l'huile, du vin, des minerais. Les villes de Milet et de Tyr continuaient à tisser la laine et à la teindre en pourpre. On travaillait le verre et les métaux précieux. Cependant plus encore que l'agriculture ou l'industrie, c'était le *commerce* qui faisait la richesse de l'Orient. L'Égypte commerçait avec l'Inde, la Syrie avec la Chine.

Par la mer Rouge, les navires égyptiens gagnaient l'Océan Indien et utilisaient la mousson d'été pour atteindre les côtes de l'Inde, de l'Indochine et de l'Indonésie. Ils apportaient l'or et l'argent, l'étain, le plomb, les grains de verre coloriés, l'ambre (venue de Scandinavie), le corail, les vins, les riches tissus. Parfois même ils transportaient des musiciens, des danseuses et des acrobates. Ils rapportaient à *Alexandrie* le poivre, les pierres précieuses, les perles, l'ivoire.

C'est au contraire par terre que les marchands syriens d'*Antioche* et ceux des villes situées en bordure du désert : *Baalbeck, Damas, Palmyre* commerçaient avec l'Empire chinois. La route des caravanes traversait d'ouest en est tout l'Empire parthe et atteignait le Turkestan chinois. Là, à une station connue sous le nom de la *Tour de Pierre*, les Syriens troquaient leurs marchandises contre les ballots de soie brute et les vêtements de soie apportés par les marchands chinois.

Les relations furent actives durant les deux premières siècles de notre ère entre l'Occident et l'Extrême-Orient. Il y eut même entre Rome d'une part, l'Inde et la Chine de l'autre, des envois d'ambassadeurs. En revanche, les relations intellectuelles furent de peu d'importance : il n'y eut guère de contact entre la pensée gréco-romaine et celle de l'Inde ou de la Chine.

5. La paix romaine.

Ainsi, pendant les deux premiers siècles de notre ère, le monde méditerranéen connut une ère de paix et de prospérité telle qu'il n'en avait encore jamais connue de semblable. Même sous les mauvais empereurs, les provinces purent être heureuses; elles n'eurent guère à souffrir des cruautés de Tibère, Néron ou Domitien, ni des troubles qui ensanglantèrent Rome dans les années 68 et 69. C'est à juste titre qu'au temps de l'empereur Vespasien le savant *Pline l'Ancien* (l'oncle de Pline le Jeune) avait célébré ce qu'il appelait «*la grandeur infinie de la paix romaine*» : «La puissance de Rome, disait-il, a donné l'unité au monde; tous doivent reconnaître les services qu'elle a rendus aux hommes en facilitant leurs relations et en leur permettant de jouir en commun des bienfaits de la paix.»

Une religion nouvelle : le christianisme

1. La grande vogue des religions orientales.

La religion romaine, avec ses rites compliqués et ses froides cérémonies, était incapable de satisfaire les âmes troublées, de procurer un réconfort moral à tous ceux qui en avaient besoin. Le culte impérial avait pris une grande importance, mais on n'y voyait qu'une manière de témoigner sa fidélité à l'empereur.

Aussi, à Rome et dans les provinces, les populations étaient-elles attirées vers les *religions orientales*, venues d'Asie Mineure, d'Égypte, de Perse, de Syrie. L'éclat ou le mystère de leurs cérémonies exerçait une grande séduction. Leurs prêtres indiquaient aux fidèles des moyens de se purifier, de racheter leurs fautes ; ils consolaient les malheureux en leur promettant, après la mort, la félicité éternelle.

Outre ces religions de l'Orient, il y en avait encore une mais qui était très différente de toutes les autres : la *religion d'Israël*. Seule elle affirmait qu'il n'y avait qu'un dieu. Elle n'était d'ailleurs pas uniment pratiquée en Palestine : on trouvait des groupements de Judéens dans toutes les grandes villes du bassin de la Méditerranée. La religion d'Israël était en effet officiellement tolérée par les autorités romaines et elle convertissait parfois des non-Judéens à ses doctrines. Les fidèles se réunissaient dans des «maisons de prières», appelées *synagogues*, pour lire l'Ancien Testament. Depuis le milieu du Ier siècle ap. J.-C., les Judéens étaient profondément divisés entre eux sur la question du Messie. Certains affirmaient que le Messie annoncé par les prophètes était déjà apparu sous le nom de Jésus ; d'autres refusaient de l'admettre.

2. La vie et la mort de Jésus.

Jésus, dont la religion devait révolutionner le monde, a vécu ignoré de presque tous ses contemporains. Son histoire ne nous est guère connue que par la seconde partie de la Bible, le *Nouveau Testament*, c'est-à-dire *Nouvelle Alliance ;* on y trouve en particulier quatre récits de la vie de Jésus, appelés *Évangiles :* selon saint Matthieu, saint Marc, saint Luc et saint Jean. Les Évangiles racontent ainsi la vie de Jésus :

Jésus était un Judéen né en Judée, à Bethléem, sous le règne d'Auguste. Il passa sa jeunesse à Nazareth, petite ville de la Galilée, au nord de la Palestine. Vers l'âge de trente ans, sous le règne de l'empereur Tibère, il commença à prêcher. Il groupa autour de lui quelques *disciples* qui lui furent passionnément dévoués, de simples pêcheurs comme *Pierre*, des femmes comme *Marie Madeleine*. Jésus allait par les campagnes ou entrait dans les synagogues des villes pour prêcher : son extrême bonté, la douceur et l'autorité de sa parole faisaient une profonde impression. Il s'exprimait familièrement et s'adressait de préférence aux pauvres, aux ignorants.

De Galilée, Jésus passa en Judée, alors province romaine. Il entra à Jérusalem et put prêcher dans le Temple, mais pendant peu de temps : ses prédications lui faisaient en effet beaucoup d'ennemis, surtout parmi les prêtres. Ils s'entendirent pour le faire arrêter.

Un soir, à la veille de la fête juive de Pâque, après avoir dîné avec ses disciples, Jésus s'était retiré avec eux sur le Mont des Oliviers. C'est là qu'il fut arrêté par une troupe que guidait *Judas*, un de ses disciples, qui l'avait trahi. Traduit devant le Grand Prêtre, il fut jugé digne de la peine de mort comme blasphémateur, parce qu'il s'était déclaré « Fils de Dieu », associé à la puissance divine. Mais l'exécution ne pouvait être décidée que par jugement du gouverneur romain, *Ponce Pilate.* Les prêtres livrèrent donc Jésus à Ponce Pilate en l'accusant d'être un rebelle qui se révoltait contre l'empereur et s'affirmait « Roi des Judéens ». C'est à ce titre que, sous la pression d'une foule excitée par les prêtres, Ponce Pilate donna l'ordre de mettre Jésus en croix. Placé entre deux malfaiteurs condamnés au même supplice, Jésus fut crucifié sur la colline du Crâne — en hébreu « Golgotha », en français « Calvaire » (peut être en l'an 28 de notre ère).

Les Évangiles racontent ensuite comment Jésus fut enseveli, comment le surlendemain dimanche, quand Marie Madeleine et deux autres femmes se rendirent au tombeau pour embaumer le corps, elles trouvèrent le tombeau vide, et comment Jésus ressuscité apparut à ses disciples.

3. L'enseignement de Jésus.

L'Évangile ou « bonne nouvelle » annoncée par Jésus, c'est que Dieu l'a envoyé sur la terre pour sauver les hommes. Il est le Sauveur, le Fils de Dieu, le Messie — en grec *Christ* — annoncé par les prophètes. *La croyance en Jésus-Christ Fils de Dieu et Sauveur des hommes sera le fondement de la religion nouvelle.*

Jésus ne rompt pas avec la religion d'Israël : « Je suis venu, dit-il, non pour abolir la Loi [de Moïse], mais pour l'appliquer entièrement. » Comme certains prophètes d'Israël, il enseigne que les pratiques extérieures du culte importent moins que la foi en Dieu et la pureté du cœur. Mais nul avant lui n'avait prêché avec autant de force la confiance dans l'amour de Dieu, l'humilité du cœur, l'amour du prochain, le pardon des injustices, le renoncement aux biens de ce monde : ce sont les préceptes essentiels de la morale chrétienne.

4. Les premières Églises chrétiennes.

Après la mort de Jésus, ses disciples se groupèrent à Jérusalem autour de Pierre, qui était un des douze *apôtres,* c'est-à-dire «envoyés» du Christ. Ils ne songeaient nullement à rompre avec le judaïsme ; ils affirmaient seulement que Jésus était le Messie ou Christ : de là le nom de «chrétiens» qu'on leur donna.

Mais certains Judéens les persécutaient. Un de ces persécuteurs, *Paul*, se convertit brusquement, à la suite d'une vision qu'il eut sur le chemin de Damas à Jérusalem, et devint alors le plus fougueux apôtre du christianisme. Missionnaire infatigable, il parcourut surtout l'Asie Mineure et la Grèce. Irrité des résistances que lui opposaient ses coreligionnaires, il s'adressa surtout aux païens[1] et affirma que, pour devenir chrétiens, ils n'avaient pas besoin de se soumettre aux prescriptions de la Loi de Moïse. Ainsi *le christianisme tendit à se détacher du judaïsme.*

Dans chaque ville les chrétiens se groupaient en une communauté ou «Église» : le mot grec «ecclésia» signifie assemblée. L'organisation de ces premières Églises était très simple. Chacune avait à sa tête un *évêque*, c'est-à-dire un surveillant, assisté de *prêtres*, c'est-à-dire d'hommes âgés, et de *diacres*, c'est-à-dire de serviteurs. Le dimanche matin, jour où l'on commémorait la résurrection de Jésus, les chrétiens se réunissaient pour lire les livres saints, chanter et prier. Le soir, en mémoire du dernier repas pris par Jésus avec ses disciples, ils se partageaient le pain et le vin que l'évêque avait bénis, puis ils prenaient un repas en commun.

Les chrétiens ne voulaient pas après leur mort être ensevelis avec les idolâtres dans les cimetières païens. Aussi eurent-ils leurs cimetières à eux, qu'on appela *catacombes.* Comme les cimetières païens, les catacombes étaient ornées de peintures : c'est là qu'on trouve *les plus anciens vestiges de l'art chrétien.*

Les progrès du christianisme furent facilités par l'existence des communautés de Judéens dispersées dans les grandes villes du bassin de la Méditerranée. Des païens qui se sentaient attirés par la religion d'Israël se convertirent souvent au christianisme.

A la fin du IIe siècle, les Églises chrétiennes les plus importantes étaient celles d'*Antioche* en Syrie, de *Corinthe* en Grèce, de *Rome* en Italie, de *Lyon* en Gaule, de *Carthage* en

1. Le mot *païen*, dont l'usage se répandit plus tard, vient du latin *paganus* qui signifie campagnard. Comme l'idolâtrie subsista plus longtemps dans les campagnes que dans les villes on finit par donner le nom de *païens* à tous les idolâtres.

Afrique et d'*Alexandrie* en Égypte. Très tôt, Rome avait eu une Église chrétienne. Selon la tradition, les apôtres Pierre et Paul y avaient été suppliciés sous Néron. Car les chrétiens n'avaient pas tardé à être persécutés par les autorités romaines.

5. Les persécutions contre les chrétiens.

Pourquoi ces persécutions ? Les Romains étaient en général très tolérants pour les autres religions. Mais les chrétiens faisaient bande à part, ils s'entouraient de mystère pour célébrer leur culte, ce qui prêtait à la calomnie : on les traitait d'« ennemis du genre humain » ; on racontait qu'ils tuaient des enfants dont ils buvaient ensuite le sang. D'autre part, les chrétiens refusaient de rendre un culte aux dieux officiels de Rome, même à l'empereur ; aussi le seul fait de se dire chrétien fut-il considéré comme un aveu de haute trahison[1].

Tout d'abord les persécutions furent assez espacées et locales : cela dépendait non de l'empereur, mais des gouverneurs de province ou même des conseils municipaux. Tandis que telle Église était persécutée et décimée, telle autre vivait en paix. Mais, malgré les persécutions, parfois même à cause d'elles, le nombre des chrétiens ne cessa d'augmenter : le courage de certains suppliciés (on les appela *martyrs*[2]) faisait impression sur la foule. Grâce à sa douceur consolante, le christianisme se propageait rapidement parmi les pauvres gens des villes : un de ses adversaires l'appelait dédaigneusement « une religion de tisserands, de foulons et de cordonniers ». Cependant on trouvait aussi des chrétiens parmi les riches.

1. Les Judéens aussi s'y refusaient, mais ils étaient les seuls à y être autorisés.
2. C'est-à-dire *témoins*, parce qu'ils témoignaient par leur mort qu'ils croyaient à Jésus-Christ.

La décadence de l'Empire aux IIIe et IVe siècles.

1. Le IIIe siècle. Anarchie militaire et invasions.

Après l'époque de prospérité marquée par le gouvernement des Antonins, *le IIIe siècle fut pour l'Empire romain un siècle de décadence.* D'une part l'armée intervint constamment dans la politique, d'autre part les frontières furent partout forcées.

A la mort de Commode (192), cohortes prétoriennes et armées provinciales s'opposèrent à nouveau, comme elles l'avaient fait à la mort de Néron. Il fallut cinq ans de luttes sans pitié pour que le chef de l'armée du Danube, *Septime Sévère*, l'emportât (197). Septième Sévère était un Africain, dont la famille était romanisée depuis peu de temps, et sa femme était une Syrienne. Méprisant et dur à l'égard du Sénat, il se montra du moins bon soldat et bon administrateur : il rétablit l'ordre, promulgua des lois excellentes, éleva de nombreux monuments, battit les Parthes et mourut en Angleterre, à la tête de ses légions (211).

Son fils *Caracalla* était un tyran sanguinaire : il publia du moins l'*édit de 212* qui accordait le droit de citoyenneté romaine à tous les hommes libres de l'Empire. Le successeur de Caracalla, un tout jeune homme qui était prêtre d'un dieu syrien, choisit pour préfets des vigiles, du prétoire et de l'annone, un cocher, un danseur et un coiffeur, et il épousa une Vestale.

Tous ces empereurs s'appuyaient sur l'armée : «Enrichissez les soldats et moquez-vous du reste», aurait dit Septime Sévère à son fils. Le résultat ne se fit pas attendre : en cinquante ans (235-285) les soldats nommèrent et déposèrent les empereurs à leur gré. Sur vingt-six que le Sénat reconnut (on renonce à compter les autres), un seul ne périt pas de mort violente.

En même temps l'*Empire était envahi sur toutes les frontières.* Un roi de Perse pénétra jusqu'au cœur de l'Asie Mineure et fit prisonnier l'empereur *Valérien* (260); un prince de la ville de Palmyre s'empara de toute la Syrie; enfin des tribus germaniques forcèrent le Rhin et le Danube, ravagèrent la Grèce, l'Italie du Nord, la Gaule et même l'Espagne.

2. Les réformes de Dioclétien et de Constantin.

L'Empire fut momentanément sauvé par un vaillant général l'empereur *Aurélien* (270-275). Il repoussa les Germains, réoccupa la Syrie, entoura Rome d'une enceinte fortifiée. Son œuvre fut continuée par les empereurs *Dioclétien* (284-305) et *Constantin* (312-337). Mais l'Empire sortit de leurs réformes complètement transformé et presque méconnaissable.

L'empereur devint un *monarque absolu*, comme l'étaient les rois de Perse, comme l'avaient été les Pharaons d'Egypte. Il s'entoura d'un faste tout oriental, se vêtit d'étoffes de soie et d'or, mit autour de son front un diadème comme faisaient les rois de l'Orient. Il se fit appeler «Votre Majesté», «Votre Éternité» : ses sujets ne l'abordaient qu'en se prosternant le front contre terre et en l'adorant comme un dieu. Il était entouré d'une armée de chambellans, d'huissiers, de domestiques. L'administration de l'Empire fut profondément modifiée et les fonctionnaires, strictement hiérarchisés, devinrent très nombreux.

Devant le péril chaque jour plus menaçant aux frontières, Dioclétien avait jugé que la tâche de diriger l'Empire était trop lourde pour un seul homme. Il s'était associé trois collègues et cette forme de gouvernement fut appelé la *tétrarchie*, c'est-à-dire le gouvernement à quatre. Constantin ne suivit pas son exemple et resta seul empereur. Mais à plusieurs reprises durant le IVe siècle il y eut en même temps deux empereurs : l'un gouvernait l'Orient, l'autre l'Occident. Du moins Constantin jugea-t-il nécessaire de créer une nouvelle capitale, d'où il fût possible de surveiller les Goths sur le bas Danube et les Perses en Orient. Il fit choix de la vieille ville de *Byzance*, sur le Bosphore, et il lui donna le nom de *Constantinople*, c'est-à-dire la ville de Constantin (330). En Italie, *Milan* devint la résidence habituelle de l'empereur. *Rome cessait d'être la capitale de l'Empire romain.*

3. Le triomphe du christianisme.

Plus importante encore que la fondation de Constantinople fut l'attitude que prit Constantin à l'égard du christianisme.

Le christianisme avait fait au IIIe siècle de grands progrès et, à deux reprises, (vers 250 d'abord, puis sous Dioclétien vers 300) il avait subi dans presque toute l'étendue de l'Empire une sanglante persécution. Mais, dès son arrivée au pouvoir, Constantin (dont la mère était probablement chrétienne) publia l'*édit de Milan* (313) : désormais les chrétiens purent célébrer publiquement leur culte. Bientôt Constantin prit nettement parti en faveur du christianisme et ce fut au tour du paganisme et du judaïsme d'être brimés.

En vain l'un des successeurs de Constantin, l'empereur *Julien*, essaya-t-il de favoriser le paganisme : il ne régna que deux ans (361-363). Finalement, en 391, l'empereur *Théodose* ordonna la fermeture de tous les temples et interdit les cultes païens. Cependant l'ancienne religion continua d'être pratiquée dans les campagnes : voilà pourquoi on appela *païens* (c'est-à-dire paysans) ceux qui lui restèrent fidèles.

Désormais le *christianisme était la religion officielle de l'Empire romain*. Son triomphe est l'un des événements les plus importants de l'Histoire, un de ceux qui marquent le début d'une période nouvelle pour l'Humanité : il annonce la fin des Temps antiques.

4. Organisation de l'Eglise chrétienne.

A ce moment aussi l'Église achevait de fixer son organisation. Les circonscriptions ecclésiastiques correspondirent exactement aux circonscriptions administratives de l'Empire.

Le territoire d'une cité forma un *diocèse*, dirigé par un évêque. Tous les évêques d'une même province reconnurent comme chef l'évêque de la capitale de la province : on l'appelait *évêque métropolitain* (ce sera plus tard l'archevêque). Parmi les évêques, quelques-uns jouissaient d'un prestige exceptionnel. En Orient, ceux de Constantinople, d'Antioche, de Jérusalem et d'Alexandrie portaient le titre de *patriarches*. En Occident, l'évêque de Rome était considéré comme supérieur à tous les autres parce qu'il était, disait-on, le successeur de l'apôtre saint Pierre.

Lorsqu'il s'agissait de discuter des questions importantes touchant la religion chrétienne, les évêques se réunissaient en assemblées appelées *conciles*. Le concile le plus important au IVe siècle fut le *concile de Nicée*, convoqué par l'empereur Constantin dans cette ville d'Asie Mineure en 325[1].

A peu près à la même époque apparaissaient les premiers *couvents* ou *monastères*. Dès le IIIe siècle, certains chrétiens en Égypte avaient décidé de se retirer dans la solitude, loin des autres hommes, pour méditer et prier. On les appela *ermites* (c'est-à-dire : ceux qui vivent au désert) ou *moines* (c'est-à-dire : solitaires). Au IVe siècle, certains moines se groupèrent en communautés, appelés couvents ou monastères, sous la direction d'un *abbé*. A cette date, les moines étaient des *laïcs*.

5. Dépopulation et appauvrissement de l'Empire.

Si prospère au temps des Antonins et même encore au début du IIIe siècle, sous le règne de Septime Sévère, l'Empire du IVe siècle se dépeupla et s'appauvrit.

1 Un prêtre d'Alexandrie, *Arius*, avait affirmé au sujet de Jésus Christ des théories que certains évêques avaient adoptées et que d'autres avaient repoussées. Le concile de Nicée fut chargé de décider quelle était l'*orthodoxie* (c'est-à-dire la doctrine exacte) et quelle était l'*hérésie* (c'est-à-dire la doctrine fausse). Il condamna la doctrine d'Arius comme hérétique.

Les invasions, les guerres civiles, les épidémies firent périr les habitants par millions. Dès la fin du IIIe siècle, la population était de moitié moins nombreuse qu'elle ne l'était au temps d'Antonin le Pieux. Des régions entières, jadis bien cultivées, restaient en friche. L'industrie, le commerce avaient perdu toute activité. Les villes étaient en pleine décadence et, pour se protéger contre les razzias des Germains, s'entouraient de remparts. Les impôts devenaient accablants au moment où, les denrées étant plus rares, le prix de la vie augmentait.

Alors les empereurs *réglementèrent toute la vie économique.* Dioclétien publia l'édit *du maximum* qui fixait le prix des denrées de première nécessité. Pour que dans les métiers les plus importants il y eût toujours un nombre d'ouvriers suffisant, on décida que les enfants auraient nécessairement la même profession que les parents. Il en fut ainsi dans la boucherie, la boulangerie, la batellerie, les manufactures de l'État et même dans l'agriculture : désormais les paysans, sous le nom de *colons*, furent attachés à la terre qu'ils cultivaient. Ils n'avaient pas le droit de la quitter et, quand le propriétaire vendait son champ, il vendait en même temps les colons qui y travaillaient.

6. Les Germains dans l'Empire.

Dans leur effort pour lutter contre la dépopulation, les empereurs du IVe siècle prirent une décision qui, à la longue, s'avéra dangereuse. *Ils ouvrirent l'Empire aux tribus de Germains qui leur demandaient de s'y établir à titre de soldats, de colons ou d'ouvriers.*

Ces Barbares[1] se montraient d'ailleurs souvent loyaux sujets et les plus hautes charges leur furent parfois confiées : l'empereur Théodose avait marié sa nièce au Germain *Stilicon*, dont il avait fait son généralissime.

Cet Empire du IVe siècle qui est devenu une monarchie absolue, où Rome n'est plus capitale, où le christianisme est maintenant la seule religion officielle, où les Germains jouent un rôle de plus en plus grand — cet Empire n'a plus rien de

1. Le mot «Barbares» n'a ici aucun sens péjoratif de même que les Grecs appelaient «Barbares» les peuples qui ne parlaient pas le grec, de même les Romains appelaient «Barbares» les peuples qui ne faisaient pas partie de l'Empire Romain.

commun avec l'Empire d'Auguste ou de Trajan. On lui a donné le nom de *Bas-Empire*.

Les Huns et les grandes invasions
La fin de l'Empire Romain en Occident

1. Les grandes invasions ou la peur des Huns.

Nous n'avons que très peu de renseignements sur les peuples qui habitaient au IVe siècle l'immense territoire de la Germanie, à l'est du Rhin et au nord du Danube. Nous savons du moins qu'ils commençaient à s'organiser en puissantes confédérations guerrières. Les principales étaient : les *Francs*, les *Burgondes*, les *Alamans* sur le Rhin ; puis, sur la Danube, les *Vandales* et les *Wisigoths* ; enfin, dans l'ouest de la Russie actuelle, les *Ostrogoths*. Les Germains n'avaient encore ni littérature ni art : cependant, à l'exemple des tribus de la Russie et de la Sibérie ils avaient acquis une réelle habileté dans la fabrication des bijoux. Certains d'entre eux (les Goths, les Vandales, les Burgondes) venaient d'être convertis au christianisme, mais ils étaient *ariens*, donc hérétiques aux yeux des catholiques[1].

Jusqu'à la fin du IVe siècle, les armées romaines avaient en

1 Par opposition aux hérétiques les *catholiques* étaient ceux qui étaient fidèlement attachés aux croyances fixées par les conciles.

somme réussi à contenir les envahisseurs. Mais, à cette date, la pression devint si formidable que les frontières du Danube et du Rhin finirent par céder. *Cette ruée en masse des Germains est connue sous le nom de grandes invasions.* Elle amena en Occident la disparition de l'Empire romain et, en partie, la ruine de la civilisation romaine.

Quelle en fut la cause? *Une terreur panique, provoquée par l'irruption des Huns en Europe.* Ceux-ci étaient des Asiatiques de race jaune, des cavaliers nomades venus des steppes de Mongolie. Ils s'étaient d'abord jetés sur la Chine, mais avaient été refoulés à la fin du Ier siècle ap. J.-C. Leur cruauté, leurs ravages semaient partout l'épouvante. Vers 370, ils se heurtèrent aux Ostrogoths. De proche en proche la panique gagna toute la Germanie : les Germains se précipitèrent dans l'Empire romain, non pour le détruire, mais pour y trouver, de gré ou de force, un refuge.

2. Les royaumes germaniques en Occident.

Ce furent d'abord les Wisigoths qui obtinrent le droit de s'établir au sud du Danube dans la péninsule des Balkans (376). Bientôt ils se soulevèrent et, dirigés par leur roi *Alaric,* ils envahirent l'Italie et pillèrent Rome (410). Peu après ils obtinrent de l'empereur *Honorius* le droit de s'établir dans le sud-ouest de la Gaule entre la Loire et les Pyrénées (419). Officiellement, ils étaient au service de l'empereur; en fait ils étaient les maîtres d'une partie de la Gaule : *c'était le premier royaume germanique fondé dans l'Empire.*

A cette date la Gaule et l'Espagne venaient d'être ravagées par l'*invasion de 406.* Les *Burgondes* s'installèrent en Gaule. Les *Vandales* poussèrent jusqu'en Espagne (où la région de l'Andalousie porte encore leur nom) puis, sous la conduite de leur roi *Genséric,* ils occupèrent la Tunisie et une partie de l'Algérie. *Morceau par morceau l'Occident se détachait de l'Empire romain.*

Cependant les Huns continuaient leur marche vers l'ouest. En 450 leur roi *Attila* lança ses bandes sur la Gaule terrifiée. Devant lui tout fuyait, les villes se vidaient — sauf Paris, grâce aux exhortations d'une jeune fille, *sainte Geneviève,* qui promit aux habitants la protection de Dieu. En effet Attila évita Paris et marcha sur Orléans. Le général romain *Aétius* rassembla toutes les troupes qu'il put trouver et battit les Huns près de Troyes (451). Attila dévasta ensuite l'Italie mais sa mort, deux ans plus tard, disloqua son Empire[1].

En Italie, l'empereur d'Occident, dont la capitale était maintenant *Ravenne*, n'avait plus aucune autorité. Ce n'étaient que troubles, émeutes, assassinats; Rome, qui avait été prise et pillée par les Wisigoths d'Alaric, le fut à nouveau par les Vandales de Genséric (455). Finalement, en 476, un chef de Germains campés en Italie, *Odoacre*, détrôna l'empereur, un enfant de dix ans. *L'Italie à son tour devenait un royaume germanique et l'Empire romain disparaissait en Occident.*

C'est à cette date qu'on a coutume d'arrêter l'histoire romaine. Alors commence le *Moyen Age*, c'est-à-dire la longue période qui s'étend de la fin de l'Empire d'Occident jusqu'à la découverte de l'Amérique par Christophe Colomb en 1492.

Du moins l'Empire romain subsistait-il en Orient et il subsista encore pendant bien des siècles, tout au moins en Asie Mineure et dans la péninsule des Balkans. Il ne s'écroula qu'en 1453, près de mille ans après la prise de l'Italie par Odoacre.

3. Ce que nous devons à Rome: l'unité romaine, le droit romain.

Mais, même en Occident, l'œuvre de Rome ne mourut pas tout entière avec la chute de l'Empire romain. Dans ces régions qu'elle avait civilisées et marquées plus ou moins profondément de son empreinte, elle ne devait jamais disparaître.

Au point de vue politique, la grande œuvre de Rome avait été l'unification du monde méditerranéen. Cette unification s'était faite d'abord par la conquête et dans des vues tout égoïstes : on sait combien durement furent traitées les provinces sous la République. Mais, avec l'établissement de l'Empire, leur sort s'améliora. Au fur et à mesure que la civilisation gréco-romaine se répandit, le droit de cité fut libéralement accordé; finalement l'édit de Caracalla déclara citoyens romains tous les habitants libres de l'Empire. Aucune différence

1 Pendant qu'Attila ravageait l'Europe, d'autres hordes de Huns dévastaient la Chine, l'Iran oriental et même le nord-ouest de l'Inde

n'existe plus dès lors entre vainqueurs et vaincus. Désormais tout le littoral de la Méditerranée et même d'immenses régions de l'intérieur de l'Europe, jusqu'au Rhin et au Danube, ne forment plus *qu'un seul État, gouverné par un même souverain selon des lois uniformes.* L'idéal des Grecs, au temps de Périclès, était une multitude de petites cités indépendantes les unes des autres, chacune régie par ses propres lois. Alexandre seul avait tenté d'unifier l'immense empire auquel il commandait, mais il était mort trop tôt. Les empereurs romains avaient réalisé son rêve et sur une échelle plus vaste. Même après que les Germains eurent créé une dizaine de royaumes sur les ruines de l'Empire d'Occident, l'idée de l'*unité romaine*, c'est-à-dire d'un pouvoir supérieur qui impose à tous les peuples l'ordre et la paix, cette idée persista dans beaucoup d'esprits : c'est elle qui poussera les grands conquérants Charlemagne, Otton le Grand, Napoléon à ressusciter le titre d'empereur et à tenter de dominer l'Europe occidentale.

D'autre part, dans les royaumes qu'ils fondèrent en Occident et qui sont l'origine des États modernes, les Germains conservèrent en partie *les lois et les institutions romaines.* Ils les déformèrent souvent grossièrement; elles n'en restaient pas moins à leurs yeux comme un idéal. Le *droit romain* est peut-être la partie la plus importante de l'héritage que Rome nous a laissé. Il sembla d'abord disparaître après les grandes invasions, mais il reparut par la suite et son influence continue, aujourd'hui encore, à s'exercer sur nos législations.

4. La langue latine. La littérature. Les idées morales.

La *langue latine* survécut, elle aussi, à la ruine de l'Empire en Occident. Pendant des siècles on continua à parler latin, au moins dans les milieux lettrés. C'est seulement au XVIe siècle que François Ier ordonna aux juges d'abandonner le latin pour employer le français; encore à l'époque de Louis XIV de nombreux savants et penseurs écrivaient leurs ouvrages en latin. S'il leur arrivait de les écrire dans leur langue maternelle, ils les traduisaient souvent en latin pour permettre à tous les hommes cultivés de les lire plus facilement. L'Église catholique a conservé presque jusqu'à nos jours l'usage exclusif du latin dans les cérémonies de la messe. Et dans la plupart des pays d'Europe occidentale qui firent partie de l'Empire romain, les langues nationales elles-mêmes sont dérivées du latin : tels sont l'italien, le français, l'espagnol, le portugais et, dans l'Europe orientale, le roumain.

Même si aujourd'hui bien peu de personnes sont capables de parler le latin couramment, la langue latine continue à être étudiée chaque année par des millions d'élèves dans tous le pays du monde. Les Romains nous ont en effet laissé une *littérature latine* très riche, très variée et qui compte des chefs-d'œuvre.

Par son droit et sa littérature, Rome a répandu beaucoup d'idées qui nous sont encore familières et qui constituent ce qu'on appelle la *culture antique*. Cette culture était l'œuvre des Grecs, non des Romains. Mais ce sont les Romains qui l'ont fait connaître à l'Occident, où la langue grecque était généralement inconnue. *Ce rôle d'intermédiaire*, la littérature latine le joua encore pendant bien des siècles, jusqu'à ce que les œuvres des anciens Grecs fussent publiées à nouveau en Occident, d'abord dans des traductions puis dans leur propre texte.

Notre civilisation n'est pas seulement fondée sur la culture antique ; elle est en grande partie fondée sur l'*enseignement des vieux prophètes d'Israël, repris par le christianisme*. Comme, depuis Constantin, la plupart des empereurs se montrèrent favorables au christianisme et comme les théologiens chrétiens de l'Italie, de la Gaule, de l'Espagne et de l'Afrique du Nord écrivirent en latin, c'est encore à Rome et à son rôle d'intermédiaire que nous devons, pour une part, la propagation des idées religieuses auxquelles des centaines de millions d'hommes sont, aujourd'hui encore, attachés.

DEUXIEME PARTIE
LE MOYEN AGE

L'Occident vers 500 après J.-C.

1. L'Occident vers 500.

Depuis 476, l'Empire romain ne subsistait plus qu'en Orient avec Constantinople (appelée aussi Byzance) pour capitale. Toute l'Europe occidentale était maintenant aux mains des Barbares.

Dans la Bretagne (aujourd'hui Angleterre) avaient débarqué des Germains, les *Angles* et les *Saxons*. Les *Ostrogoths* venaient d'enlever l'Italie à Odoacre ; les *Vandales* occupaient l'Afrique du Nord ; les *Wisigoths* occupaient l'Espagne et le sud de la Gaule. Un autre royaume germanique était en train de se constituer dans le nord de la Gaule : celui des *Francs*.

2. Ostrogoths, Vandales, Wisigoths.

Peu avant la fin du Ve siècle, l'Italie avait été arrachée à Odoacre par les *Ostrogoths*. Bien loin de vouloir détruire la civilisation romaine, leur roi *Théodoric* fit tout pour la conserver. Élevé dans sa jeunesse à Constantinople, grand admirateur de l'Empire, il n'employa que des Romains dans les fonctions administratives, imposa les lois romaines à tous les sujets, aussi bien Ostrogoths que Romains, protégea les écrivains latins, restaura les monuments et en bâtit lui-même un grand nombre, par exemple dans sa capitale de *Ravenne*.

Rien de ce souci de conserver la civilisation romaine ne se retrouve chez les *Vandales*. Ceux-ci s'étaient toujours montrés farouches adversaires des Romains et, sous la conduite de leur roi Genséric, ils avaient affreusement pillé Rome en 455. Ainsi s'explique le sens péjoratif attribué aujourd'hui au mot vandale. Les Vandales occupaient la Tunisie et une partie de l'Algérie, la Sardaigne, la Corse, les îles Baléares; mais ils avaient à lutter contre l'hostilité des habitants.

Les *Wisigoths* semblaient beaucoup plus puissants. Ils dominaient presque toute l'Espagne, la Gaule jusqu'à la Loire et possédaient même la Provence. Leurs rois, dont la capitale était Toulouse, convoitaient encore au Nord la région entre Loire et Somme, alors occupée par un général gallo-romain, *Syagrius*. Ils voulaient enfin annexer à l'Est le royaume des *Burgondes*, un peuple germanique établi dans les vallées de la Saône et du Rhône. La Gaule entière allait-elle devenir wisigothique?

3. Faiblesse de ces trois royaumes.

En réalité la domination des Wisigoths, comme celle des Vandales et des Ostrogoths, était moins solide qu'il ne paraissait. Ces trois peuples s'étaient bien convertis au christianisme, mais au christianisme *arien*. Ils étaient donc des *hérétiques* aux yeux des évêques. Dans le désordre des grandes invasions, les évêques étaient devenus les personnages les plus importants et les plus écoutés. Les avoir contre soi c'était se condamner à un échec. Ils étaient prêts au contraire à aider le premier prince barbare qui prendrait leur parti contre les ariens.

4. Les Francs.

Or, il y avait dans le nord et le nord-est de la Gaule une

peuplade germanique, encore païenne, les *Francs*. Ils formaient deux groupes : les uns, les *Francs Ripuaires*, étaient installés sur le Rhin dans la région de Cologne et de Mayence ; les autres, les *Francs Saliens*, occupaient le sud-ouest de la Belgique actuelle. Chaque groupe comprenait plusieurs tribus, dont chacune avait son roi. Vers 460 une tribu de Saliens, installée près de la ville, aujourd'hui belge, de Tournai, avait pour roi *Childéric*. On a retrouvé son tombeau où il avait été enterré avec son cheval, ses armes et ses bijoux. Quoique païen, Childéric avait témoigné d'une grande bienveillance à l'égard des évêques. En cela il montrait la voie à son fils, *Clovis*, qui lui succéda en 481.

Clovis comprit vite l'intérêt qu'il y avait pour lui à se déclarer en faveur des catholiques : avec l'appui des évêques il était sûr de dominer la Gaule.

5. Clovis conquérant de la Gaule.

Clovis commença par enlever à Syagrius, à la suite d'une victoire près de Soissons, le pays entre Somme et Loire. Il infligea ensuite aux *Alamans*, un peuple germanique établi sur les deux rives du Rhin au sud de Mayence, une défaite qu'on appelle la bataille de *Tolbiac*. Enfin, avec l'aide des Burgondes, il battit les Wisigoths à *Vouillé* près de Poitiers (507) et les rejeta en Espagne, ne leur laissant au nord des Pyrénées que le Languedoc.

En même temps Clovis arrivait, par la ruse et le meurtre, à se faire reconnaître roi de toutes les tribus franques, chez les Saliens comme chez les Ripuaires. A sa mort, en 511, il était devenu le maître de toute la Gaule, à l'exception du royaume burgonde et du littoral méditerranéen.

Les éclatants succès de Clovis s'expliquent surtout par l'*appui que lui prêtèrent les catholiques*. Encore païen, il avait épousé une princesse catholique, *Clotilde*, puis, avec toute sa tribu, s'était converti au catholicisme : vers 500 l'évêque *saint Remi* l'avait baptisé à Reims. Sa campagne contre les Wisigoths ariens prit ainsi l'aspect d'une croisade en faveur du catholicisme. A Paris, dont il avait fait sa capitale, il éleva une basilique pour y abriter son tombeau[1] ; l'un de ses derniers actes fut de convoquer à Orléans un concile auquel assistèrent près de la moitié des évêques de Gaule.

Les grands propriétaires laïques se ralliaient également à lui. Clovis en effet ne les avait pas dépouillés de leurs terres. Il avait confisqué les biens qui appartenaient à l'État romain, mais non ceux qui appartenaient aux particuliers. Il traita toujours les Gallo-Romains non en vaincus, mais en égaux des Francs. Ainsi, tout en ne portant que le titre de «roi des Francs», Clovis vit-il son autorité acceptée par tous les habitants de la Gaule.

1 Quelques années plus tard. sainte Genevieve y fut egalement enterrée

La Gaule sous les Mérovingiens
Recul de la civilisation

1. Les Mérovingiens.

Du nom de Mérovée, qu'on disait grand-père de Clovis, est venu le nom de *Mérovingiens.* On appelle ainsi Clovis et ses descendants. Ceux-ci gouvernèrent la Gaule pendant deux siècles et demi (511-751). Les premiers d'entre eux surent se montrer actifs et furent souvent de grands conquérants : ils annexèrent le royaume des Burgondes, la Provence et, au-delà du Rhin, une partie de l'Allemagne occidentale. Mais à l'intérieur ils laissèrent la Gaule se morceler et tomber dans l'anarchie.

2. Manque d'unité de la Gaule mérovingienne.

Les Mérovingiens observèrent en effet la coutume germanique d'après laquelle à la mort d'un roi, ses fils se partageaient son royaume. Clovis laissait quatre fils ; la Gaule fut donc divisée en quatre royaumes. L'unité se rétablit seulement lorsque, ses trois frères étant morts, le survivant *Clotaire Ier* resta seul roi (558-561). Mais Clotaire à son tour eut quatre fils et le partage recommença. C'est bien rarement que toute la Gaule fut sous l'autorité d'un même prince : par exemple au temps de *Dagobert* (629-639) qui fut, après Clovis, le plus remarquable des rois mérovingiens.

Il était d'autant plus difficile de maintenir l'unité du royaume franc que celui-ci comprenait des régions très différentes, dont chacune tendait à former un État indépendant. Sans même parler des pays à l'est du Rhin, ou pouvait distinguer en Gaule : l'*Aquitaine* (où presque aucun Franc ne s'était établi), la *Burgondie*, la *Neustrie* et l'*Austrasie.* L'Austrasie ou royaume de l'Est comprenait les pays de la Meuse, du Rhin et du haut Danube ; les Gallo-Romains y étaient rares, les grands propriétaires d'origine germanique y étaient puissants, belliqueux, indociles. A partir du VIIe siècle de nombreux monastères s'y élevèrent.

3. Brutalité des mœurs et anarchie.

C'est sous les Mérovingiens que l'Église commença à convertir les paysans, restés jusque-là presque tous païens. Cependant elle ne réussit pas à supprimer la brutalité des mœurs. Les princes mérovingiens donnent l'exemple de la perfidie et de la cruauté. Ce ne sont que rivalités sanglantes qui opposent les frères entre eux, les fils aux pères, les oncles aux neveux et qui dégénèrent en crimes et en massacres. L'épisode le plus célèbre est celui qui mit aux prises à la fin du VIe siècle les deux belles-sœurs, *Frédégonde*, reine de Neustrie, et *Brunehaut*, reine d'Austrasie. Celle-ci, à l'âge de soixante-dix ans, fut attachée à un cheval sauvage qui la mit en pièces.

C'est en comparant les lois mérovingiennes aux lois romaines qu'on se rend compre à quel point la barbarie remplaçait la civilisation. Dans la société romaine, comme dans toutes les sociétés civilisées, la *vengeance privée* était interdite, c'est-à-dire que, si un particulier avait à se plaindre d'un autre, il n'avait pas le droit de se venger lui-même ; il devait aller devant un tribunal. Chez les Mérovingiens, chacun pouvait se faire justice soi-même. Cependant, pour empêcher que l'on ne se vengeât trop cruellement sur son adversaire, les lois fixaient pour chaque crime commis le tarif de la somme à payer, en dédommagement, par le coupable. Cette somme, on l'appelait le *wehrgeld*, c'est-à-dire le «prix de l'homme». Elle variait selon le dommage causé et aussi selon la situation sociale de la victime.

Le wehrgeld variait aussi selon la nationalité du coupable. Aujourd'hui un assassin qui a commis un crime en France est puni selon la loi française, même s'il est Anglais ou Chinois. Au temps des Mérovingiens, *il n'y avait pas un code unique* pour toute la Gaule : à un Franc, à un Burgonde, à un Gallo-Romain, on appliquait la loi franque, la loi burgonde, la loi romaine.

Un autre trait de la justice mérovingienne et qui montre combien elle était inférieure à la justice romaine, c'est l'emploi des épreuves ou *ordalies*. Dans certains cas, pour démontrer la culpabilité ou l'innocence d'un inculpé on ne faisait pas une enquête ; on imposait par exemple au patient de mettre la main dans l'eau bouillante ou de porter pendant un certain temps un fer rougi au feu : selon l'apparence que présentaient les blessures, le juge rendait son verdict. S'agissait-il de se prononcer entre deux adversaires, on les opposait en un *duel judiciaire* : le vainqueur était estimé être innocent, car, pensait-on, Dieu, qui est juste, n'aurait pas donné la victoire au coupable.

4. Recul de la civilisation.

A bien d'autres traits encore, on peut voir que la civilisation est en recul. L'industrie (à l'exception de celle des armes) et le commerce sont en complète décadence, la Gaule n'exporte presque plus rien et bien rares sont les marchands grecs et syriens qui apportent à Marseille l'huile d'olive et le papyrus d'Égypte ou les étoffes précieuses de Byzance. Les routes ne sont plus entretenues, les pièces de monnaie contiennent de moins en moins de métal précieux. Les riches ne vivent plus que sur leurs grands domaines à la campagne ; les villes se dépeuplent : seules comptent celles où s'élève une église ou un monastère.

Les écoles sont de plus en plus rares. Elles dépendent de

l'évêque ou d'un couvent, car les membres du clergé sont les seuls maintenant à savoir lire et écrire : encore les plus savants, l'évêque *Grégoire de Tours* par exemple, emploient-ils un latin bien incorrect.

L'art aussi est en pleine décadence, à l'exception de l'orfèvrerie. Les églises étaient souvent décorées de peintures et d'ornements en or, les ouvriers savaient encore parfois sculpter des chapiteaux de colonnes, mais ils ne savaient plus faire de statues et il y a bien de la maladresse dans les bas-reliefs des sarcophages.

5. La fin des Mérovingiens.

Le roi mérovingien pouvait toujours craindre une révolte de ses guerriers si, par exemple, il avait subi un échec à la guerre. Aussi, dans l'espoir de s'attacher ceux qui pourraient devenir des adversaires dangereux, leur distribuait-il des parcelles du domaine royal. Mais, à force d'accorder ainsi des terres, les successeurs de Dagobert finirent par n'en avoir presque plus. Ils perdirent alors toute autorité sur leurs sujets. Les grands propriétaires, surtout en Austrasie, devinrent presque indépendants. On a donné aux derniers Mérovingiens le nom de «*rois fainéants*»; mais qu'auraient-ils pu faire?

En Neustrie comme en Austrasie, le pouvoir passa aux mains du chef des domestiques du palais royal, le *maire du palais*. Vers 720, l'un d'eux, *Charles*, surnommé plus tard *Martel*, dont la famille avait de grandes propriétés près de Liège, se rendit maître de presque toute la Gaule. Quelques années plus tard, il eut la gloire d'arrêter à Poitiers, en 732, une terrible invasion arabe. Il n'osa pas prendre le titre de roi, mais son fils *Pépin le Bref* (741-768) osa : il détrôna le roi mérovingien en 751. Protecteur zélé des évêques et des missionnaires, il se fit reconnaître par le pape comme roi légitime en Gaule.

Ainsi les Mérovingiens cédaient la place à ceux que, du nom de Charles Martel, on appelle les *Carolingiens* — Charles se dit en latin *Carolus*. Comme autrefois Clovis, champion du catholicisme en face des ariens, Charles Martel et Pépin le Bref, champions du catholicisme en face des Arabes, devaient en partie leur succès à l'appui de l'Église.

Survivance de l'Empire en Orient
Progrès de la papauté en Occident

1. L'Empire romain d'Orient.

Depuis 476 il n'y avait plus qu'un seul empereur, celui qui régnait à Constantinople ou *Byzance*. Officiellement, il se prétendait le maître de tous les territoires qui formaient jadis l'Empire romain; en fait il n'en possédait que la partie orientale : la péninsule des Balkans, l'Asie Mineure, la Syrie, la Palestine, l'Égypte et la Cyrénaïque.

Mais, au milieu du VIe siècle, l'empereur *Justinien* allait reprendre aux Germains une partie au moins de l'Occident. En même temps la civilisation byzantine allait connaître sous son règne un magnifique éclat.

2. Justinien conquérant.

Simple fils d'un paysan, et devenu empereur par un hasard heureux, *Justinien* (527-565) fut toute sa vie hanté par le rêve de rétablir l'Empire romain dans sa puissance d'autrefois. Il fut soutenu dans cette pensée par sa femme, l'impératrice *Théodora*, qui avait la passion du pouvoir et de la gloire.

Il fallait d'abord arracher aux Germains les territoires qu'ils avaient enlevés à l'Empire romain d'Occident. Justinien n'osa rien tenter contre le royaume franc, mais il sut mettre à profit la décadence des autres royaumes germaniques que déchiraient souvent les guerres civiles. Il détruisit facilement le royaume vandale, enleva aux Wisigoths le Sud de l'Espagne, arracha enfin l'Italie aux Ostrogoths après une lutte atroce qui dura trente ans et dévasta toute la péninsule.

Dans les pays reconquis, l'hérésie arienne disparut.

3. Justinien législateur et contructeur.

Les empereurs romains avaient été aussi des législateurs. Justinien voulut continuer et même achever leur œuvre. Il fit rassembler et classer les textes essentiels du droit romain. Le Code *Justinien* a conservé ainsi au monde cette science du droit qui est le plus beau titre de gloire de l'ancienne Rome.

Justinien fut enfin un grand bâtisseur. Il fit construire des centaines de forteresses, des aqueducs, des hôpitaux, des palais, des églises. Les monuments les plus splendides, d'une décoration somptueuse, furent le palais impérial et l'église *Sainte-Sophie* à Constantinople, puis certaines églises à Ravenne en Italie.

Le Code et Sainte-Sophie, c'est par là que le nom de Justinien a duré. Pour le reste, son règne ne fut pas toujours heureux. Justinien laissait le trésor épuisé par ses guerres et ses constructions, il avait engagé un long conflit avec le pape qu'il avait déposé et chassé de Rome. Au dehors, ses conquêtes ne lui survécurent pas : l'Empire romain, qu'il avait voulu reconstituer dans toute son étendue, ne fut bientôt plus qu'un Empire byzantin, purement oriental, où l'on ne parlera que le grec.

4. De Justinien à Basile II (565-1025).

Trois ans à peine après la mort de Justinien (565), l'Italie fut envahie par un nouveau peuple germanique, les *Lombards*.

L'Empire byzantin n'y conserva que la région de Ravenne, la région de Rome, enfin le sud de la péninsule. Puis, deux siècles plus tard, vers 750, Ravenne et Rome tombèrent aux mains du pape.

Dans la péninsule des Balkans les adversaires les plus redoutables furent un peuple de race jaune, les *Bulgares*. Ils manquèrent à plusieurs reprises de s'emparer de Constantinople, mais ils furent écrasés, vers l'an 1 000, par le grand empereur *Basile II*, qui y gagna le surnom de «le tueur de Bulgares».

Enfin en Asie il fallait sans cesse lutter contre les *Perses* dont l'immense empire s'étendait de l'Euphrate à l'Indus. A peine le danger perse eut-il été écarté par les victoires de l'empereur *Heraclius* (vers 630) que se produisit la *ruée arabe* : en soixante ans (640-700) les Arabes arrachèrent à l'Empire byzantin, la Syrie, l'Égypte, l'Afrique du Nord et vinrent assiéger Constantinople. En vain, Basile Ier (867-886) et Basile II (969-1025) leur infligèrent-ils de sanglantes défaites, le péril arabe restait toujours angoissant.

A l'intérieur, la situation n'était pas mieux assurée qu'aux frontières. Comme aucune loi ne réglait la succession au trône, les *intrigues de palais* étaient incessantes et dégénéraient souvent en assassinats. D'autre part, les empereurs entraient souvent en *conflit avec le clergé*. Quand certains d'entre eux voulurent, aux VIIIe et IXe siècles, interdire à leurs sujets de rendre un culte aux images des saints, du Christ et de la Vierge, ils furent contraints d'y renoncer devant l'hostilité des moines. Enfin *la population de Constantinople* était toujours prête à se soulever. Elle se passionnait pour les discussions religieuses et pour les courses de chars. En 532 la victoire d'un cocher dans l'hippodrome amena une formidable révolte qui ensanglanta la ville pendant huit jours, coûta la vie à 30 000 personnes et manqua de renverser du trône Justinien lui-même.

5. Éclat de la civilisation byzantine.

Cependant, alors même que l'Empire tombait dans l'anarchie ou subissait de graves défaites aux frontières, la civilisation byzantine restait toujours très brillante.

Admirablement située au point de jonction de l'Asie et de

l'Europe, Constantinople était *le centre où affluaient les richesses de ces deux continents.* D'Extrême-Orient venaient, par les pistes de l'Asie Centrale ou par l'océan Indien et le golfe Persique, les perles, les épices, la soie ; — de Syrie les tapis, les vins, les soieries ; — de la Russie méridionale le blé, le poisson salé, le miel, les fourrures.

Constantinople était aussi *une ville de savants.* Les Byzantins recopièrent les grandes œuvres des Grecs et des Romains : c'est grâce à eux que nous les possédons encore en partie.

L'*art byzantin* connut à bien des reprises un magnifique épanouissement. Il se caractérisait surtout par la *splendeur de l'ornementation* : il n'y avait guère de statues, mais, dans les palais et les églises, c'était partout des marbres multicolores, des mosaïques, des émaux, des bas-reliefs d'ivoire, des pièces d'orfèvrerie, des étoffes précieuses. Les miniatures de manuscrits étaient souvent des chefs-d'œuvre.

6. Rôle civilisateur de l'Empire byzantin.

Cette admirable civilisation, Byzance la répandit autour d'elle; elle en fit bénéficier ses voisins encore barbares, particulièrement les Tchèques, les Serbes, les Bulgares et les Russes. A l'appel des missionnaires byzantins, les souverains de ces peuples se convertirent au christianisme et y convertirent leurs sujets. Ils confièrent à des Grecs le soin d'ouvrir des écoles dans leurs États, d'y construire des églises, des monastères, des palais, à l'imitation des monuments byzantins.

Ce ne fut d'ailleurs pas seulement aux peuples barbares que Byzance fit sentir son influence bienfaisante. Aux Arabes d'abord, à l'Europe occidentale ensuite, elle fit connaître les grandes œuvres des écrivains, des savants, des philosophes, des médecins, des juristes de l'Antiquité. Outre celles de Ravenne, bien des œuvres d'art à Rome, à Venise et, plus tard, dans l'Italie méridionale et en Sicile témoignent du rayonnement de la civilisation byzantine; ses miniatures, ses mosaïques, ses ivoires furent même imités dans tout l'Occident.

Héritière des vieilles civilisations antiques, Byzance joua ainsi le rôle d'une éducatrice.

7. Moines irlandais et moines bénédictins.

Pendant que les empereurs byzantins convertissaient les peuples païens de l'Europe orientale et centrale, l'Église catholique se fortifiait en Occident. D'une part, de nombreux couvents se fondèrent ; d'autre part, les papes accrurent considérablement leur autorité.

Jusqu'au VIe siècle, les couvents, très nombreux en Orient, étaient rares en Occident. C'est en *Irlande* seulement, où beaucoup de gens avaient cherché refuge devant les invasions germaniques, que les moines jouaient un grand rôle. Très instruits, ils avaient fondé des écoles, recopiaient les textes des auteurs latins, ornaient les manuscrits de magnifiques enluminures. Chrétiens fervents, ils évangélisèrent l'Écosse, créèrent des couvents dans les Vosges, en Suisse et jusqu'en Italie.

Cependant les moines irlandais furent bientôt évincés par un ordre nouveau de moines, les Bénédictins.

Vers 525, l'Italien *saint Benoît* avait réuni autour de lui sur le mont Cassin, entre Rome et Naples, un certain nombre de laïcs, désireux de quitter le monde et de mener une vie de méditation et de prière en suivant une règle et en obéissant à un supérieur ou *abbé*. La règle que leur imposa saint Benoît s'appelle la *règle bénédictine* (le nom latin de Benoît est *Benedictus*). Beaucoup moins sévère que celles des moines irlandais. elle faisait, à côté de la prière et de l'office divin, une large place au travail manuel : les moines exploitaient en effet un domaine autour du monastère de façon à avoir de quoi vivre. La règle bénédictine se répandit très lentement, jusqu'au jour où le pape Grégoire le Grand lui donna un essor inattendu[1].

8. Les progrès de la Papauté.

Évêque de Rome, le *pape*[2] se proclamait le successeur de l'apôtre saint Pierre qui, d'après la tradition, avait été le premier évêque de Rome et avait transmis à ses successeurs les

1. Petit à petit, des prêtres commencèrent à entrer dans les monasteres, à côte des laïcs.
2. Le nom de *pape*, qui signifie père, fut d'abord accordé à tous les évêques. A partir du VIe siècle, il fut réservé à l'évêque de Rome.

privilèges que Jésus-Christ lui avait donnés[1]. Le pape prétendait donc exercer sur les autres évêques une suprématie semblable à celle que saint Pierre avait exercée sur les Apôtres. Il s'affirmait particulièrement le défenseur de l'*orthodoxie*, c'est-à-dire de la doctrine exacte de l'Église, l'arbitre auquel il fallait recourir quand il s'agissait de fixer exactement un *dogme*, c'est-à-dire une croyance de la doctrine chrétienne. Cette prétention était combattue en Orient depuis le milieu du Ve siècle.

A la fin du VIe et au début du VIIe siècle, le pape *Grégoire le Grand* (590-604) accrut encore le rôle de la Papauté. Il apparut comme le chef de toutes les églises de l'Occident et porta un vif intérêt à la conversion des païens : il envoya en Angleterre quelques Bénédictins pour *évangéliser les Angles et les Saxons.* Bientôt les monastères s'y multiplièrent et, à l'exemple des monastères irlandais, ils furent des centres d'instruction, et d'évangélisation. Au VIIIe siècle, un de ces moines anglais, *saint Boniface*, partira convertir, sur l'ordre du pape, l'Allemagne occidentale.

Mais, en même temps qu'il augmentait ses pouvoirs religieux, *le pape se donnait aussi des pouvoirs politiques.* L'Église romaine possédait d'immenses domaines qui lui avaient été donnés depuis le quatrième siècle par les empereurs et les fidèles. Le pape était ainsi devenu le plus riche propriétaire d'Italie. De plus, il administrait en fait le duché de Rome, qui appartenait en droit à l'empereur byzantin. La conquête de l'Italie par les Lombards allait lui fournir l'occasion de devenir le souverain d'une partie de l'Italie.

9. Les Lombards en Italie. Les États de l'Église.

Les *Lombards* étaient des Germains. D'abord établis dans la Hongrie actuelle, ils en furent chassés par l'arrivée de peuplades mongoles apparentées aux Huns. Ils traversèrent les Alpes et, peu après la mort de Justinien, ils s'installèrent dans la région qui, de leur nom, s'appelle encore la *Lombardie*. Puis, lentement, par à-coups, ils commencèrent la conquête de l'Ita-

1. D'après l'Évangile selon saint Mathieu, Jésus lui avait dit : « Tu es Pierre et sur cette pierre je bâtirai mon Église », et il l'avait choisi comme chef des Apôtres. C'est parce que les papes se proclament successeurs de saint Pierre que l'on emploie pour désigner la Papauté, les expressions : *le siège apostolique*, *le Trône de Saint-Pierre*, et surtout *le Saint Siège*.

lie péninsulaire. Vers le milieu du VIIIe siècle, ils enlevèrent aux Byzantins le duché de Ravenne, le long de la mer Adriatique, et marchèrent sur Rome.

Pour résister aux Lombards, le pape *Étienne II*, alors engagé dans un violent conflit avec l'empereur sur des questions religieuses, ne pouvait espérer de Byzance aucun secours. Il se tourna vers Pépin le Bref, le reconnut comme roi légitime en Gaule et implora son aide (754).

Pépin le Bref sut se montrer reconnaissant. Il marcha contre les Lombards, leur enleva le duché de Ravenne et, au lieu de le rendre à son légitime propriétaire, l'empereur d'Orient, il le donna au pape (756). On a vu que déjà celui-ci possédait en fait le duché de Rome. Ainsi se constituèrent les *États de l'Église.*

Cet appel d'Étienne II à Pépin le Bref est un des événements les plus importants de l'histoire de l'Europe. Il inaugura l'alliance des rois de France et de la Papauté ; il fit du pape un *souverain temporel* qui outre son pouvoir religieux eut désormais des terres et des sujets comme les autres rois. Enfin l'usurpation par Étienne II d'une partie de l'Italie byzantine creusa plus profondément le fossé qui séparait Rome de Byzance et elle prépara la rupture définitive entre le pape et le patriarche de Constantinople. Cette rupture, que l'on appelle le *schisme grec*, se produisit 300 ans plus tard, vers 1050 ap. J.-C. ; elle dressa l'une en face de l'autre deux Églises rivales : l'Église catholique d'Occident et l'Église catholique d'Orient ou *Église grecque* et le schisme dure encore.

Mahomet et l'Empire arabe

1. L'Arabie à la fin du VIe siècle.

L'Arabie n'est guère qu'un désert où des Bédouins nomades élèvent des chameaux. Seul, l'Ouest reçoit un peu de pluie et abrite quelques sédentaires. Là s'élevaient, à la fin du VIe siècle, deux petites villes : *Médine*, centre agricole, et surtout *la Mecque*, riche république marchande. Les Mecquois recevaient les denrées venues de l'Inde ou de l'Ethiopie et les acheminaient par caravanes vers la Syrie : de là ils rapportaient le blé et les produits de l'industrie byzantine. La Mecque était même plus qu'une ville de commerce ; elle était la capitale religieuse de l'Arabie. Les Arabes étaient encore païens et chaque tribu avait ses idoles ; mais, plusieurs fois par an, toutes les tribus se retrouvaient à la Mecque, en de grands pèlerinages au temple de la *Kaaba*.

Néanmoins, l'Arabie ne formait pas un État et n'avait même pas une religion unique. Il était réservé à *Mahomet* de lui donner, en quelques années, tout à la fois l'unité religieuse et l'unité politique.

2. Mahomet.

Mahomet naquit à la Mecque vers 570. Après une enfance pénible, il devint conducteur de caravanes et, au cours de ses voyages, eut l'occasion de connaître un peu les croyances juives et chrétiennes. Il était très pieux. Vers l'âge de quarante ans, il commença à avoir des visions et fut convaincu que Dieu l'avait choisi pour qu'il annonçât aux Arabes la vraie religion.

Au début sa prédication n'eut aucun succès. Les habitants de la Mecque, pour qui le culte des idoles était une source de profits, s'indignaient de l'entendre proclamer : « Il n'y a qu'un seul Dieu. » Mahomet finit par émigrer à Médine : il comptait y trouver l'appui des israélites et des chrétiens qui habitaient la ville. L'année de cette émigration — ou *hégire* — est la première année de l'ère musulmane (622). A Médine, Mahomet gagna de nombreux partisans et perfectionna sa doctrine. Quelques années plus tard, il rentrait en maître à la Mecque.

Quand il mourut en 632, sa religion avait déjà gagné un grand nombre de tribus ; très vite elle allait se répandre dans toute l'Arabie, puis s'élancer à la conquête du monde.

3. La religion musulmane.

La doctrine de Mahomet se trouve exposée dans le *Coran*. Ce livre n'a pas été rédigé par Mahomet lui-même ; il est seulement la réunion de notes prises par ses disciples tandis qu'il parlait.

La doctrine du Coran n'est pas entièrement originale, car Mahomet a emprunté beaucoup à la religion israélite. Elle est du moins très simple : il n'y a qu'un Dieu, *Allah*. Il s'est fait connaître jadis à Abraham, à Moïse, à Jésus ; il vient de se manifester, pour la dernière fois, à Mahomet qui est à la fois le dernier et le plus grand des prophètes. Mahomet ordonne à ses fidèles de croire en Dieu et en lui. Le mot *Musulman* signifie *croyant*. Le bon Musulman doit se soumettre à la volonté de Dieu ; cette soumission s'appelle *Islam*.

Les règles de morales sont simples. Le croyant doit prier cinq fois par jour, jeûner chaque jour (du lever au coucher du soleil) durant le mois du Rhamadan, faire d'abondantes aumônes, enfin accomplir si possible un pèlerinage à la Mecque.

Mahomet avait ordonné à ses disciples de convertir le monde

entier à sa doctrine et il promettait le Paradis à celui qui mourrait en combattant pour sa foi. Les Arabes, qui ont toujours été de tempérament belliqueux, ne demandaient qu'à suivre ces conseils : l'année même de la mort du Prophète, la *guerre sainte* commençait.

4. Les conquêtes arabes.

Tout de suite les Arabes remportèrent des succès prodigieux. *A l'Est*, ils arrachèrent à l'Empire byzantin la Palestine, la Syrie, l'Arménie, puis ils occupèrent l'Empire perse. Au-delà de la Perse ils poussèrent au Sud-Est jusque dans l'Inde, au Nord-Est jusqu'au Turkestan chinois. Mais, lorsqu'ils voulurent prendre Constantinople, ils furent par deux fois repoussés (678 à 718).

Vers l'Ouest, mêmes succès, mais aussi même arrêt à peu près à la même époque : l'Égypte, la Cyrénaïque, l'Afrique du Nord tombèrent entre leurs mains. Ils détruisirent Carthage et, pour la remplacer, fondèrent tout à côté Tunis. Ils passèrent ensuite en Espagne (711) et s'en emparèrent. Mais, quand ils voulurent soumettre la Gaule, ils furent arrêtés par Charles Martel, près de Poitiers (732).

Ces conquêtes paraissent tenir du miracle; elles s'expliquent pourtant. *Les Musulmans trouvaient en face d'eux des adversaires affaiblis :* Perses et Byzantins venaient de s'épuiser mutuellement par une longue guerre quand ils furent attaqués par les Arabes. Très souvent aussi les populations, mal gouvernées, accablées d'impôts, persécutées pour leurs idées religieuses, étaient toutes prêtes à accueillir les envahisseurs, à s'enrôler même dans ses armées. Tarik, le général qui conquit l'Espagne (le nom de *Gibraltar* signifie : montagne de Tarik) était un Berbère de l'Afrique du Nord; son armée comptait 12 000 Berbères et seulement 300 Arabes; et pourtant c'est parmi les Berbères que les Arabes avaient d'abord rencontré la plus vive résistance.

5. L'Empire arabe.

Ainsi se forma un immense empire, dont les souverains portèrent le nom de *califes* — c'est-à-dire *représentants* (du Prophète). Leur capitale fut d'abord *Damas* en Syrie (661-750), puis *Bagdad*, une ville nouvelle édifiée en Mésopotamie.

Mais cet empire était trop étendu et peuplé de populations trop différentes : il ne tarda pas à se disloquer. Des dynasties locales apparurent en Égypte, en Tunisie, au Maroc, en Espagne; et si les souverains du Caire, du Kairouan, de Fez, reconnaissaient officiellement l'autorité du calife de Bagdad, «successeur du Prophète, commandeur des croyants», ils étaient en fait indépendants.

Du moins des liens très forts unissaient-ils toutes les régions de l'empire. La *religion* d'abord, puis la *langue* arabe, car tous les Musulmans instruits apprenaient l'arabe : c'était la langue de l'administration, de la littérature, et surtout du Coran, le Livre Saint qu'il était interdit de traduire en une autre langue. Partout aussi *le gouvernement et l'administration* présentaient les mêmes caractères. Les califes et, au-dessous d'eux, les *émirs* gouvernaient en maîtres absolus, entourés d'un luxe magnifique. Ils abandonnaient souvent la direction de l'État à leur premier ministre, le *vizir*. A condition d'être loyaux sujets, les non-Musulmans jouissaient d'une large *tolérance*. Chrétiens et Juifs avaient le droit de célébrer librement leur culte dans leurs églises et leurs synagogues et toutes les professions leur étaient ouvertes.

L'*activité commerciale* aussi rapprochait les différentes régions du monde musulman. Aux ports de Syrie arrivaient de Chine la soie, la porcelaine, le thé, le papier de chiffon. Les flottes arabes conquirent le monopole du commerce dans l'Océan Indien et, par le golfe Persique ou la mer Rouge, apportèrent à Bagdad ou à Alexandrie les épices, les perles, les pierres précieuses de l'Inde et des îles de la Sonde. Du Soudan venaient, à travers le Sahara, l'ivoire et la poudre d'or.

Enfin toutes les parties de l'Empire arabe adoptèrent une *civilisation commune.*

6. La civilisation arabe.

Cette civilisation a été très brillante. On l'appelle «civilisation arabe» mais elle est formée principalement d'emprunts faits à l'Empire byzantin, à la Perse, à la Syrie, à l'Égypte, à l'Inde même, pays que la conquête arabe a mis en étroite liaison.

En Espagne elle a brillé d'un vif éclat. D'Égypte et de Mésopotamie, les Espagnols apprirent de nouvelles méthodes d'irrigation ; la région de Valence en fut transformée et on y cultiva des *plantes jusque-là inconnues*, venues de l'Inde ou de la Chine : riz, mûrier, artichaut, asperge, abricotier, fleurs comme le jasmin et le camélia. Le travail du *cuir* se développa magnifiquement à Cordoue — d'où vient notre mot cordonnier — : on s'y inspirait des modèles du Maroc où l'on fabriquait le «maroquin». Tolède se spécialisait dans l'*orfèvrerie*, le travail du cuivre et des épées «damasquinées» à l'imitation de celles de Damas. Ailleurs on fabriquait des *étoffes* «damassées» ou des «mousselines», semblables aux tissus de Damas en Syrie et de Mossoul en Mésopotamie. Par Alexandrie et par les ports de la Syrie les marchandises de l'Extrême-Orient arrivaient en Espagne.

Partout s'ouvraient des *écoles* et des *universités*. Dans les bibliothèques — celle de Cordoue, au Xe siècle, renfermait 400 000 volumes — on trouvait les œuvres des écrivains et savants grecs, alors oubliées en Italie et en Gaule, des livres hindous qui enseignaient ce que nous appelons à tort la «numérotation arabe», des ouvrages persans : livres de médecine, poésies, contes qui sont à l'origine des «Mille et une Nuits». Les Arabes nous ont ainsi conservé beaucoup de l'héritage intellectuel des peuples anciennement civilisés. D'ailleurs, quelques-uns des plus grands savants, théologiens, géographes, médecins, poètes du Moyen Age furent des Musulmans d'Espagne.

La mosquée de Cordoue montre quel profit dans le domaine de l'*art* les Arabes surent tirer des inventions d'autrui. Ils empruntèrent à l'Égypte les grandes salles soutenues par des colonnes, à l'Empire byzantin les voûtes à coupoles et les incrustations de mosaïque, à la Perse les arcs en fer à cheval, les décors de faïence , les stucs ajourés. L'art musulman présente d'ailleurs un trait original qui s'explique par l'influence de la religion : il représente rarement la figure humaine, et jamais dans les mosquées.

Ainsi apparaît le rôle des Arabes dans l'histoire de l'humanité. D'une part ils ont *créé une religion* qui est l'une des plus importantes du monde; d'autre part ils ont combiné à *unir l'Orient et l'Occident.*

Les conquêtes de Charlemagne

1. Débuts des Carolingiens. Pépin le Bref.

En 751, Pépin le Bref avait détrôné le roi mérovingien dont il était le maire du palais et il avait pris sa place. Ce coup d'État s'était accompagné de deux faits très importants.

Désireux de donner à la dynastie qu'il fondait un caractère religieux, Pépin s'était fait *sacrer*, à l'imitation des anciens rois hébreux : saint Boniface d'abord, en 751, puis, trois ans plus tard, le pape Étienne II lui avaient fait l'onction sainte. Désormais Pépin n'était plus seulement roi par la volonté des Francs, comme l'étaient les Mérovingiens, mais aussi par la volonté de Dieu. La *royauté de droit divin* commence en France : elle ne disparaîtra qu'en 1830.

D'autre part, nous savons que Pépin remercia le pape en lui faisant don du duché de Ravenne : c'est l'origine des *États de l'Église.*

Pépin donna encore de multiples preuves de son attachement à l'Église : il chassa du Languedoc les Musulmans, réforma le clergé de Gaule alors en pleine décadence, favorisa les missionnaires anglo-saxons en Germanie. Cette politique d'entente avec l'Église allait se continuer sous le règne de son fils, Charlemagne (768-814).

2. Charlemagne : ses idées.

Des princes du Moyen Age, Charlemagne est, avec saint Louis, celui que nous connaissons le moins mal : nous possédons en effet l'histoire de sa vie composée par son ami, le moine *Eginhard.*

Charlemagne était un homme d'une robuste santé, grand chasseur et grand nageur, simple de goûts. Il n'avait point, comme les empereurs byzantins, une capitale fixe avec un luxueux palais ; il possédait en différents points de la Gaule de grandes propriétés qu'on appelait des *villas* et il allait de l'une à l'autre. En bon propriétaire, il les surveillait de très près et nous possédons un règlement sur l'exploitation de l'une d'elles. A la fin de sa vie, il séjourna presque constamment dans une ville d'Austrasie, *Aix-la-Chapelle.*

Charlemagne avait quelques idées simples qui aident à comprendre les mesures qu'il a prises. Franc d'Austrasie, il voulait mettre à la raison les tribus germaniques qui sans cesse envahissaient les frontières pour piller, et il finit par juger que le seul moyen de se protéger contre leurs incursions était de conquérir leur territoire.

D'autre part Charlemagne était très *pieux.* Il exigeait que ses sujets fussent de bons catholiques. Il pensait qu'il était de son devoir de propager le christianisme et de convertir les infidèles. Ses guerres en Germanie et en Espagne contre les païens et les Musulmans furent des guerres saintes. Mais s'il protégeait l'Église, il entendait qu'elle lui fût docile et qu'elle fût digne de sa protection. Il voulait que les ecclésiastiques fussent instruits et qu'ils remplissent leurs fonctions scrupuleusement : il n'hésitait pas à nommer lui-même évêques et abbés et à rappeler le pape à ses devoirs religieux. Il essayait ainsi de faire de son royaume un *royaume chrétien.*

3. Charlemagne : le conquérant.

Charlemagne passa presque toute sa vie à faire la guerre. Dans les quarante-cinq années de son règne, on compte une soixantaine d'expéditions. Il lui fallait donc une forte armée. Voici comment elle était organisée : tout grand propriétaire devait servir en personne, et, de plus, amener avec lui un certain nombre de soldats équipés pris parmi ses paysans. Il en amenait d'autant plus qu'il était plus riche. Le service militaire était ainsi une sorte d'impôt sur la fortune.

Charlemagne continua la lutte commencée par Pépin le Bref contre les Lombards, les Musulmans, les tribus germaniques païennes.

Les *Lombards* espéraient une revanche; ils bloquaient Ravenne et menaçaient Rome. A l'appel du pape, Charlemagne descendit en Italie, battit et déposa leur roi Didier. Il lui enleva la fameuse couronne de fer[1] et prit le titre de roi des Lombards (774).

Ses succès furent moins brillants en *Espagne*, où il aurait voulu arracher aux Musulmans la vallée de l'Ebre. Il réussit du moins à constituer sur le versant méridional des Pyrénées une province frontière, ou Marche d'Espagne. C'est au cours de l'une de ces expéditions en Espagne que son arrière-garde, commandée par *Roland* fut exterminée au col de Ronceveaux par des montagnards basques (778). Cet épisode donna lieu, trois siècles plus tard, au premier et au plus populaire des poèmes épiques de la littérature française : la *Chanson de Roland*.

Mais les campagnes les plus nombreuses et les plus acharnées de Charlemagne furent celles qu'il mena contre les *Saxons*. Ces peuplades habitaient, non la Saxe actuelle, mais le nord-ouest de la Germanie, entre le Rhin inférieur et l'Elbe. Païens endurcis que nul missionnaire n'avait jamais pu convertir, c'étaient de féroces pillards dont les razzias semaient l'effroi en Austrasie. Désespérant d'arrêter leurs incursions, Charlemagne résolut d'annexer leur pays, mais il se heurta à une résistance farouche, dirigée par *Widukind*. Il ne fallut pas moins de vingt expéditions pour la réduire et les armées franques connurent

1 Ainsi appelée parce qu'elle aurait été en partie forgée, disait on, avec le fer des clous qui fixèrent Jésus à la Croix.

bien des échecs dans ce pays de forêts et de marais, où l'ennemi se faisait invisible. La lutte prit tout de suite un caractère atroce de cruauté et Charlemagne ne recula pas devant les pires massacres. Ce régime de terreur eut enfin raison de la résistance : vers 800 la Saxe était conquise et convertie. Au sud du Danube, la *Bavière*, déjà protectorat franc, fut annexée. Désormais l'Empire de Charlemagne comprenait toute la Germanie.

En effet, à l'est de la Saxe et de la Bavière les habitants n'étaient plus des Germains. Les uns étaient des *Slaves* et Charlemagne étendit son protectorat sur quelques-unes de leurs tribus. Plus au sud, dans ce qui est aujourd'hui l'Autriche, on trouvait des *Avars*, peuple jaune, parent des Huns. Pour mettre un terme à leurs raids en Bavière et en Italie, Charlemagne mena contre eux plusieurs expéditions et les força à se convertir.

Par la conquête des régions germaniques ou slaves restées jusque-là barbares et païennes, Charlemagne étendait non seulement son Empire, mais aussi le domaine de la civilisation chrétienne. En effet, en même temps qu'il prenait des mesures de rigueur, il faisait ouvrir des routes, bâtissait des forteresses et des églises, autour desquelles allaient se développer des villes. De même que la France est sortie de la conquête de la Gaule par les Romains, de même l'Allemagne occidentale est sortie de la conquête franque.

Le gouvernement de Charlemagne

1. Charlemagne, le restaurateur de l'ordre.

Charlemagne, autoritaire et consciencieux, entendait gouverner par lui-même. Il avait autour de lui *quelques conseillers* qui étaient à la fois ses serviteurs et ses ministres : le chambrier, le boutillier, le connétable préposé aux écuries, le chapelain, le comte du Palais qui rendait la justice, le chancelier qui rédigeait et expédiait les textes officiels (lois, règlements, jugements).

Le royaume était divisé en *comtés*. A la tête de chacun d'eux était le comte, à la fois administrateur, juge, chef militaire, percepteur des finances. Il était aidé dans sa tâche par l'évêque, choisi d'ordinaire par Charlemagne. Des inspecteurs qu'on appelait «envoyés du maître», *missi dominici*, faisaient des tournées dans les comtés pour veiller à l'application des lois et prendre sur place les mesures nécessaires. Ce rétablissement de l'ordre permit au commerce de se ranimer un peu.

L'autorité de Charlemagne était pourtant beaucoup moins forte qu'il ne paraît au premier abord. En fait il ne pouvait rien décider sans le consentement des chefs de l'aristocratie. Il les consultait sur toutes les questions importantes; puis il publiait, sous forme de lois qu'on appelait *capitulaires*, les décisions qu'il avait prises en accord avec eux.

2. Le système de la recommandation.

Charlemagne renforça encore la puissance de l'aristocratie en imposant dans tous ses États une coutume qui existait déjà depuis longtemps sous les Mérovingiens mais qui n'était pas encore officiellement reconnue : celle de la *recommandation*.

Au milieu des troubles et des violences qui avaient marqué la période mérovingienne, les plus faibles avaient pris l'habitude de se mettre sous la protection des plus puissants. Cela s'appelait *se recommander*. Le protecteur était *le seigneur*, le protégé *le vassal*. Pour prix de la protection qui lui était accordée, le vassal était tenu à diverses obligations : par exemple à travailler sur le champ de son seigneur ou bien à le suivre à la guerre comme soldat. Charlemagne, qui avait lui-même ses propres vassaux, ordonna aux petites gens de se choisir un seigneur parmi les grands propriétaires du voisinage. Il y voyait un moyen commode pour transmettre ses ordres à tous les sujets en passant par l'intermédiaire des seigneurs.

Ce régime de la recommandation n'était pas sans dangers. En effet, sous un prince faible, chacun serait tenté de n'obéir qu'à son seigneur, et non plus au souverain. Celui-ci perdrait alors toute autorité sur ses sujets. C'est ce qui arriva peu après la mort de Charlemagne.

3. Charlemagne : le restaurateur des lettres.

Un autre trait de l'administration de Charlemagne est le soin qu'il prit de *développer l'instruction*. La période des rois fainéants avait été marquée par une ignorance de plus en plus complète du latin. Or Charlemagne voulait un clergé cultivé, capable de lire les Saintes Écritures et les ouvrages des Pères de l'Église[1] ; il voulait aussi des fonctionnaires instruits, car les textes officiels continuaient d'être rédigés en latin. Il donna lui-

1 On appelle *Pères de l'Église* les grands théologiens chrétiens des IIIᵉ et IVᵉ siècles En Occident les plus importants étaient *saint Ambroise*, *saint Jérôme* et *saint Augustin*.

même l'exemple : déjà assez âgé, il apprit à écrire et il institua dans son palais une école modèle.

Mais il fallait avant tout des maîtres pour donner cet enseignement. Charlemagne les fit venir des deux pays de l'Europe occidentale où il y avait encore des lettrés : l'Italie du Nord et surtout l'Angleterre. Sous l'influence des moines irlandais, les moines anglo-saxons avaient pris le goût de la culture antique. C'est dans ce milieu anglais que Charlemagne alla chercher celui qui fut son ministre de l'instruction publique, *Alcuin*. Des écoles se fondèrent auprès des cathédrales et dans les monastères ; on remit en honneur la correction et l'élégance du style. Les moines recopièrent avec ardeur les manuscrits des auteurs latins. Il y eut à nouveau de bons écrivains en Gaule et cette *renaissance carolingienne* se continua pendant les IXe et Xe siècles.

Les arts se réveillèrent sous l'influence de l'art byzantin. Les églises, parfois très grandes, furent décorées de mosaïques et de *fresques*, c'est-à-dire de peintures sur les murs. Les reliures des Bibles et les reliquaires s'ornèrent de bas-reliefs et sur le parchemin des manuscrits on peignit des miniatures.

4. Charlemagne : le restaurateur de l'Empire.

Aux yeux des contemporains, ce guerrier qui étendait son autorité de Barcelone à l'Elbe, et de la mer du Nord jusqu'au sud de Rome, ce prince qui avait partout rétabli l'ordre, propagé le christianisme, ressuscité les lettres, semblait le digne successeur des empereurs chrétiens, Constantin ou Théodose. Beaucoup d'ecclésiastiques désiraient rétablir en sa faveur le titre d'empereur : leur rêve était de faire de l'Europe catholique, alors presque entièrement groupée sous l'autorité de Charlemagne, un *empire chrétien*, dirigé à la fois par l'empereur et par le pape.

En 800, Charlemagne était venu à Rome pour juger un différend entre le pape Léon III et ses adversaires et il avait donné raison au pape. Le jour de Noël, Léon III, après s'être prosterné devant lui, lui plaça sur la tête une couronne, tandis que les assistants s'écriaient : « A Charles, auguste, couronné par Dieu, grand et pacifique empereur des Romains, vie et victoire!» *Le titre d'empereur, qui n'avait plus été porté en Occident depuis 476, ressuscitait ainsi en faveur de Charlemagne.*

5. Le prestige de Charlemagne.

Le prestige de Charlemagne était immense auprès de ses contemporains. Les princes le prenaient pour arbitre de leurs conflits; le patriarche de Jérusalem lui envoyait, comme au chef de la chrétienté, les clefs du tombeau du Christ; le calife de Bagdad, *Haroun al Raschid*, lui adressait de riches présents.

Même après sa mort, qui survint en 814, Charlemagne devait hanter les imaginations. Les poètes chantèrent la gloire de «l'empereur à la barbe fleurie» qui faisait partout régner la justice et triompher le christianisme.

De tous les épisodes de son règne, l'un surtout devait devenir célèbre : la mort de Roland à Ronceveaux. C'est le sujet du premier chef-d'œuvre de notre littérature, la *Chanson de Roland*, qu'un poète inconnu composa au XIe siècle.

La dislocation de l'Empire franc (814-987)

1. Le traité de Verdun et la dislocation de l'Empire.

Trente ans après la mort de Charlemagne, son empire se disloqua. Il était trop vaste et composé de peuples trop divers pour garder longtemps son unité. D'ailleurs le fils de Charlemagne, *Louis le Pieux* (814-840), n'était pas à la hauteur de sa tâche : très dévot, il se laissa trop souvent diriger par les prélats de son entourage ; d'autre part, il fut sans cesse en lutte avec ses fils qui osèrent même le déposer et l'enfermer dans un couvent.

A sa mort, ses trois fils *Lothaire*, *Charles*, plus tard appelé *le Chauve*, et *Louis*, dit *le Germanique* se querellèrent. Les deux derniers, réunis à Strasbourg, jurèrent de s'aider mutuellement contre Lothaire : nous possédons encore le texte de ces deux *serments de Strasbourg* (842). L'année suivante, les trois frères se partagèrent l'empire au *traité de Verdun* (843). Charles eut la partie occidentale, limitée à peu près par l'Escaut, la Meuse, la Saône et le Rhône ; Louis eut la partie orientale, à l'est du Rhin et au nord des Alpes ; Lothaire garda le titre d'empereur et reçut la longue bande de terre qui s'étendait entre les parts de ses frères, de la mer du Nord jusqu'au sud de l'Italie.

Le traité de Verdun a une importance exceptionnelle dans l'histoire de l'Europe. Il a distingué ce qu'on appela la Francie orientale et la Francie occidentale, ce qui sera plus tard l'Allemagne et la France. A cette date, ces deux régions ne s'opposaient pas encore, l'une à l'autre comme deux nations différentes. Il n'en est pas moins vrai que la France et l'Allemagne auront désormais leur existence propre et se disputeront jusqu'à nos jours, le domaine de Lothaire qui les séparait en 843.

2. Nouveaux envahisseurs. Les Normands.

Bientôt cette Europe ainsi démembrée allait devenir la proie de nouveaux envahisseurs. Au Sud les *Sarrasins* ou Maures, Musulmans venus d'Afrique et d'Espagne, dévastèrent les côtes d'Italie ainsi que la Provence, le Dauphiné et la Savoie. A l'Est, les *Hongrois*, féroces cavaliers de race jaune, ravagèrent la Germanie, l'Italie et même la France : ils ne furent définitivement arrêtés que par le roi de Germanie, Otton le Grand, vers 950. Peu après ils s'établirent dans l'actuelle Hongrie et se convertirent au christianisme.

Bien plus importants furent les incursions des *Normands*.

Venus de Scandinavie (Norvège, Danemark, Suède), ces «hommes du Nord» furent d'extraordinaires aventuriers, navigateurs hardis et pirates. Les uns s'enfoncèrent jusqu'au sud de la Russie; d'autres occupèrent en partie l'Irlande, l'Écosse et l'Angleterre, poussèrent jusqu'en Islande et même jusqu'au Canada. D'autres enfin s'abattirent sur la région qui s'étend de la mer du Nord à la Garonne. Sur de légers navires, ils remontaient le Rhin, l'Escaut, la Seine, la Loire, débarquaient, pillaient les villes, puis ramenaient à leurs barques un fructueux butin. En moins d'un demi-siècle (845-885), ils attaquèrent quatre fois Paris. En 885 la ville leur opposa, sous la conduite du comte *Eudes*, une résistance mémorable, mais il n'en fallut pas moins acheter leur départ. Finalement, en 911, le roi de France Charles le Simple reconnut officiellement à l'un de leurs chefs, *Rollon*, le droit de rester dans la région qui porte leur nom, la *Normandie*. Ils se convertirent au christianisme, devinrent agriculteurs; mais ils conservèrent toujours le goût des voyages aventureux. Nous les verrons aux siècles suivants conquérir l'Angleterre, occuper la Sicile et l'Italie méridionale, jouer un rôle considérable dans les Croisades.

3. Établissement de la hiérarchie féodale.

Ces multiples invasions amenèrent dans toute l'Europe carolingienne une profonde décadence du pouvoir royal et elles favorisèrent l'établissement de ce qu'on appelle le *régime féodal*. Le régime féodal se caractérise par deux traits principaux : les hommes et les terres forment une hiérarchie ; un homme dépend d'un autre homme plus puissant, une terre dépend d'une autre terre plus importante ; le roi a perdu presque tout pouvoir parce que les seigneurs exercent sur leurs terres les droits qui auraient dû n'appartenir qu'à lui.

Les rois se montrant de plus en plus incapables de défendre leurs sujets contre les Normands, les Sarrasins ou les Hongrois, il n'y eut plus guère d'homme libre qui ne se « recommandât » à un personnage puissant. D'autre part le seigneur avait tout intérêt, pour résister aux envahisseurs ou aux attaques d'un autre seigneur, à grouper autour de lui un grand nombre de vassaux. Aussi proposait-il de donner une terre à quiconque se recommandait à lui. Cette terre s'appelait un *fief* (en latin *feodum*, d'où viennent les mots féodalité, féodal). Donné d'abord à titre viager, c'est-à-dire pour la durée de la vie du vassal, le fief devint bientôt héréditaire, c'est-à-dire que le vassal eut le droit de le laisser, à sa mort, en héritage à ses enfants. *Recommandation et fief furent désormais liés.*

D'ailleurs le seigneur lui-même pouvait se recommander à un seigneur plus puissant, celui-ci à un autre, et ce dernier au roi. Ainsi se créa une *hiérarchie des seigneurs et des vassaux*. On pourrait figurer le système féodal par une échelle. En haut le roi, seigneur suprême ; en bas celui qui n'a pas de vassal. Entre eux les échelons représentent les seigneurs intermédiaires : chacun est le seigneur de celui qui est au-dessous de lui et le vassal de celui qui est au-dessus, et il n'a de rapports directs qu'avec eux.

4. Affaiblissement du pouvoir royal.

En même temps que se créait cette hiérarchie féodale, *le roi perdait presque tout pouvoir.* D'une part les ducs et les comtes décidèrent que le duché ou le comté qu'ils administraient au nom du roi, serait désormais leur fief héréditaire. D'autre part, *dans leur fief, ils exercèrent à leur profit les droits que jusque-là le roi seul avait exercés dans le royaume :* rendre la justice, lever les impôts, battre monnaie, faire la guerre. Désormais, dans sa seigneurie le seigneur aura presque les droits d'un roi et, pour bien le montrer, il y élève une forteresse, le *château fort.*

Dès lors que reste-t-il au roi ? Comme un autre seigneur il a son fief, qu'on appelle le *domaine royal.* C'est là seulement qu'il peut exercer ces droits que, jadis, il était seul à exercer dans le royaume. Certes, il n'est pas seulement un seigneur, il est le roi, chef de toute la hiérarchie féodale ; mais, au Xe siècle, cette dignité est bien peu de chose, — du moins en France et en Italie, car en Allemagne le roi est encore puissant.

5. Décadence et fin des Carolingiens en France.

Charles le Chauve avait été un souverain consciencieux et habile. Il tenta sérieusement d'établir son autorité dans son royaume ; il réussit à se faire nommer roi de Lorraine puis roi d'Italie, et fut même couronné empereur : l'empire de Charlemagne semblait ressuscité. Mais Charles le Chauve mourut peu après (877) et sa mort marqua pour la France le début d'une profonde décadence. En 884, la couronne de France fut donnée à Charles le Gros déjà roi de Germanie et empereur. Quelques années plus tard, il est vrai, la France recouvrait son indépendance ; mais le roi qu'elle se choisit alors ne fut pas un Carolingien : ce fut le comte *Eudes*, celui qui avait si vaillament défendu Paris contre les Normands en 885[1].

1. Le père d'Eudes était un seigneur de la Francie orientale, *Robert le Fort*, né dans la région de Mayence. Il était devenu comte d'Anjou au temps de Charles le Chauve et était mort en combattant des Normands.

Pendant un siècle (888-987) les descendants d'Eudes et ceux de Charles le Chauve alternèrent sur le trône de France : les plus puissants seigneurs en profitèrent pour se rendre presque indépendants. Certains rois carolingiens furent aussi faibles que l'avaient été les rois fainéants sous les Mérovingiens. Au milieu du dixième siècle, un descendant d'Eudes, *Hugues le Grand*, maître de plusieurs comtés, résistait ouvertement au roi.

En 987, la couronne de France passa au fils de Hugues le Grand, *Hugues Capet*. Comme, depuis lors, aucun carolingien ne remonta plus sur le trône de France, et que les successeurs de Hugues Capet régnèrent sans interruption sur la France durant plus de huit cents ans, on a choisi la date de 987 pour fixer la fin de la dynastie des Carolingiens et le début de la dynastie des *Capétiens*.

6. Otton le Grand et la restauration de l'Empire.

En 936, le dux de Saxe *Otton*, qui fut plus tard surnommé *le Grand* (936-973), fut élu roi d'Allemagne. A la différence des Carolingiens en France, il sut se faire obéir dans ses États. A l'Est, il arrêta définitivement les Hongrois et imposa son protectorat aux Slaves de Bohême; à l'Ouest, il annexa à l'Allemagne la Lorraine et une partie de l'actuelle Belgique; au Sud enfin, il conquit le royaume d'Italie, alors disputé entre des seigneurs italiens. Depuis une quarantaine d'années, il n'y avait plus d'empereur. En 962, Otton alla à Rome, et s'y fit couronner empereur. Son Empire, on l'appellera *Saint-Empire*, comprenait l'Allemagne et l'Italie. Quand, en 1033, le royaume de Bourgogne fut annexé à l'Allemagne, *le Saint-Empire engloba l'ancien royaume de Lothaire et l'ancien royaume de Louis le Germanique, mais, à la différence de l'Empire de Charlemagne, il n'engloba pas la «France occidentale».*

Souverain obéi en Allemagne, grand conquérant, propagateur du christianisme dans les régions païennes, protecteur des écrivains et des artistes, restaurateur de l'empire, Otton apparaissait à ses contemporains comme un nouveau Charlemagne. Son fils *Otton II* et son petit-fils, *Otton III*, qui régnèrent dans les dernières années du Xe siècle (973-1002) eurent l'ambition de diriger toute l'Europe occidentale.

TABLEAU GÉNÉALOGIQUE SIMPLIFIÉ DES CAROLINGIENS AUX IXe ET Xe SIÈCLES

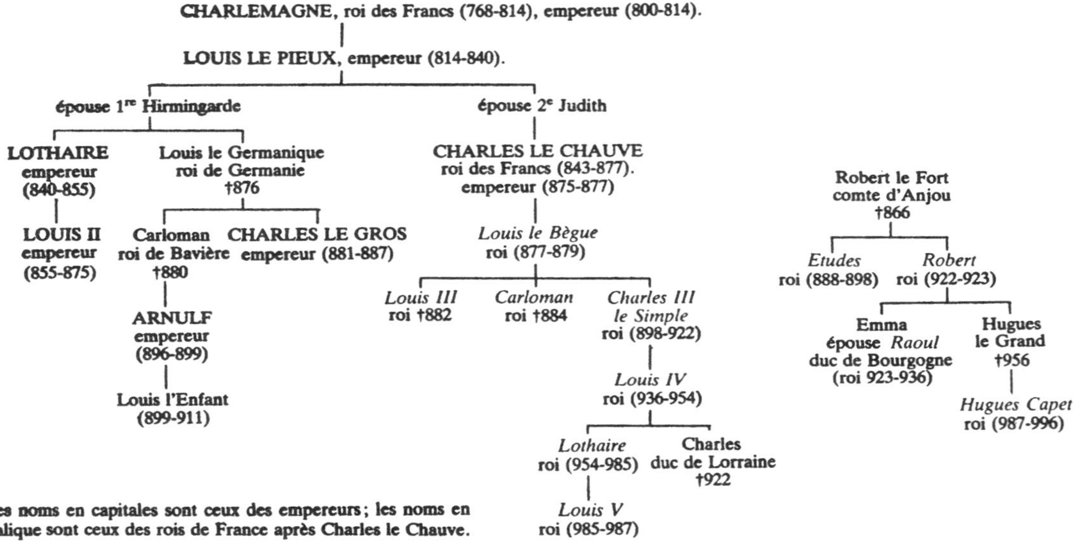

Les noms en capitales sont ceux des empereurs; les noms en italique sont ceux des rois de France après Charles le Chauve.

Le monde vers l'an mille

1. Diversité de l'Europe.

A la fin du Xe siècle, lorsque Hugues Capet fut élu roi de France en 987, il n'y avait pas *une* Europe, il y en avait plusieurs. Les différences de religion, si importantes à cette époque, permettaient de distinguer une Europe *Chrétienne*, une Europe *païenne*, une Europe *musulmane*.

Dans l'Europe chrétienne elle-même, l'Occident s'opposait à l'Orient. L'Angleterre, la France, l'Espagne, l'Allemagne occidentale, l'Italie avaient subi plus ou moins profondément l'influence de la civilisation latine au temps de l'Empire romain, puis celle des Germains depuis les grandes invasions. Au contraire la péninsule des Balkans, qui faisait partie de l'Empire byzantin, était de langue et de civilisation grecques. Quoique chrétiennes l'une et l'autre, ces deux parties de l'Europe s'opposaient aussi au point vue religieux. Les fréquents conflits entre les papes de Rome et les patriarches de Constantinople finirent par amener au milieu du XIe siècle la scission du christianisme en deux Églises rivales : l'*Église catholique romaine* et l'*Église grecque*.

2. L'Europe occidentale et centrale.

L'*Angleterre* (qu'on appelait «Bretagne» dans l'Antiquité) avait été conquise par les Romains, puis elle avait été envahie deux fois par des Germains : d'abord par les Angles et les Saxons, ensuite par les Danois au IXe siècle. Au début du XIe siècle, elle était gouvernée par *Cnut le Grand* (1016-1036), qui possédait en même temps le Danemark et la Norvège. C'est seulement en 1042 que l'Angleterre recouvra son indépendance sous un roi saxon.

La *France* avait encore, en 987, les frontières que lui avait fixées le traité de Verdun (843). Elle ne comprenait guère plus d'une soixantaine de nos départements et était limitée à l'Est par l'Escaut, la Meuse, la Saône et les Cévennes. Mais elle s'étendait sur une petite partie de la Belgique du Nord et de l'Espagne au Sud.

La plus grande partie de l'*Espagne* était encore occupée par les Musulmans. Cependant deux royaumes chrétiens, celui de *Léon* et celui de *Navarre*, s'étaient développés dans la partie septentrionale de la péninsule. Bientôt l'affaiblissement du Califat de Cordoue, à partir du milieu du XIe siècle, allait permettre à la «reconquête chrétienne» de faire de grands progrès.

Le royaume d'*Allemagne* s'étendait à l'est de la France et au nord des Alpes jusqu'à l'Elbe. Il allait bientôt s'agrandir à l'Ouest du vaste royaume de Bourgogne. Au cours du Xe siècle, les missionnaires allemands avaient propagé le christianisme d'une part vers le Nord, au Danemark, en Norvège et en Suède, d'autre part vers l'Est, en Bohême, en Pologne et en Hongrie. Les Hongrois, proches parents des Huns et, comme eux, venus d'Asie, étaient de race jaune; les Tchèques de Bohême et les Polonais étaient des Blancs, mais appartenaient au rameau *slave* des Indo-Européens[1].

Le royaume d'*Italie*, dont la capitale était Pavie, ne comprenait pas la péninsule tout entière. Le sud de celle-ci faisait partie de l'empire byzantin et la majeure partie de la Sicile

1. Parmi les Indo-Européens qui habitent l'Europe on distingue trois groupes : 1) le groupe des Grecs, Latins et Celtes; 2) le groupe germanique (Allemands, Anglais, Scandinaves); 3) le groupe slave. Les principaux peuples slaves sont : les Russes, les Polonais, les Tchèques de Bohême, les Serbes et les Croates.

appartenait aux Musulmans (appelés aussi *Sarrazins*). Les États *de l'Église* s'étendaient, le long de la mer Tyrrhénienne, au nord et au sud de Rome.

En 951, le roi d'Allemagne Otton le Grand avait occupé le royaume d'Italie. Quelques années plus tard, en 962, il s'était fait couronner empereur à Rome. L'Empire ressuscité par Otton (on l'appela plus tard le *Saint-Empire*) comprenait donc l'Allemagne et la plus grande partie de l'Italie mais, à la différence de celui de Charlemagne, il ne comprenait pas la France.

3. La civilisation de l'Europe occidentale et centrale.

Les multiples invasions des Scandinaves et des Hongrois, qui avaient marqué la deuxième moitié du IXe siècle et la première moitié du Xe, avaient eu pour conséquences la dévastation de nombreuses régions et l'établissement du régime féodal. En bien des points, les campagnes avaient été ravagées, les routes et les ponts coupés, les églises et les monastères pillés ou brûlés.

D'autre part, en ces temps d'insécurité générale, les faibles s'étaient cherché des protecteurs : un homme libre se « recommandait » à un homme puissant, à un *seigneur :* il promettait de le servir loyalement et devenait ainsi son *vassal.* En retour, il recevait de son seigneur une terre qui s'appelait un *fief* (en latin *feodum,* d'où viennent les mots : féodal, féodalité). Le fief fut d'abord viager (c'est-à-dire concédé pour la durée de la vie du vassal), puis il devint héréditaire : le vassal put le transmettre à son fils. De son côté, le seigneur lui-même pouvaient se recommander à un autre seigneur plus puissant, et ce dernier au roi. L'existence d'une *hiérarchie de vassaux et de seigneurs*, voilà le premier trait qui caractérise le régime féodal.

Il y en a un autre : l'*affaiblissement de l'État*, surtout en France et en Italie. D'une part, les ducs et les comtes décidèrent que le duché ou le comté qu'ils administraient au nom du roi serait désormais leur fief héréditaire. D'autre part, dans leur fief ils exercèrent à leur profit les droits que jusqu'alors le roi seul avait exercés dans le royaume : par exemple faire la guerre, lever les impôts, rendre la justice. Les plus puissants des autres seigneurs les imitèrent ; chacun, dans sa seigneurie, usurpa les droits du roi : pour bien le montrer, il y éleva une forteresse, le *château fort.*

La seconde moitié du Xe siècle fut du moins marquée par la fin des invasions. Alors les paysans se remirent au travail, les échanges commerciaux devinrent plus actifs, les écoles attachées aux monastères rouvrirent, à nouveau, on recopia les manuscrits, on les orna de miniatures, on les couvrit de belles reliures ; on apprit à connaître les travaux des savants musulmans d'Espagne. Bientôt on commença à construire de grandes églises et l'art de la statuaire, presque oublié depuis la fin de l'Empire romain, reparut.

Cependant la civilisation de l'Europe occidentale et centrale était encore bien en retard, vers l'an mille, sur celles du monde byzantin, du monde musulman et de l'Asie orientale.

4. L'Empire byzantin.

L'Empire byzantin, gouverné par *Basile II* (976-1025), était alors en pleine renaissance. Les Byzantins venaient de reprendre aux Musulmans l'Asie Mineure et le nord de la Syrie, l'île de Chypre, la Crète, la côte orientale de la Sicile et le sud de la péninsule italienne. Dans les Balkans, Basile II avait détruit le redoutable royaume des Bulgares ; enfin il avait écarté le danger russe en obtenant la conversion au christianisme du prince russe de Kiev et en lui faisant épouser une princesse byzantine.

Mais il y avait dans l'Empire byzantin de *graves causes de faiblesse.* Les révolutions de palais étaient fréquentes parce qu'aucune loi ne réglait la succession au trône ; les moines, très populaires, faisaient souvent aux empereurs une redoutable opposition ; enfin les petites propriétés étaient absorbées par une minorité de grands propriétaires qui devenaient presque indépendants sur leurs immenses domaines.

5. Le monde musulman.

Depuis le milieu du VIIIe siècle résidait à *Bagdad*, en Mésopotamie, un calife de la famille des *Abbassides.* Officiellement, il était à la fois chef religieux et roi d'un immense empire qui, vers l'an mille, s'étendait de l'Espagne à l'Inde. En fait, il n'exerçait plus guère qu'une autorité religieuse et l'empire des Abbassides s'était morcelé en plusieurs États pratiquement indépendants. En Espagne le royaume musulman de Cordoue tenait encore en échec les petits royaumes de Léon et de Navarre, mais il allait bientôt s'effriter en une vingtaine de principautés rivales, pour le plus grand profit des Chrétiens. Tout le nord de l'Afrique, depuis l'océan Atlantique jusqu'à la mer Rouge dépendait officiellement d'une dynastie musulmane d'Algérie, les *Fatimides*, qui venait de s'emparer de l'Égypte où elle avait fondé la ville du Caire. En Mésopotamie le calife de Bagdad laissait gouverner les généraux persans de sa garde. La Syrie, le Turkestan, la Perse, l'Afghanistan, l'Arabie avaient à leur tête des princes (ou *émirs*) à peu près indépendants.

Maîtres du commerce dans l'océan Indien, les Arabes avaient fondé des comptoirs sur la côte orientale de l'Afrique. Ils commençaient aussi à s'implanter dans le Soudan dont ils finirent par convertir de nombreux habitants à la religion musulmane, à l'exception toutefois des Éthiopiens qui restèrent chrétiens[1].

6. La civilisation musulmane.

Quoique morcelé en de nombreux États, le monde musulman conservait pourtant une réelle unité. Partout on trouvait la même religion dominante, des institutions semblables et une civilisation qui, avec des caractères particuliers à chaque peuple, n'en présentait pas moins des traits communs. Califes et émirs témoignèrent en général une *large tolérance* à l'égard des Juifs et des Chrétiens.

La vie intellectuelle était partout très active. Les grandes cités musulmanes étaient célèbres par leurs universités, leurs bibliothèques, leurs observatoires, leurs sociétés savantes et littéraires. Tous les Musulmans instruits, ceux d'Espagne comme ceux d'Égypte ou de Perse, savaient l'arabe. Mais les littératures en langue indigène n'en étaient pas pour autant

1. Au XIVe siècle, la ville de Tombouctou, près du Niger, sera l'un des plus grands centres intellectuels et religieux du monde musulman.

dédaignées. La Perse, en particulier, jouait un rôle civilisateur de premier plan dans l'Asie musulmane : c'est alors que le plus grand des poètes persans, *Firdousi*, rédigea le «Livre des Rois», immense poème à la gloire des anciens rois de Perse. Les Musulmans comptaient aussi de grands savants. Continuant l'œuvre des Grecs et des Hindous, ils firent faire des progrès décisifs aux mathématiques, à la géographie, à la médecine; ils découvrirent des corps nouveaux : l'alcool, l'acide sulfurique, la potasse. Partout aussi s'élevaient des palais et des mosquées richement décorés de mosaïques, de revêtements en faïence ou en marbre, de panneaux de bois ou de plâtre sculptés.

7. L'Inde, la Chine et le Japon.

Dans l'Asie orientale on trouvait deux grands foyers de civilisation, l'Inde et la Chine, qui tous deux rayonnaient sur les pays voisins.

L'Inde était alors partagée en de nombreux États rivaux. Déjà des tribus musulmanes, venues d'Afghanistan, commençaient à s'installer dans le nord du pays. La vieille religion brahmanique avait fini par éliminer la religion bouddhique, qui avait inspiré de magnifiques œuvres d'art aux peintres et aux sculpteurs hindous. Mais le bouddhisme continuait à rayonner sur la Chine, le Japon, l'Indonésie et l'Indochine. Au Cambodge, par exemple, les bas-reliefs des temples et des palais de la ville d'*Angkor* retracent les épisodes de la vie du Bouddha et les récits des épopées hindoues.

En Chine, la dynastie des *Song* venait, peu avant l'an mille, d'arriver au pouvoir. Quoique toujours menacée par les nomades pillards de Mongolie et de Mandchourie, elle développa les lettres et les arts. Jamais peut-être la Chine ne produisit de plus grands chefs-d'œuvre dans les deux arts de la peinture de paysages et de la céramique[1]. Depuis le VIe siècle, la civilisation chinoise et la religion bouddhique s'étaient répandues au Japon. Les œuvres poétiques, aussi bien que les fresques et les statues qui ornaient les temples et les monastères témoignent du raffinement de la civilisation japonaise vers l'an mille.

1 On appelle ainsi l'art de fabriquer de beaux vases

Quant au continent américain, il allait rester isolé de l'Ancien Monde jusqu'au premier voyage de Christophe Colomb en 1492. Pourtant les hardis navigateurs norvégiens qui avaient déjà découvert l'Islande, puis le Groenland, avaient atteint le Canada vers l'an mille. Mais cette découverte resta sans lendemain. Il existait alors dans le continent américain des civilisations curieuses qui, plus ou moins transformées, frappèrent d'étonnement les Espagnols au début du XVIe siècle.

Les nobles du XIe au XIIIe siècle

1. Seigneurs et vassaux.

La société féodale est fondée sur l'inégalité. On y distingue trois sortes d'hommes : les nobles combattent, les paysans travaillent, le clergé prie.

Est *noble* au XIe siècle qui sert à cheval avec un armement complet : on l'appelle le «chevalier». Le chevalier se met au service d'un seigneur et devient son vassal. Il lui rend *hommage*, c'est-à-dire se reconnaît son «homme» et lui prête le serment de fidélité. De son côté le seigneur, ou suzerain, lui donne un *fief* et promet de lui rendre toujours bonne justice. Désormais les deux hommes sont liés par un engagement personnel : celui qui romprait ses obligations vis-à-vis de l'autre serait *félon*, c'est-à-dire traître.

2. Les devoirs du vassal.

Le vassal doit à son suzerain «aide» et «conseil». Ces obligations, d'abord vagues, se précisèrent peu à peu. Avant tout, le vassal est le soldat de son seigneur qu'il accompagne dans toutes ses expéditions. Il témoigne pour lui en justice ; certains jours il est de garde au château. Le vassal doit encore à son seigneur le « service de conseil », c'est-à-dire qu'il doit venir à sa « cour », dans les grandes occasions, et être juge à son tribunal. Enfin il doit, dans certaines circonstances bien déterminées, payer quelques impôts féodaux. Les deux principaux sont le *relief* et l'*aide aux quatre cas*. Les fiefs, on l'a vu, étaient devenus héréditaires, mais l'héritier était tenu, à la mort de son prédécesseur, de payer au seigneur une somme appelée *relief*. Plus tard, quand l'argent commencera à jouer à nouveau un grand rôle, le vassal sera tenu d'aider financièrement son suzerain dans quatre circonstances où celui-ci aura à faire de grosses dépenses : quand le seigneur arme son fils aîné chevalier ; quand il marie sa fille aînée : quand fait prisonnier, il doit payer une rançon ; quand il part pour la croisade.

Les rapports du vassal et du suzerain, simples en apparence, étaient parfois très compliqués. Un vassal avait souvent plusieurs suzerains : s'ils entraient en guerre l'un contre l'autre, auprès duquel devait-il se ranger ? Aussi le vassal prit-il l'habitude de distinguer parmi ses suzerains l'un d'entre eux, le *seigneur lige*, auquel il était attaché par des obligations plus étroites que celles qui le liaient aux autres. Il pouvait arriver aussi qu'un seigneur fût, pour une terre, vassal d'un de ses vassaux.

3. La hiérarchie féodale.

Petit à petit une hiérarchie s'établit parmi les nobles. En bas les simples chevaliers. Au-dessus les châtelains qui ont un château fort : les plus puissants d'entre eux s'appellent les *barons*. Plus haut les *vicomtes, comtes et ducs*, dont les fiefs sont nombreux ou étendus. Enfin, au sommet, le roi, chef suprême de la hiérarchie féodale.

Comtes et ducs tenaient bien leurs fiefs du roi, ils étaient ses grands *feudataires* — ce mot a le même sens que vassaux — : ils lui avaient prêté l'hommage et il était leur seigneur. Mais, au onzième siècle, ils étaient souvent plus puissants que lui. Ils étaient les vrais maîtres de la France. Un duc de Normandie, un comte de Flandre étaient de véritables souverains dans leurs fiefs.

4. La vie d'un seigneur au onzième siècle.

Le noble est avant tout un soldat. Dès l'enfance, il apprend à monter à cheval et à chasser; il continue son apprentissage auprès d'un seigneur dont il est le valet ou l'écuyer. Vers l'âge de vingt ans, il est suffisamment entraîné pour devenir lui-même un *chevalier*. Dans la cérémonie de l'*adoubement*, un seigneur, qui est son parrain, lui remet ses armes : une cotte de mailles ou *haubert*, un casque ou *heaume*, un bouclier ou *écu*, enfin les éperons, l'épée et la lance. Puis il lui donne, du poing, un grand coup sur la nuque, la *colée*. Le nouveau chevalier devient bientôt le vassal d'un seigneur. Ses occupations restent les mêmes : les tournois, la guerre, la chasse.

Les *tournois* sont, au XIe siècle, de véritables combats où il y a des blessés et même des morts. Ils rapportent d'ailleurs au vainqueur, outre la gloire, un substantiel profit : car le vaincu lui abandonne son cheval, ses armes et lui paie une rançon. Quant à la *guerre*, elle n'est que la rencontre brutale de deux groupes de chevaliers, accompagnée de pillages de récoltes, de razzias, d'incendies de fermes ou même d'églises et de couvents. Certains seigneurs sont de vrais bandits.

Rentré dans son château, qui n'est encore au onzième siècle qu'une bâtisse de bois sans aucun confort, protégée par un fossé et une simple palissade, le seigneur aime à boire et à manger. La *chasse* est un passe-temps qui lui plaît parce qu'elle lui rappelle la guerre, et elle lui est nécessaire parce qu'elle lui fournit sa nourriture. Les hommes du Moyen Age aimaient surtout la viande, et les animaux de boucherie étaient rares et maigres. Les venaisons de sanglier, de cerf, de chevreuil, rehaussées d'épices, faisaient la joie des gourmets.

5. Transformation de la vie seigneuriale.

Aux douzième et treizième siècles la vie du noble se transforma profondément. Depuis longtemps déjà l'Église avait essayé d'en adoucir la brutalité. Par l'institution de la *Paix de Dieu* elle interdit aux belligérants de s'attaquer aux paysans, aux ecclésiastiques, aux marchands. Par la *Trêve de Dieu* elle interdit de combattre le dimanche, puis même du mercredi soir au lundi matin, en mémoire de la Passion et de la Résurrection de Jésus-Christ.

A partir du douzième siècle la cérémonie de l'adoubement devint une cérémonie religieuse : le jeune homme passe une nuit en prière, se confesse, communie ; ses armes sont déposées sur l'autel, puis bénies, et c'est parfois le prêtre qui les lui remet en lui demandant de s'en servir pour défendre l'Église, la veuve et l'orphelin. Ainsi se développent chez les nobles des sentiments nouveaux de générosité, de politesse : ce qu'on appelait la *courtoisie*, ou la *gentillesse* — nous parlons encore aujourd'hui d'un gentilhomme. Les mœurs n'en restèrent pas moins rutales et cruelles.

En même temps *le château se transformait.* Désormais construit en pierre, il devenait une forteresse formidable ; mais, à l'intérieur apparaissait le goût du bien-être et même du luxe. Les fenêtres furent plus nombreuses, décorées de vitraux en verre de couleur, les salles furent tendues de toiles peintes ou de cuirs gaufrés, garnies de meubles souvent sculptés. Les costumes furent plus riches, les distractions plus variées. Les longs festins furent coupés d'entremets, c'est-à-dire de représentations où les *jongleurs* faisaient des tours, où les *trouvères* chantaient les exploits de Charlemagne et de Roland.

6. La noblesse, caste fermée. Son abaissement politique.

Au début les nobles acceptaient parmi eux quiconque était assez riche pour posséder un cheval et une armure. Mais bientôt ils décidèrent de se réserver pour eux et leurs descendants le privilège d'être chevaliers. *La noblesse devint ainsi une caste fermée* dans laquelle seuls les fils de nobles, ou ceux que le roi avait *anoblis*, pouvaient entrer. Désormais s'opposèrent deux classes sociales : d'une part les nobles, d'autre part ceux qui ne sont pas nobles et qu'on appelle *roturiers* (d'un mot qui signifie laboureurs).

Mais, à ce moment même, la puissance politique de la noblesse commençait à décliner. Les rois cherchèrent à limiter ou même à interdire le droit de guerre ; ils permirent d'en appeler du tribunal seigneurial au tribunal royal ; ils ordonnèrent que la monnaie royale eût un cours dans les fiefs à côté de la monnaie du seigneur ; ils en vinrent même à lever sur les nobles des impôts.

Les paysans du XIe au XIIIe siècle

1. Vilains et serfs.

Un seigneur faisait en général deux parts de ses domaines : il gardait l'une pour son usage personnel; il partageait l'autre entre des paysans. De ces paysans les uns étaient des hommes libres : on les appelait des *vilains* (le mot vient de *villa*, qui désignait un grand domaine). Les autres n'étaient pas des hommes libres; on les appelait *serfs* (le mot vient du mot latin *servus*, qui signifiait esclave).

Les charges qui pesaient spécialement sur le serf étaient les suivantes : il payait chaque année une somme, d'ailleurs très minime, qui montrait qu'il était serf; il payait une taxe s'il voulait épouser une serve qui appartenait à un autre seigneur que le sien; enfin il était *homme de main morte*, c'est-à-dire qu'il avait la main «morte» pour léguer ses biens à d'autres qu'à ses enfants : s'il n'avait pas d'enfants vivant avec lui, ce qu'il possédait revenait de droit à son seigneur. Au début le serf n'avait pas le droit de quitter son champ, il était «attaché à la glèbe», et, s'il s'enfuyait, le seigneur pouvait le ramener de force. Plus tard le serf put s'installer où il voulait, mais, même dans sa nouvelle résidence, il restait le serf de son ancien maître, tenu envers lui aux mêmes charges qu'autrefois.

2. Les droits seigneuriaux.

Qu'ils fussent serfs ou libres, les paysans étaient tenus de fournir à leur seigneur (ce pouvait être un laïc ou bien un ecclésiastique) des redevances de toute sorte qu'on appelait *droits seigneuriaux*. D'abord une petite partie de la récolte; puis des sommes d'argent, tantôt fixes : le *cens*, tantôt variables : *la taille*. Les paysans étaient encore astreints à des *corvées*, c'est-à-dire qu'il devaient venir travailler sur les terres que le maître s'était réservées pour son usage personnel; ils devaient aussi curer les fossés du château, en réparer les murailles. Enfin il leur fallait payer une rétribution chaque fois qu'ils utilisaient le four, le pressoir ou le moulin du seigneur.

Le nombre et le montant de ces droits seigneuriaux variaient d'un endroit à un autre; mais, aux dizième et onzième siècles, ils dépendaient du caprice du seigneur : à cette date presque tous les paysans étaient *taillables et corvéables à merci*, c'est-à-dire jusqu'à ce que le seigneur voulût bien avoir *merci* (pitié) d'eux. D'ailleurs à qui le paysan se serait-il plaint? son propre seigneur était son juge.

3. Faible rendement de l'agriculture.

Le paysan aurait pu faire face à toutes ces charges s'il avait eu d'abondantes moissons. Mais certaines régions de l'Europe, aujourd'hui les plus fertiles, n'étaient alors que des marécages ou forêts. D'autre part, les communications étant très difficiles, chaque région devait produire ce dont elle avait besoin, même si le sol ou le climat ne s'y prêtait guère.

Là même où la terre était bonne, les récoltes étaient toujours médiocres : faute d'engrais, il fallait la laisser en *jachère*, c'est-à-dire en repos sans la cultiver, le plus souvent un an sur deux. Les outils étaient encore très rudimentaires : on connaissait la charrue à roues et à soc de fer, mais au XIe siècle bien des paysans n'employaient que l'*araire*, c'est-à-dire la charrue sans roues et toute en bois; souvent même ils ne travaillaient encore qu'à la *houe*. Le faible rendement de l'agriculture, joint aux dévastations que la guerre et la chasse du seigneur causaient dans les champs, explique la fréquence et l'horreur des *famines*.

Dans certaines parties de la France, quand la récolte était faite, les champs devenaient, pour quelques semaines, la propriété de tous les habitants : chacun pouvait aller y couper les chaumes pour en faire de la litière ou en couvrir le toit de la maison; il pouvait aussi y envoyer pâturer ses bêtes : c'est ce qu'on appelait le *droit de vaine pâture*. Aussi les champs, dans ces régions, n'étaient-ils pas clôturés.

4. Les communaux. L'élevage.

A côté des champs, qui étaient propriété privée, il y avait des *communaux*, c'est-à-dire des terres qui appartenaient en commun à tous les habitants du village : chacun pouvait extraire de la tourbière la tourbe qui lui servait de combustible, envoyer ses bêtes pâturer sur la lande communale, ou prendre dans la forêt le bois dont il avait besoin. Les forêts jouaient alors un rôle très important : elles donnaient le bois de charpente et de chauffage; bien des objets aujourd'hui de métal étaient alors en bois; les feuilles et les fougères fournissaient la litière pour les bêtes; les bûcherons faisaient du charbon de bois[1] et la cendre servait à la fabrication du savon et du verre.

Le bétail, même l'hiver, n'était pas enfermé dans des étables : on le laissait errer dehors. Il était maigre, mal nourri et on ne savait pas l'engraisser : aussi ne mangeait-on pas de viande de boucherie. Les porcs étaient nombreux : ils se nourrissaient de glands dans les forêts. Les vaches donnaient peu de lait; on ne fabriquait de beurre qu'en été et on ne savait pas le conserver. L'apiculture, c'est-à-dire l'élevage des abeilles, était pratiquée partout : le miel servait de sucre et, avec la cire, on fabriquait les cierges.

1 On n'utilisait pas encore la houille

5. Les progrès agricoles.

A partir du douzième siècle la situation du paysan devint meilleure. Le *développement des villes* amena une transformation considérable de la vie dans les campagnes. Jusque-là le seigneur ne produisait pas pour vendre : qui donc lui eût acheté son blé ou son vin? Mais dès qu'il trouva dans les villes un débouché possible, il entreprit d'intensifier sa production agricole, de mettre en valeur les terres jusque-là incultes. D'ailleurs l'*accroissement très sensible de la population* au XIe siècle rendait nécessaire la mise en culture de terres nouvelles.

De là un *immense effort de défrichement* qui transforma la physionomie d'une partie de l'Europe. Les moines furent parmi les plus ardents défricheurs. De vastes espaces furent conquis sur la mer, sur la forêt, sur les marais. La destruction, aux XIIe et XIIIe siècles, des Slaves païens qui habitaient entre l'Elbe et le Niémen permit aux paysans allemands de mettre en valeur d'immenses étendues de terres demeurées jusque-là presque incultes. Des cultures nouvelles apparurent : par exemple l'*avoine* qui servait de nourriture non seulement pour les chevaux mais aussi pour les hommes, sous forme de bouillie. La charrue à roues remplaça souvent l'araire, on utilisa la herse et les dents des fourches furent désormais en fer. L'usage des *moulins à eau* se répandit et évita l'épuisant labeur de tourner les meules à bras pour moudre le grain[1]. On sut mieux travailler le bois après l'invention du *rabot* et de la *scie* à mouvement vertical mue par l'eau. Une amélioration dans l'art d'atteler les chevaux et de disposer le joug des bœufs permit de mieux utiliser la force de traction de ces animaux.

Dans bien des régions, on ne laissa plus la terre en jachère qu'un an sur trois. En général les champs d'un village formèrent trois groupes ou *soles* : l'un était ensemencé en blé, l'autre en orge ou avoine ou fèves, pendant que le troisième restait en friche. L'année suivante, la sole restée en friche était semée à son tour, pendant que l'une des deux autres se reposait. Chaque paysan avait une parcelle dans chacune des trois soles. Il n'était donc pas libre de cultiver sa terre à sa guise.

1 Plus tard, a l'exemple des Turcs, on utilisa les *Moulins à vent*.

6. Amélioration du sort des paysans.

Ces grands travaux de défrichement furent souvent l'œuvre de paysans étrangers à la région qui, trop à l'étroit sur leurs terres, venaient offrir leurs bras. On les appelait les *hôtes*. Pour les attirer et les retenir, on leur consentait des avantages multiples : on abaissait les redevances, on allégeait les corvées, on créait pour eux des villages sous le nom de *villes neuves, villes franches, bastides*.

Beaucoup de paysans essayèrent ainsi de quitter leur seigneur pour s'engager comme hôtes et bénéficier de ces privilèges. D'autres allaient dans la ville voisine et s'y installaient comme artisans. Pour empêcher cet exode qui leur aurait enlevé la main-d'œuvre dont ils avaient besoin pour cultiver leurs propres terres, les seigneurs furent obligés de faire à leurs paysans des concessions. D'abord ils permirent aux serfs de *s'affranchir*, c'est-à-dire d'acheter leur liberté ; puis ils abaissèrent les droits seigneuriaux et surtout ils en fixèrent le montant : désormais les paysans ne dépendirent plus de l'arbitraire du seigneur.

A la fin du treizième siècle la population rurale avait donc fait de grands progrès. Néanmoins son sort restait en général misérable.

La renaissance des villes
L'essor de la bourgeoisie

1. Décadence du commerce et des villes.

La transformation du sort des paysans s'explique en partie par un événement capital des onzième et douzième siècles : la résurrection des villes.

Les villes de Gaule, si riches sous la domination romaine, avaient été très affaiblies par les grandes invasions. Elles déclinèrent encore lorsque le commerce en Méditerranée diminua à la suite des conquêtes musulmanes et surtout lorsque la Gaule ne produisit presque plus aucun produit pour l'exportation. Sans activité commerciale ni industrielle, les villes se dépeuplèrent, d'autant plus que les rois et leurs fonctionnaires les abandonnèrent pour résider à la campagne, dans ces grands domaines qu'on appelait des *villas.*

Chacune des *villas* de Charlemagne avait ses ouvriers qui fabriquaient tout ce qui était nécessaire à la vie de tous les jours. Si les villes subsistèrent pourtant, c'est qu'elles étaient des lieux de refuge contre les envahisseurs normands ou hongrois ; c'est aussi qu'elles abritaient des monastères ou qu'elles étaient la résidence de l'évêque. Les seuls ouvriers spécialisés qu'on y trouvait étaient des architectes, des orfèvres qui décoraient les églises, des forgerons qui fabriquaient les armes. De rares marchands venaient y apporter l'encens, les soieries, les parfums, venus d'Orient après escale à Venise.

2. Renaissance du commerce.

Établie au fond de la mer Adriatique, *Venise* en effet était déjà florissante. C'était une ville singulière. Les habitants, fuyant devant les Lombards au septième siècle, l'avaient bâtie non pas sur la terre ferme, mais dans la lagune. Semblable à l'ancienne Tyr, Venise ne vivait que de commerce. Dès avant la fin du onzième siècle elle avait obtenu le droit de commercer dans toute l'étendue de l'empire byzantin sans payer de droits de douane. Bientôt deux autres villes d'Italie situées sur la mer Tyrrhénienne, *Gênes* et *Pise*, vinrent lui disputer la prépondérance dans la Méditerranée. Enfin la première Croisade (vers 1100) fit tomber entre les mains des Chrétiens la Syrie et la Palestine, où aboutissaient les routes des caravanes venues de l'Arabie, de l'Inde, de la Chine : elle donna ainsi un magnifique essor au commerce entre l'Orient et l'Europe occidentale. Au milieu du douzième siècle les navires italiens, auxquels se joignirent bientôt ceux de *Marseille*, *Montpellier*, *Narbonne*, *Barcelone*, sillonèrent la Méditerranée.

En même temps, l'activité commerciale remontait vers le Nord, surtout vers la *Flandre* (alors tout entière française), où se développait la draperie dans les villes de *Lille*, *Ypres*, *Bruges*. La France se trouvait bien placée sur la grande diagonale qui relie l'Italie à la mer du Nord.

3. Renaissance des villes.

Cette résurrection du commerce eut pour conséquence la résurrection des villes. Les marchands y apportaient les matières premières, les artisans transformaient celles-ci en objets fabriqués que les marchands remportaient. Comme aujourd'hui les usines, les villes attiraient à elles les paysans des alentours qui venaient s'y établir comme ouvriers : d'ailleurs la population des campagnes s'accroissait considérablement. Ces nouveaux venus s'installaient souvent en dehors de la vieille cité d'autrefois : le bourg primitif, qui était surtout un lieu de refuge, se doublait d'un «faubourg», c'est-à-dire un bourg extérieur, dont les habitants s'appelaient *bourgeois.*

Artisans et marchands étaient, comme les paysans, soumis à des seigneurs; parfois la ville appartenait en même temps à plusieurs seigneurs, à qui l'on devait des redevances, des tailles, des corvées. Mais la population des villes, qui vivait de l'industrie et du commerce, ne ressemblait pas aux paysans : elle avait le goût des nouveautés, l'esprit entreprenant. Très vite les bourgeois s'unirent pour arracher à leurs seigneurs des avantages, qu'on appelait libertés ou *franchises.* Ces avantages il les mettaient ensuite par écrit dans un texte officiel, la *charte,* auquel le seigneur apposait son sceau.

4. Quelques exemples de franchises urbaines.

Les moyens employés, comme les résultats obtenus, varièrent infiniment selon les endroits : ici on réussissait, là on échouait; ici il fallait aller jusqu'à la révolte — à Laon par exemple — là tout se passait dans le calme. Presque partout les bourgeois purent obtenir des chartes. Mais il y a, dans les concessions faites par les seigneurs, une extrême diversité.

Voici les avantages que le roi de France accordait au douzième siècle aux habitants de Bourges : disparition du servage et liberté personnelle, privilège de n'être jugé que par un tribunal composé de bourgeois, exemption de tout service militaire sauf pour défendre les remparts de la ville, suppression de certaines taxes.

A peu près à la même époque les habitants de Rouen obtenaient davantage. Ils recevaient le droit de s'administrer eux-mêmes. A leur tête il y avait un *maire* et des *échevins.* Le maire était nommé par le roi sur une liste de trois membres que lui présentaient les bourgeois; les échevins étaient élus par leurs concitoyens parmi les plus riches.

Enfin de nombreuses villes commerçantes, surtout du nord de la France (Bruges, Gand, Lille, Beauvais, Amiens, Péronne) ou du Midi (Marseille, Toulouse, Montpellier) obtinrent le droit d'avoir autant d'indépendance qu'un grand vassal. On leur donna souvent le nom de *communes*. Elles avaient leur place dans la hiérarchie féodale. Les bourgeois de Toulouse prêtaient à leur suzerain, le comte de Toulouse, le même serment de fidélité que lui prêtaient ses autres vassaux. A son tour la commune de Toulouse avait des vassaux, faisait la guerre quand il lui plaisait, possédait sa milice, sa bannière, ses armoiries. Elle avait son château, l'*hôtel de ville*, que surmontait un donjon, le *beffroi*, d'où le guetteur surveillait l'horizon : à la moindre alerte on sonnait le tocsin.

Il ne faut pas croire que tous les habitants d'une ville eussent les mêmes droits. Dans bien des communes, les nobles ne pouvaient pas être échevins ou maires. Les bourgeois eux-mêmes n'étaient pas tous égaux. Le pouvoir n'appartenait qu'aux plus riches et ceux-ci étaient souvent durs aux petites gens.

5. Une ville au XIIIe siècle.

Quelque rapides que fussent leurs progrès, ces villes restaient encore petites. En ces temps où la sécurité était si précaire, elles étaient toujours entourées de remparts. Les rues étaient étroites et sombres : les étages des maisons faisaient souvent saillie les uns au-dessus des autres, parfois ils se rejoignaient presque des deux côtés de la rue. La nuit, pas d'éclairage ; point de trottoirs, point d'égouts souterrains, voirie très insuffisante. Aussi les *épidémies* étaient-elles fréquentes, surtout la peste et la lèpre. Un autre danger était l'*incendie*, car les maisons étaient de bois : de 1200 à 1225 la ville de Rouen brûla six fois. C'est pourquoi chacun devait éteindre ses lumières et couvrir de cendres les braises lorsqu'avait sonné le *couvre-feu*. Les rues silencieuses n'étaient parcourues que par le veilleur de nuit qui répétait l'antique refrain : « Réveillez-vous, vous qui dormez, priez Dieu pour les trépassés. »

L'aspect de ces villes était d'ailleurs *pittoresque* : des enseignes, souvent comiques, servaient à distinguer les maisons, car, pendant des siècles encore, il n'y aura pas de numéros. La circulation était animée. L'inconfort et l'exiguïté des appartements expliquent qu'au Moyen Age on vivait dans la rue plus qu'on ne le fait aujourd'hui. Les revendeurs criaient leur marchandise ; les diseurs de bonne aventure, les chanteurs ambulants, les colporteurs attiraient les badauds ; sur une place on jouait aux boules ou à la paume ; des processions se déroulaient au son des cloches ; parfois des troupeaux encombraient le passage. A côté des maisons privées, des églises, des couvents très nombreux, il subsistait, à l'intérieur des remparts, de vastes espaces consacrés à la culture : champs, vignobles, jardins potagers. La ville et la campagne n'étaient point entièrement séparées.

6. Les rois capétiens et la bourgeoisie.

Les rois capétiens n'eurent pas tous la même attitude à l'égard des communes. Certains leur furent favorables, d'autres leur furent hostiles. La mauvaise situation financière de beaucoup de villes les contraignit à les surveiller de très près et à limiter leur autonomie. Du moins prirent-ils l'habitude , dès le douzième siècle, d'appeler des bourgeois dans leurs conseils et de leur confier des fonctions importantes. Dans leur effort pour diminuer la puissance de la noblesse, les rois capétiens trouvèrent un sûr appui dans cette classe de riches bourgeois qui, à partir du onzième siècle, avait grandi à côté des nobles, des ecclésiastiques et des paysans.

L'Église catholique au XIe siècle
La querelle des Investitures

1. Le schisme grec.

A bien des reprises, avant l'an mille, des conflits avaient éclaté entre les patriarches de Constantinople et les papes de Rome. Ils portaient soit sur des questions de prééminence (le patriarche refusait d'être soumis au pape), soit sur des questions de liturgie et même de dogme.

En 1054, le légat du pape à Constantinople et le patriarche, tous deux également impérieux, s'excommunièrent mutuellement. Cette rupture religieuse entre Byzance et Rome est connue sous le nom de *schisme grec* (le mot schisme signifie : cassure).

Depuis lors, le catholicisme est resté brisé en deux Églises rivales : l'*Église catholique romaine*[1] et l'*Église d'Orient* (appelée aussi Église grecque ou Église orthodoxe)[2].

1. Les mots *Église catholique* signifient «Église universelle» parce que l'Église se donne pour tâche de convertir au christianisme tous les peuples de la terre. Bien que l'Église grecque se considère aussi comme «catholique», on a pris l'habitude de désigner par les mots «Église catholique» l'Église qui reconnaît pour chef le pape. On l'appelle aussi «Église romaine» parce que le pape réside dans la ville de Rome, dont il est évêque.

2. Le mot *orthodoxe* signifie : qui suit la doctrine exacte. En 1054 en effet le patriarche grec avait reproché à l'Église de Rome d'être tombée dans l'*hérésie*, c'est-à-dire de professer des doctrines fausses.

2. Organisation de l'Église catholique.

L'Église catholique était dirigée par le pape et par les évêques. Chaque évêque était à la tête d'un territoire, le *diocèse*, qu'il administrait avec l'aide de quelques ecclésiastiques, les *chanoines*. Plusieurs diocèses étaient groupés en une *province ecclésiastique*, dirigée par l'un des évêques qui portait le nom *d'évêque métropolitain* ou *archevêque*.

Les diocèses étaient subdivisés en *paroisses* : dans chacune était placé un *curé*.

Pape, évêques, chanoines et curés formaient le *clergé séculier*, qui vit dans le *siècle*, c'est-à-dire dans le monde, mêlé aux laïcs.

A côté du clergé séculier il y avait le *clergé régulier*, constitué par les ordres religieux qui suivent une *règle*. En ces siècles de foi très vive, bien des chrétiens considéraient que le plus sûr moyen de faire son salut était de devenir moine. De nombreux *monastères* s'étaient créés au Xe siècle : beaucoup appartenaient à l'*ordre de Cluny*, fondé en Bourgogne en 910 et qui appliquait la règle *bénédictine*, c'est-à-dire celle que l'Italien saint Benoît avait rédigée pour ses moines au VIe siècle[1].

3. Rôle du clergé dans la société.

Le clergé jouait dans la société du Moyen Age un rôle beaucoup plus considérable que celui qu'il tient dans la société actuelle.

Le clergé possédait des tribunaux à lui, qu'on appelait *officialités*. Ils étaient seuls à juger les causes où étaient impliqués les clercs (c'est-à-dire les membres du clergé), les veuves, les orphelins, les étudiants et celles qui touchaient à la religion : procès pour blasphèmes, hérésies, questions de mariage, vœux. La justice d'Église était souvent plus équitable et moins cruelle que la justice laïque.

1. Encore au temps de saint Benoît, les moines étaient pour la plupart des laïcs; vers l'an mille ils étaient presque tous des prêtres.

Par piété les fidèles faisaient aux églises des dons en argent et surtout en terres. Ces *biens d'Église*, extrêmement étendus, étaient cultivés par des paysans et leurs revenus servaient en partie à l'entretien des membres du clergé. L'Église était donc très riche. Aussi pouvait-elle se charger du service de l'*assistance* aux pauvres et aux malades.

Nous savons déjà que les évêques essayaient, par la *Paix de Dieu* et la *Trève de Dieu*, de limiter la violence des mœurs féodales. Nous verrons que le clergé, alors seul instruit, était seul à donner l'*instruction* et qu'il inspirait les artistes, car l'*art* du Moyen Age est surtout un art religieux.

Ainsi, dans une très large mesure, l'Église du Moyen Age a contribué au progrès et à la civilisation.

4. Les moyens d'action du clergé.

Le clergé était très écouté parce que *la foi était partout très profonde*. L'influence de la religion dans la vie quotidienne se montre dans l'usage du calendrier, où chaque jour porte le nom d'un saint qui est mort à cette date, dans la multiplication des monastères, dans la construction des cathédrales, les pèlerinages au tombeau du Christ et aux reliques des saints, dans les Croisades, comme aussi dans la hantise du diable et des démons.

Dans une société où chacun était tourmenté par la crainte d'être damné, l'Église pouvait souvent imposer sa volonté par des menaces et des peines d'un caractère religieux. Elle avait recours aux *pénitences* plus ou moins dures : jeûnes, flagellations, lointains pèlerinages, entrée au couvent. Si le coupable s'obstinait, il était frappé d'*excommunication*, c'est-à-dire qu'il était retranché de la communauté des fidèles : les sacrements lui étaient refusés, et on devait l'éviter comme un pestiféré. On vit des empereurs, des rois de France ou d'Angleterre se soumettre à de rudes pénitences ou être frappés d'excommunication.

Enfin, dans certains cas, l'Église employait la force : d'une part contre les païens qui refusaient de se laisser convertir, d'autre part contre les *hérétiques*, c'est-à-dire les chrétiens qui rejetaient ses enseignements.

5. Les abus dans l'Église au XIe siècle.

D'après les lois de l'Église, le pape aurait dû être nommé par le clergé de Rome, l'évêque par les chanoines, le curé par l'évêque. En fait, ces lois n'étaient pas appliquées. La papauté était tombée sous la dépendance des seigneurs italiens, puis des empereurs ; les évêques étaient désignés par les rois ; les curés étaient choisis par la famille de celui qui avait jadis construit l'église de la paroisse, ou par le châtelain dans le fief de qui elle s'élevait. *Les membres du clergé séculier étaient donc nommés par des laïcs.*

Or, les choix que faisaient les laïcs étaient souvent très mauvais. Le souverain désignait pour évêque non le plus digne mais celui qui lui était le plus fidèlement attaché, ou celui dont il voulait se gagner la fidélité, ou même celui qui lui offrait le plus d'argent. De son côté l'évêque et le curé vendaient parfois les sacrements : ce trafic des choses saintes, interdit par l'Église, s'appelait *simonie*, du nom d'un certain Simon le Magicien qui, disait-on, avait voulu acheter aux Apôtres le pouvoir de faire des miracles. Enfin beaucoup de curés étaient mariés et s'occupaient de leur famille plus que de leurs paroissiens.

6. Deux papes réformateurs. Nicolas II et Grégoire VII.

Deux papes, Nicolas II et Grégoire VII, se donnèrent pour tâche d'*interdire aux laïcs de jouer aucun rôle dans la nomination des papes et évêques.*

En 1059, *Nicolas II* décida que la nomination du souverain pontife serait réservée aux seuls *cardinaux* : on appelait alors de ce nom les curés des principales paroisses de Rome et les évêques des diocèses voisins.

Une vingtaine d'années plus tard, *Grégoire VII* (1073-1085) publia en 1075 le *décret sur les investitures* qui interdisait à tout laïc d'*investir* (c'est-à-dire de revêtir) un clerc de fonctions ecclésiastiques. Puis, pour faire appliquer ce décret, supprimer la simonie et contraindre les prêtres au célibat, Grégoire VII envoya dans tous les États catholiques des ecclésiastiques de son entourage, munis de pleins pouvoirs : on les appela *légats pontificaux*. Il s'efforça en même temps d'exercer sur les évêques un contrôle très strict, affirma son droit de les déplacer ou même de les casser et décida que d'un jugement rendu par un évêque on pourrait toujours en appeler au pape. *Ainsi Grégoire VII tentait de libérer l'Église du joug des laïcs pour la placer sous l'autorité du Saint-Siège.*

7. La querelle des Investitures. Grégoire VII et Henri IV.

Le décret sur les Investitures devait nécessairement soulever de très graves difficultés. En effet, au Moyen Age, l'évêque n'était pas seulement un prélat, il était aussi un seigneur qui possédait des fiefs et avait des vassaux. Aussi les princes ne voulaient-ils comme évêques que des hommes sur la fidélité de qui ils pouvaient compter. En leur enlevant toute influence sur l'élection des évêques, le décret de Grégoire VII allait affaiblir très sérieusement leur autorité. De là, entre les papes et les souverains, des conflits qui constituent ce qu'on appelle la *querelle des Investitures.*

L'adversaire le plus redoutable auquel se heurta Grégoire VII fut le roi de Germanie *Henri IV* (1056-1106). En dépit du décret de 1075, Henri IV continua à nommer les évêques et, aux menaces du pape, il répondit en le sommant d'abdiquer. Grégoire VII riposta en excommuniant le roi (1076). Lequel allait l'emporter?

Au début, ce fut Grégoire VII. Les seigneurs allemands, toujours prêts à affaiblir l'autorité du roi, se déclarèrent contre lui. Abandonné de tous, Henri IV, en plein hiver, franchit les Alpes et se rendit en Italie au château de Canossa où le pape résidait alors. Trois jours durant, dans la neige, en costume de pénitent, il implora son pardon; il ne l'obtint qu'après avoir acquiescé aux exigences du pape (1077).

Mais bientôt il prit sa revanche : il entra dans Rome et nomma un autre pape par lequel il se fit couronner empereur. Grégoire VII, qui s'était enfui de Rome, mourut peu après (1085).

Quarante ans plus tard, vers 1120, une solution équitable, qui avait déjà été acceptée par les rois de France et d'Angleterre, mit fin à la querelle des investitures : à l'avenir les évêques seraient nommés non plus par les princes mais par les chanoines; en revanche, ils n'entreraient en possession des fiefs attachés à leur évêché qu'avec le consentement des princes et après leur avoir prêté serment de fidélité.

8. Relèvement de l'Église.

En même temps, la Papauté réussissait, en partie au moins, à abolir la simonie et le mariage des prêtres. Pour remettre en honneur la règle de la pauvreté, qui s'était relâchée même dans les monastères clunisiens, des chrétiens fervents fondèrent, à la fin du onzième siècle, de *nouveaux ordres monastiques.* Un Allemand, *saint Bruno*, éleva, en 1084, le monastère de la *Grande Chartreuse* dans les montagnes du Dauphiné, près de Grenoble. Quelques années plus tard, dans le même esprit d'ascétisme, un Clunisien éleva près de Dijon le monastère des *Cîteaux.*

L'ardeur de la foi chrétienne se manifesta aussi par le magnifique épanouissement artistique qui fit partout surgir dans l'Europe occidentale les *églises romanes*, et, plus encore, par l'enthousiasme prodigieux qui, dans les dernières années du onzième siècle, jeta les chrétiens, par milliers, dans la *première Croisade.*

Les premières Croisades

1. Définition et causes des Croisades.

On appelle *Croisades* les expéditions organisées par la Papauté pour arracher aux Musulmans la *Terre sainte*, c'est-à-dire la Palestine où avait prêché et où était mort Jésus-Christ. Ceux qui participaient à ces guerres portaient une *croix* d'étoffe rouge cousue sur leurs vêtements : de là leur nom de *croisés*, et le mot de Croisade.

Les califes arabes ne s'étaient jamais opposés aux pèlerinages que les Chrétiens faisaient au Saint Sépulcre. Mais dans la seconde moitié du onzième siècle presque toute l'Asie occidentale tomba aux mains d'un peuple de race jaune, les *Turcs.* Proches parents des anciens Huns, et très tôt convertis à l'Islam, les Turcs avaient pour patrie d'origine le pays qui, de leur nom, s'appelle encore aujourd'hui le Turkestan. L'une de leurs tribus, celle des *Seldjoucides*, occupa la Mésopotamie, la Syrie et la Palestine; elle enleva également aux Byzantins la majeure partie du Plateau d'Asie Mineure et l'on put même craindre qu'elle n'envahît le péninsule des Balkans. Très intolérants, les Seldjoucides interdirent les pèlerinages et pourchassèrent les Chrétiens.

Pour sauver l'Europe orientale du péril musulman et pour délivrer la Terre sainte, le pape *Urbain II*, alors en France, prêcha à Clermont en 1095, la *première Croisade*.

Certes les Croisades n'eurent pas seulement pour cause l'ardeur de la foi. Il faut y ajouter le goût des aventures, la passion des combats et surtout l'espérance de se tailler, dans cet Orient, qu'on disait fabuleusement riche, quelque principauté. Néanmoins la piété fut le mobile dominant. *La chevalerie de l'Europe occidentale s'ébranlant à l'appel du pape pour reconquérir la Terre Sainte, voilà la Croisade.*

2. La première Croisade.

C'est aux chevaliers, capables de faire campagne contre les Turcs, que s'adressait l'appel du pape Urbain II en 1095. Mais, avant même que ceux-ci fussent prêts, une foule immense de pèlerins du peuple, entraînés par la prédication ardente d'un moine français, *Pierre l'Ermite*, et d'un pauvre chevalier, *Gautier sans Avoir*, se mit en route par l'Allemagne, la Hongrie et la Bulgarie pour Jérusalem. A peine arrivés en Asie Mineure, ces malheureux furent exterminés par les Turcs.

Pendant ce temps, les chevaliers se préparaient lentement. Ils se donnèrent rendez-vous à Constantinople. L'empereur de Byzance *Alexis*, leur promit de les ravitailler et même de les aider militairement, s'ils s'engageaient à lui remettre les territoires qu'ils prendraient aux Turcs en Asie Mineure et dans la Syrie septentrionale. Ils acceptèrent et, au printemps de 1097, ils commencèrent la traversée de l'Asie Mineure. Ils la firent en plein été par une chaleur accablante. Le manque d'eau fut pour eux un danger bien plus redoutable que les Turcs. Puis, quand ils débouchèrent en Syrie, ils furent arrêtés huit mois par la forte citadelle d'*Antioche*. Quand enfin ils l'eurent prise, ils y furent eux-mêmes assiégés par une armée turque : bientôt la famine devint horrible; on alla, dit-on, jusqu'à manger la chair des cadavres. Un jour enfin, à la nouvelle qu'on avait découvert dans une église de la ville la Sainte Lance[1], les Croisés, dans un grand élan de foi, réussirent à se dégager.

1. On appelle ainsi la lance avec laquelle, lors de la Crucifixion sur la colline du Calvaire, l'un des soldats avait percé le flanc de Jésus-Christ.

Même devant l'ennemi, les Croisés ne restaient pas unis. Bien des chefs ne songeaient qu'à se conquérir une principauté. Trois d'entre eux quittèrent ainsi l'armée pour s'emparer l'un de la région d'*Édesse*, l'autre de celle d'*Antioche*, le dernier de celle de *Tripoli*. C'est parmi les petites gens que la foi restait la plus vive.

Enfin, en juin 1099, trois ans après qu'ils avaient quitté leurs châteaux, les Croisés arrivèrent en vue de Jérusalem qui venait d'être enlevée aux Turcs par les Musulmans d'Égypte. Quelques-uns en moururent de joie. Mais l'armée était bien réduite, la ville fortement défendue et les puits des environs avaient été comblés. Sans se décourager pourtant, le 15 juillet 1099, un vendredi à 3 heures, jour et heure de la mort de Jésus-Christ, les Croisés donnèrent l'assaut, pénétrèrent dans Jérusalem et y firent un effroyable carnage.

3. Organisation de la Terre sainte.

Les Croisés décidèrent d'occuper de façon définitive la Syrie et la Palestine qu'ils avaient arrachées aux Turcs. Aux trois petits États d'Édesse, d'Antioche et de Tripoli s'ajouta le *Royaume de Jérusalem* qui fut donné à l'un des chefs les plus pieux, *Godefroy de Bouillon*.

Ce n'était pas tout que d'organiser la Terre sainte, il fallait la défendre. Or la plupart des Croisés qui l'avaient conquise n'y restèrent pas : ils revinrent chez eux. Aussi créa-t-on en Terre sainte des *Ordres militaires* composés de religieux-soldats (qui étaient des laïcs). Le plus important fut celui des *Templiers* (ils étaient installés sur l'emplacement de l'ancien Temple de Jérusalem). On éleva aussi en différents points des forteresses : la plus formidable fut le *Krak des Chevaliers* en Syrie.

4. Les deuxième et troisième Croisades.

Au lendemain même de leur fondation, la situation des quatre États latins d'Orient était déjà critique. Les comtés d'Édesse et de Tripoli furent les premiers à subir l'attaque des Turcs. A l'appel d'un moine de Cîteaux, *saint Bernard* (1091-1153), le roi de France Louis VII et l'empereur Conrad III se croisèrent. Mais cette *seconde Croisade* (1147-1148) n'aboutit qu'à un lamentable échec.

Bientôt après, ce fut au tour du royaume de Jérusalem d'être menacé. En 1187 le sultan d'Égypte *Saladin* s'empara de Jérusalem. A l'annonce de ce désastre, la Papauté prêcha la *troisième Croisade*. Les trois plus puissants souverains de l'Europe occidentale, l'empereur *Frédéric Barberousse*, le roi de France *Philippe Auguste* et le roi d'Angleterre *Richard Cœur de Lion*, se croisèrent (1190). Barberousse suivit la route de terre, battit les Turcs en Asie Mineure, mais mourut peu après accidentellement pour s'être baigné au sortir d'un repas. Richard et Philippe Auguste arrivèrent en Orient par mer et aidèrent les Chrétiens de Syrie à prendre la ville de *Saint-Jean-d'Acre* (1191). Après quoi Philippe revint en France, laissant Richard émerveiller Chrétiens et Musulmans par sa folle bravoure, sans pouvoir, d'ailleurs, reprendre Jérusalem.

L'ardeur religieuse s'était bien refroidie. Les marchands de Gênes et de Pise qui s'enrichissaient dans le commerce avec le Levant s'intéressaient beaucoup plus à la possession des ports de Syrie qu'à celle de Jérusalem. Ils pensaient d'ailleurs que l'on pourrait sans doute s'entendre avec les Turcs pour obtenir d'eux à l'amiable la cession du Saint Sépulcre. *Les haines religieuses s'atténuaient en effet entre chrétiens et Musulmans.* Saladin et Richard Cœur de Lion, également courageux et chevaleresques, avaient appris à s'estimer : Richard pensa même à marier sa sœur au frère de Saladin qui avait promis de se faire chrétien.

Comme Jérusalem était restée aux mains des sultans d'Égypte, les chrétiens décidèrent d'attaquer désormais l'Islam sur les rives du Nil et non plus en Terre sainte. *Presque toutes les Croisades suivantes eurent pour objectif l'Égypte.*

5. Premières conséquences des Croisades.

Les premières Croisades eurent donc pour résultats d'abord la création d'États chrétiens dans le Levant, puis, comme la majorité des Croisés venus en Terre sainte était formée de Français, le développement du *prestige de la France* dans cette région.

Les Croisades eurent également d'importantes *conséquences économiques*. La culture du coton et de la canne à sucre, la fabrication des étoffes de soie et de coton, le travail du verre donnèrent aux États latins d'Orient un haut degré de prospérité. L'activité commerciale des ports de Syrie, jusque-là au pouvoir des Musulmans, passa désormais presque tout entière aux mains des marchands vénitiens, génois et marseillais. Les Croisades contribuèrent ainsi à *ressusciter dans l'Europe occidentale le grand commerce* qui, depuis la chute de l'Empire romain, y avait presque disparu. Ce grand commerce s'accompagna d'une résurrection de l'industrie et contribua à l'épanouissement des villes en Italie et dans la France du Nord.

Les Croisades favorisèrent aussi dans l'Europe occidentale les progrès des paysans et des bourgeois. Les seigneurs qui partaient pour l'Orient ou en revenaient avaient besoin d'argent : ils étaient tout prêts à vendre aux uns et aux autres des chartes de libertés.

Les débuts de la monarchie capétienne
La fondation de la puissance anglaise

1. La France vers l'an mille.

La France, à l'avènement de Hugues Capet en 987, avait à peu près les limites que lui avait données le traité de Verdun. Elle était donc bien plus petite que l'ancienne Gaule ou même que la France actuelle, quoiqu'elle comprît la Catalogne espagnole et une partie de la Belgique.

Cette France n'avait pas d'unité. La Bretagne presque tout entière et la partie occidentale de la Gascogne étaient à peine françaises. Les habitants ne travaillaient pas et ne s'habillaient pas de la même façon au nord et au sud de la Loire. Bientôt même les uns et les autres ne se comprendront plus : les premiers parleront la *langue d'oïl* et les autres la *langue d'oc*[1].

Enfin la France ne formait pas un État unifié. Elle était divisée en un très grand nombre de fiefs. Une dizaine d'entre

1. Le mot « oui » se disait *oïl* dans la langue romane du nord de la France et *oc* dans la langue romane du Midi. Le provençal dérive de la langue d'oc.

eux appartenaient à des ducs et des comtes qui étaient de vrais souverains sur leurs terres.

2. Faiblesse des premiers Capétiens.

En face de ces grands duchés et comtés, le fief propre du roi, ce que l'on appelle le *domaine royal*, était bien peu de chose. Il se réduisait à une étroite bande de terre entre Compiègne et Orléans. Encore le roi n'y était-il pas le maître. Du haut de leurs donjons, de simples châtelains, comme ceux de Monthéry ou du Puiset, le narguaient et lui barraient la route.

Le roi n'avait aucun fonctionnaire qui le représentât en dehors de son domaine. Quand il voulait prendre des mesures qui intéressaient le royaume tout entier, il convoquait les grands barons et les évêques, et décidait en accord avec eux. Leur réunion formait la *Cour du roi*. Mais beaucoup d'entre eux, au onzième siècle, refusaient de se déranger.

3. Comment le pouvoir royal pourra se développer.

Cependant le roi, si exigu que fût son domaine, si faible que fût son autorité, était tout de même plus qu'un simple seigneur. Il était le *suzerain* de tous les grands vassaux, ceux-ci lui avaient juré hommage et fidélité. Il était même plus que suzerain : il était le *Roi*. Quand l'archevêque de Reims lui avait fait l'onction sainte, le roi était devenu l'élu de Dieu. Il avait désormais un *caractère religieux* qu'il était le seul laïc en France à posséder. Aussi pouvait-il compter sur l'appui de l'Église. Le clergé, puissance d'ordre et de paix, voulait une royauté forte qui pût le défendre contre les brutalités des seigneurs. Enfin, quoique la couronne fût officiellement élective, les Capétiens se succédèrent de père en fils. Pour la rendre héréditaire de fait, Hugues Capet et ses successeurs, pendant deux cents ans, firent, de leur vivant, élire leur fils comme roi.

Suzerain suprême, prince sacré, soutenu dans ses efforts par l'Église, le roi pourra lentement affermir son pouvoir.

4. Lenteur des progrès sous Louis VI et Louis VII.

Les progrès seront presque nuls pendant le onzième siècle sous *Hugues Capet, Robert le Pieux, Henri Ier, Philippe Ier*. Ils ne commencent vraiment qu'avec Louis VI.

Louis VI (1108-1137) mérita ses deux surnoms de «Celui qui ne dort pas» et de «Batailleur». Il fut un rude soldat, toujours prêt à guerroyer contre les seigneurs brigands de son domaine. A la fin de son règne il était le maître chez lui, et cette tâche l'avait rendu populaire auprès du clergé et des petites gens.

Son fils *Louis VII* (1137-1180) fut moins habile que lui. Il eut longtemps la chance d'avoir pour conseiller *Suger*, abbé de Saint-Denis, celui qu'on appela le Père de la Patrie. Mais, après la mort de Suger, Louis VII divorça et cette résolution mit en péril la dynastie capétienne. Du moins la royauté avait-elle fait, sous ce prince, de grands progrès. A tous ceux qui souffraient des exactions des seigneurs (paysans, bourgeois, clercs) Louis VII apparaissait comme un défenseur et un justicier. Il avait fait le pèlerinage de Saint-Jacques-de-Compostelle ; il avait dirigé la seconde Croisade : sa popularité s'étendait, bien au-delà du domaine royal, dans la France entière.

Malheureusement, en 1066, un événement s'était produit qui allait créer un terrible danger pour les Capétiens : le duc de Normandie était devenu roi d'Angleterre.

5. Conquête de l'Angleterre par Guillaume de Normandie.

En 1066 le roi saxon *Harold* arriva au trône d'Angleterre. Le duc de Normandie, *Guillaume*, surnommé plus tard *le Conquérant*, affirma avoir des droits à la couronne. Il débarqua en Angleterre, battit Harold à la bataille de *Hastings* (1066) et se fit nommer roi.

La victoire de Hastings eut pour conséquence l'occupation de l'Angleterre par les Français de Normandie. Guillaume garda pour lui une grande partie des terres qu'il enleva aux Anglo-Saxons. Il distribua le reste en fiefs à ses soldats. Mais il prit soin de *limiter les droits de ses vassaux*. Tous les hommes libres d'Angleterre, Anglo-Saxons ou Français, furent tenus de prêter directement au roi serment de fidélité. Guillaume partagea l'Angleterre en subdivisions appelées *comtés*, dans chacun il plaça un fonctionnaire nommé *sheriff*. Le sheriff jugeait et levait les impôts aussi bien dans les fiefs que dans le domaine royal.

Guillaume le Conquérant, en tant que duc de Normandie, était toujours le vassal du roi de France; mais un vassal bien plus puissant que son suzerain. A chaque fois que Philippe Ier et Louis VI entrèrent en conflit avec Guillaume ou ses successeurs, ils furent battus.

6. Le divorce de Louis VII et la grandeur des Plantagenets.

Une circonstance imprévue acheva de rendre formidable le danger anglais. Louis VII avait épousé *Aliénor d'Aquitaine* qui lui avait apporté en dot le duché d'Aquitaine, c'est-à-dire tout le centre et le sud-ouest de la France. Vers 1150, il la répudia. Elle se remaria à un seigneur français, *Henri Plantagenet*, qui déjà possédait la Touraine, l'Anjou et la Normandie. En y ajoutant les biens de sa femme Henri dominait la moitié de la France, avec les villes les plus riches : Rouen, Angers, Tours, Bordeaux.

Or, en 1154, il devenait roi d'Angleterre sous le nom de Henri II.

7. Puissance d'Henri II Plantagenet.

Comme Guillaume le Conquérant, Henri II (1154-1189) était un Français. Il passa beaucoup plus de temps en France que dans son royaume et il ne sut jamais l'anglais : d'ailleurs jusqu'au quatorzième siècle le français resta en Angleterre la langue des fonctionnaires et de toutes les personnes instruites.

Comme Guillaume le Conquérant, Henri II voulut être le maître en Angleterre. Il développa beaucoup la justice royale au détriment de celle des seigneurs. Il se donna une armée puissante, formée surtout de mercenaires et, pour la payer, il établit de lourds impôts. Il disposait ainsi de ressources financières bien plus abondantes que son suzerain Louis VII. Il essaya enfin de maintenir sous sa tutelle l'Église d'Angleterre qui voulait s'en libérer. Un conflit violent opposa Henri II à *Thomas Becket*, archevêque de Cantorbéry. Au cours de la lutte Becket fut assassiné et, devant l'indignation publique, le roi dut faire pénitence et renoncer à une partie de ses prétentions.

En face d'un prince aussi puissant, qui, outre son royaume d'Angleterre, possédait la moitié la plus riche de la France, que pouvait le faible Louis VII, tout occupé à ses exercices de dévotion et qui n'avait plus Suger pour conseiller? Il était réservé à son fils, Philippe Auguste, d'abattre la puissance des Plantagenets.

Papes et Empereurs aux XIIe et XIIIe siècles

1. Pape et Empereur.

Le compromis auquel on était arrivé sur la question des Investitures laissait en suspens un grave problème : celui des rapports du pape et de l'empereur.

Tout le monde admettait que leur accord était nécessaire : ils ont pourtant chacun leur tâche. Qui fixera les limites de la compétence de chacun ? De plus sont-ils égaux ou bien l'un est-il supérieur à l'autre ? Tous les chrétiens doivent obéissance au pape, représentant de Jésus-Christ sur la terre : l'empereur lui doit donc obéissance. D'ailleurs, n'est-ce pas le pape qui, en sacrant Charlemagne en l'an 800, avait restauré l'Empire en Occident ? Et puisque, dans la cérémonie du courronnement, c'est le pape qui donne la couronne, n'est-il pas supérieur à l'empereur qui la reçoit ? De leur côté les empereurs ripostaient qu'ils étaient les successeurs des empereurs romains : or ceux-ci exerçaient déjà leur autorité alors qu'il n'y avait point encore de pape. D'ailleurs, les États de l'Église faisant partie du royaume d'Italie, le pape était le vassal de l'empereur.

Ces prétentions opposées devaient amener les conflits qui constituent la *Querelle du Sacerdoce et de l'Empire*, c'est-à-dire du clergé et des empereurs. Déjà, Grégoire VII et Henri IV s'étaient déposés l'un l'autre. Aux XIIe et XIIIe siècles la lutte fut marquée par les noms des empereurs Frédéric Ier Barberousse et Frédéric II.

2. Le conflit de Frédéric Barberousse et d'Alexandre III.

Frédéric Barberousse (1152-1190) appartenait à la riche famille des *Hohenstaufen* qui occupa les trônes d'Allemagne et d'Italie pendant plus d'un siècle (1138-1250). Ambitieux et autoritaire, il avait une très haute idée de sa mission. C'était l'époque où l'étude du droit romain, abandonnée en Occident depuis les grandes invasions, était remise en honneur en Italie. Or l'un des principes du droit romain était que «tout ce qui plaît à l'empereur a force de loi».

Dès le début de son règne, Barberousse imposa des gouverneurs aux riches communes, jusque-là indépendantes, de l'Italie du Nord. Quand l'une d'elles, Milan, se révolta, il l'assiégea deux ans de suite, la prit et la détruisit de fond en comble (1162). Un légat pontifical lui ayant dit un jour que l'empire n'était qu'un «fief» du Saint-Siège, Frédéric avait riposté avec colère qu'il n'avait pas de supérieur sur terre, et que c'était le pape qui était son vassal. Or, peu après, ce légat fut élu pape sous le nom d'*Alexandre III*. Frédéric refusa de le reconnaître et lui opposa un «antipape». La lutte commençait.

Alexandre III déposa l'empereur et appela les villes de Lombardie à la révolte. Barberousse fut mis en pleine déroute non loin de Milan et dut renoncer à ses prétentions. Il alla à Venise (1177) implorer le pardon du pape, il lui baisa les pieds, lui tint l'étrier quand le pontife monta à cheval. L'humiliation de Barberousse à Venise, un siècle après celle d'Henri IV à Canossa, était une grande victoire pour le Saint-Siège.

3. Le triomphe de la papauté sous Innocent III.

Dans les années suivantes le prestige de la papauté parut grandir encore. Le pape *Innocent III* (1198-1216) domina les rois comme il dominait l'Église. On le vit enlever au roi d'Angleterre son royaume pour le donner au roi de France, disposer à son gré des couronnes de Hongrie, de Danemark, d'Aragon, de Castille. En Allemagne il se mêla aux rivalités qui mettaient aux prises les prétendants à la couronne ; il fit triompher l'un d'eux, le petit-fils de Barberousse. Mais ce protégé d'Innocent III, qui devint l'empereur Frédéric II, allait se montrer l'adversaire acharné de la papauté.

4. Frédéric II et la papauté.

Frédéric II (1215-1250) est l'un des personnages les plus singuliers du Moyen Age. Né et élevé en Sicile, à la cour de Palerme (sa mère, fille du roi normand de Sicile, avait épousé le fils de Barberousse), il avait reçu une éducation tout orientale, mi-grecque, mi-arabe. Très instruit, curieux de mathématiques, de médecine, d'histoire naturelle, il était tout à fait incroyant. Il affirmait, disait-on, qu'aucune religion n'est vraie, et que Moïse, Jésus et Mahomet sont trois grands imposteurs. Ce contemporain du pieux saint Louis vivait comme un calife. Il aimait le faste et traînait partout avec lui une ménagerie d'animaux rares et un éléphant favori. Il avait à son service des soldats musulmans sur lesquels les excommunications du pape n'avaient naturellement aucune prise. On le vit faire une croisade alors qu'il était excommunié, et, au lieu de combattre les infidèles, traiter avec eux et obtenir ainsi la restitution de Jérusalem (1229). Le pape ayant convoqué un concile pour y faire condamner l'empereur, celui-ci, par un coup d'audace inouï, fit attaquer la flotte qui transportait les cardinaux à Rome et en captura un grand nombre.

Ce souverain qui n'avait rien d'allemand se désintéressait de l'Allemagne. Mais, déjà maître par héritage maternel de Naples et de la Sicile, il voulait encore étendre sa domination sur les villes lombardes. Après une lutte acharnée, il y réussit. Possédant le nord et le sud de la péninsule, il enserrait les États de l'Église. Le conflit avec la papauté était inévitable.

A vrai dire c'était un conflit tout politique. Les papes combattaient pour sauver leurs États, et non pas seulement pour défendre les intérêts de l'Eglise. Après vingt ans de luttes atroces, la victoire resta au Saint-Siège. Frédéric II mourut en 1250, son fils et son petit-fils furent tués en Italie et la dynastie des Hohenstaufen disparut.

5. Affaiblissement de l'Empire et de la papauté.

De ce terrible conflit les deux rivaux sortaient épuisés. L'Allemagne était en pleine anarchie. Uniquement occupé à établir son autorité en Italie, Frédéric II avait laissé les seigneurs allemands se fortifier dangereusement. Après sa mort, l'Allemagne, pendant près de vingt-cinq ans, n'eut plus de roi (1250-1273) : cette période est connue sous le nom de *Grand Interrègne.* L'Allemagne s'émietta en centaines d'États; chacun, petit ou grand, ne songeait qu'à se rendre indépendant.

Pendant ce temps l'Italie se détachait de l'Allemagne. Les villes se rendaient indépendantes, mais chacune était en proie aux guerres civiles : les habitants, groupés en partis opposés, se faisaient sauvagement la guerre. L'Italie était pleine d'exilés chassés de leur patrie : tel le grand poète *Dante* (1265-1321), exilé de Florence. Quant au royaume de Sicile, le pape l'avait donné à un prince français, frère de saint Louis. Mais, bientôt les habitants se soulevèrent contre les Français et roi d'Aragon devint roi en Sicile.

De son côté, le Cour de Rome donnait un spectacle bien peu édifiant. Les cardinaux étaient divisés en clans rivaux qui se livraient bataille dans les rues : pendant deux ans de suite ils ne purent s'accorder pour choisir un pape. Finalement, ils élurent un vieil ermite illettré qùi abdiqua aussitôt. Son successeur, *Boniface VIII* (1294-1303), le fit emprisonner et annula tous ses actes. Ce même Boniface VIII s'engagea peu après dans un grave conflit avec le roi de France Philippe le Bel, mais, loin de triompher comme à Canossa ou à Venise, la papauté vit cette fois ruiner ses prétentions à dominer les rois.

Succès et difficultés de l'Église au XIIIe siècle

1. Rôle grandissant du pape dans l'Église. La Curie.

Depuis le pontificat de Grégoire VII, le pouvoir de la Papauté sur l'Église n'avait fait que croître. Le pape développait son autorité au détriment de celle des évêques : il les faisait surveiller étroitement par les légats pontificaux; il leur interdisait de juger, même en première instance, certaines affaires importantes ou d'exercer aucun pouvoir sur les ordres religieux parce qu'il s'en réservait la direction; enfin il faisait pression sur les chanoines pour leur faire nommer évêque son candidat : sur seize prélats qui furent élus en France de 1295 à 1301, quinze furent désignés par le Saint-Siège.

Pour gouverner l'Église, le pape se faisait aider par des fonctionnaires qui formaient la *Curie*. C'était comme l'ensemble des ministères autour d'un chef d'État. On y trouvait, outre les cardinaux, les membres de la Chancellerie qui rédigeaient et expédiaient toutes les pièces officielles, les juges des différents tribunaux pontificaux, enfin les trésoriers du pape. Le Saint-Siège, qui avait à faire face à des dépenses considérables, jouissait de revenus très importants : ceux des domaines qu'il possédait en Italie, le cens payé par les royaumes qui s'étaient reconnus vassaux du pape, le *denier de Saint-Pierre* levé dans certains pays, les taxes perçues pour les affaires qui étaient soumises aux tribunaux pontificaux, parfois même, enfin, un impôt prélevé sur le revenu de tous les ecclésiastiques. Le budget de la Cour de Rome au XIIIe siècle était beaucoup plus considérable que celui de n'importe quel autre gouvernement à la même époque.

Dans les circonstances importantes le pape convoquait un *Concile universel* ou *œcuménique*, c'est-à-dire une assemblée d'ecclésiastiques venus de tous les pays catholiques. Ainsi le pape gouvernait l'Église comme un roi son royaume. On pouvait parler d'une *monarchie pontificale*.

2. Un grand pape au XIIIe siècle : Innocent III.

Au début du XIIIe siècle, un pape sembla réaliser le rêve qu'avait formé un siècle plus tôt le pape Grégoire VII : ce fut *Innocent III* (1198-1216). Élu pape à l'âge de 37 ans, Innocent III était d'une activité dévorante. On a vu déjà le rôle immense qu'il joua dans la politique européenne. A plus forte raison fut-il dans l'Église «l'évêque universel». Toutes les affaires de la chrétienté venaient aboutir à lui. On le vit bien lorsqu'il réunit en 1215 dans la basilique *Saint-Jean de Latran à Rome*, l'un des plus importants Conciles œcuméniques qui aient jamais été assemblés. Toutes les grandes questions politiques et religieuses du temps y furent traitées et les assistants se bornèrent à accepter les projets présentés par le pape.

Outre la tenue du Concile œcuménique du Latran, le pontificat d'Innocent III est encore marqué par quatre faits importants : la quatrième croisade; l'expansion du catholicisme en Europe; la Croisade contre les Albigeois; la création des Ordres mendiants.

3. La quatrième Croisade. Échec des Croisades.

La troisième Croisade, on l'a vu, n'avait pas réussi à enlever Jérusalem à Saladin. Aussi, vers 1200, Innocent III prêcha-t-il contre l'Égypte la *quatrième Croisade*.

Les Croisés s'entendirent avec la ville de Venise qui leur loua les navires nécessaires à l'expédition. Mais, comme ils ne purent verser toute la somme convenue, les Vénitiens leur proposèrent de les tenir quittes du restant de leur dette s'ils voulaient les aider à s'emparer d'un port de l'Adriatique, *Zara*, rival de Venise. C'est ainsi que la première conséquence de la Croisade fut la conquête et le pillage d'une ville catholique qui appartenait à un prince catholique, le roi de Hongrie.

Les Croisés allaient enfin faire voile vers l'Égypte quand un prince byzantin vint leur demander de l'aider à rétablir sur le trône son père qui en avait été chassé. Ils acceptèrent, allèrent à Constantinople et rétablirent l'empereur. Mais les Grecs, indignés de cette immixtion des «Latins» dans leurs affaires, se soulevèrent. Alors, en 1204, les Croisés donnèrent l'assaut à Constantinople, la prirent et la pillèrent.

Un comte de Flandre devint empereur à Constantinople, les Vénitiens reçurent des ports sur la côte de la mer Adriatique et de nombreuses îles dans la mer Egée; des seigneurs devinrent duc d'Athènes, marquis de Thessalie ou roi de Salonique. Et, malgré l'indignation d'Innocent III, on ne parla plus de conquérir l'Égypte ni de délivrer Jérusalem.

Cet *empire latin de Constantinople* ne dura qu'un demi-siècle. Dès 1261, un prince grec, réfugié en Asie Mineure, reprit Constantinople.

Les autres Croisades du XIIIe siècle (on en compte quatre, dont les deux dernières furent dirigées par le roi de France saint Louis) échouèrent également. Seule celle que conduisit l'empereur Frédéric II, alors excommunié, rendit aux Chrétiens, mais pour une quinzaine d'années seulement, la ville de Jérusalem. Vers 1290, la dernière ville que les Chrétiens possédaient encore en Syrie leur échappa. La Terre sainte allait rester aux mains des Musulmans jusqu'en 1917.

4. L'expansion du catholicisme en Europe.

Si l'Église échoua en Orient, elle réussit en Espagne et à l'est de l'Allemagne.

Au début du XIIIe siècle, les Musulmans possédaient encore une grande partie de l'Espagne. L'afflux périodique de tribus fanatiques venues d'Afrique du Nord[1] retardait les progrès des Chrétiens. Mais ceux-ci remportèrent en 1212 la victoire décisive de *Las Navas de Tolosa* et bientôt les Musulmans n'eurent plus que le petit royaume de Grenade : du moins le conservèrent-ils jusqu'en 1492.

Innocent III prit à cœur également la conversion des Slaves encore païens établis sur le rivage méridional de la mer Baltique. Déjà au XIIe siècle, Allemands et Polonais avaient commencé l'évangélisation des Poméraniens. Ils continuèrent leur œuvre en Prusse, puis en Livonie et en Esthonie jusqu'au golfe de Finlande. Contre les Prussiens, païens endurcis, il fallut organiser une véritable croisade, dirigée par un ordre de moines soldats qui s'était créé en Palestine vers 1190, les *Chevaliers teutoniques*. Après une lutte sauvage d'un demi-siècle : (1231-1283), les Prussiens furent exterminés ou déportés et remplacés par des colons allemands.

5. La Croisade des Albigeois.

L'Europe occidentale et centrale était donc maintenant presque entièrement catholique. Mais depuis le douzième siècle s'y étaient développées bien des *hérésies*, c'est-à-dire des doctrines que l'Église jugeait erronées. La plus redoutable pour elle fut celle des *Albigeois*.

Les Albigeois tiraient leur nom de la ville d'Albi. Leur doctrine, qui venait d'Orient, ne conservait presque plus rien de chrétien. Ils croyaient qu'il y avait deux Dieux : un Dieu du Bien qui avait créé les âmes, et un Dieu du Mal qui, pour les faire souffrir, les avait enfermées dans des corps. Le Christ était, à leurs yeux, un ange envoyé par le Dieu du Bien pour délivrer les âmes prisonnières. Certaines âmes remontaient au ciel immédiatement après la mort, mais d'autres devaient, en manière de châtiment, continuer à vivre dans le corps d'un animal. Les prêtres ou *parfaits* vivaient dans le célibat et la pauvreté. Le discrédit où était tombée une partie du clergé catholique dans le Languedoc explique le progrès de l'hérésie

1. Par exemple les *Almoravides* au XIe siècle.

au cours du XIIe siècle. Le comte de Toulouse, *Raymond VI*, lui était d'ailleurs favorable et quelques-uns de ses vassaux les plus puissants étaient ouvertement hérétiques. Toutes les tentatives pour convertir les Albigeois par la douceur ayant échoué, Innocent III décida d'employer la force et prêcha la Croisade contre eux (1208).

Les Croisés, commandés par un seigneur des environs de Paris, *Simon de Montfort* conquirent rapidement une grande partie du Languedoc, mettant tout le pays à feu et à sang. Puis, quand Simon eut été tué devant Toulouse (1218), la Croisade reprit sous la direction du roi de France *Louis VIII*. Le Midi, terrifié, se soumit sans résister (1225-1226). Le *traité de Paris* (1229) donna au roi les régions de Nîmes, Beaucaire, Béziers et Carcassonne. Le reste du Languedoc fut laissé au comte de Toulouse, mais un habile mariage en prépara l'annexion pour plus tard au domaine royal.

Cependant l'hérésie n'avait pas disparu. La Papauté avait d'abord chargé les évêques de pourchasser et de juger les Albigeois, puis, vers 1230, elle confia cette mission à un ordre religieux qui venait de se fonder, l'ordre des *Dominicains*. Les juges qui faisaient l'enquête reçurent le nom *d'inquisiteurs*, c'est-à-dire enquêteurs. Ils pouvaient faire arrêter quiconque leur semblait suspect. L'inculpé ignorait le nom de ses accusateurs et n'avait pas d'avocat. S'il refusait de se reconnaître hérétique, on essayait de le faire avouer par le moyen de la *torture*, que jusqu'alors la justice d'Église avait refusé d'employer. L'inculpé qui abjurait (c'est-à-dire rejetait) l'hérésie était condamné à des peines plus ou moins graves ; celui qui s'y refusait (ou qui y retombait après avoir abjuré) était livré par l'Église au *bras séculier*, c'est-à-dire aux juges laïcs et brûlé vif. Le pieux roi saint Louis favorisa de tout son pouvoir le développement en France de l'Inquisition.

6. Création des Ordres mendiants.

Le début du XIIIe siècle fut encore marqué par la création de deux ordres religieux, les Franciscains et les Dominicains, aussi connus sous le nom d'Ordres mendiants.

Les Franciscains tirent leur nom de l'Italien *saint François d'Assise*. Fils d'un riche marchand d'Assise, François avait d'abord pensé devenir un brillant chevalier. Brusquement, il renonça à ses richesses et, avec quelques amis, laïcs comme lui, prêcha la pauvreté, le travail manuel, l'assistance aux malades, la mendicité pour se procurer de quoi vivre. Par humilité, il appela ses compagnons *Frères Mineurs* (c'est-à-dire plus petits, plus humbles que les autres). Ils ne pensait pas d'abord à les réunir en un ordre : ils furent pourtant les premiers membres de l'ordre des *Frères Mineurs* ou Franciscains.

Les Dominicains doivent au contraire leur origine à un prêtre, un Espagnol, *saint Dominique*. Frappé par les progrès de l'hérésie albigeoise dans le Languedoc, il se consacra à prêcher la pure doctrine catholique et à convertir les hérétiques. Puis, au bout d'une dizaine d'années, en 1215, il demanda à Innocent III d'autoriser la fondation de l'ordre des *Frères Prêcheurs* ou *Dominicains*.

7. Importance des Ordres mendiants.

Ces deux ordres étaient bien différents de ceux qui avaient été fondés jusque-là : *ils répondaient en effet à des nécessités qui, à ce moment-là, s'imposaient impérieusement à l'Église.*

La part prise par les questions politiques et économiques dans les préoccupations du Saint-Siège, le luxe et parfois l'avidité des membres de la Curie, la vie mondaine de beaucoup d'ecclésiastiques scandalisaient bien des âmes pieuses : l'Église leur paraissait renier l'idéal de sainteté et de pauvreté qu'avaient prêché le Christ et les Apôtres et qui est l'un des traits caractéristiques du christianisme. C'est pourquoi, par réaction contre les autres ordres, saint François et saint Dominique interdirent à leurs religieux de rien posséder : Mineurs et Prêcheurs devaient vivre de la charité publique. De là le nom de *Mendiants* qui leur fut donné.

En même temps, par suite de l'augmentation de la population et du développement des villes, les curés ne suffisaient plus à prêcher, à enseigner la catéchisme, à donner les sacrements. Les Mendiants voulurent leur venir en aide : au lieu de vivre à l'écart du monde dans des monastères, *ils se mêlèrent au peuple pour prêcher l'Évangile, ranimer la piété, dire la messe et confesser.* Leur succès fut d'autant plus grand que saint François et saint Dominique avaient aussi créé un ordre pour les femmes et même un troisième pour les laïcs : ceux-ci pouvaient en faire partie tout en continuant à vivre dans leurs familles et à s'adonner à leurs occupations habituelles[1].

Le Saint-Siège avait décidé que les membres des ordres mendiants seraient soustraits à l'autorité des évêques et ne dépendraient que de lui : aussi furent-ils *une milice toute dévouée à la Papauté.* Les papes choisirent parmi eux un grand nombre d'évêques[2]. Surtout ils se servirent d'eux pour défendre et propager la doctrine catholique. Les juges du tribunal de l'*Inquisition* furent, on l'a vu, des Dominicains. C'est aussi parmi les Dominicains et les Franciscains que se recrutèrent, à partir du milieu du XIIIe siècle, quelques-uns des *théologiens* les plus éminents de l'Église. C'est parmi eux enfin que l'on trouva les premiers *missionnaires :* des Franciscains furent envoyés au XIIIe siècle en Asie dans l'espoir de convertir au catholicisme les Mongols.

1. Ce troisième ordre s'appelle le *tiers ordre* et les laïcs qui en font partie sont des *tertiaires.* Le roi saint Louis fut un tertiaire franciscain.

2. Dans le premier siècle de leur existence, les ordres mendiants fournirent à l'Eglise 650 prélats, vingt cardinaux et deux papes.

Les progrès de la royauté sous Philippe Auguste

1. Circonstances favorables à Philippe Auguste.

Le fils de Louis VII, *Philippe Auguste* (1180-1223), était un tout jeune homme quand il arriva au trône. Mais il avait beaucoup d'ambition et peu de scrupules. Très brave, il n'avait pourtant rien d'un chevalier. Il ne faisait aucun cas des grands coups d'épée et n'aimait pas la guerre. Il préférait user de diplomatie et utiliser les circonstances favorables.

Dans sa lutte contre les Plantagenets, Philippe Auguste allait justement être très aidé par les circonstances. La force de ses adversaires était plus apparente que réelle. Leur autorité n'était guère respectée qu'en Angleterre en en Normandie. Ailleurs, la noblesse, très indocile, était toujours prête à se tourner vers le roi de France, suzerain des Plantagenets. Philippe Auguste sut admirablement se servir de l'avantage que lui donnait son titre de suzerain.

Il sut aussi mettre à profit les haines qui divisaient la famille des Plantagenets. Il soutint contre Henri II ses fils *Richard Cœur de Lion* et *Jean sans Terre*, puis Jean contre Richard, puis, contre Jean, son neveu *Arthur de Bretagne.*

Richard aurait pu être un adversaire très dangereux. Lui et Philippe Auguste étaient partis ensemble pour la troisième Croisade (1190), mais Philippe, prétextant une maladie, revint en France. Richard, au contraire, resta plusieurs années en Terre sainte, où il fit l'admiration de tous par sa folle bravoure — de là son surnom. A son retour il fut retenu prisonnier par l'empereur, tandis que Philippe Auguste intriguait contre lui avec Jean sans Terre. Aussi, dès qu'il fut délivré, Richard fit-il payer cher au roi de France sa trahison. Mais le hasard favorisa Philippe Auguste : Richard fut tué peu après au siège d'un château et Jean lui succéda (1199).

2. Effondrement de la puissance de Jean sans Terre.

Jean sans Terre (1199-1216) était, sous des dehors séduisants, hypocrite, cupide, sanguinaire, prêt à toutes félonies, tantôt insolent et brutal, tantôt lâche. En fait c'était un malade et par moments un demi-fou. Il se rendit très vite odieux à tous ses sujets et donna ainsi prise à son adversaire.

Un incident survint que Philippe Auguste exploita habilement. Le roi d'Angleterre s'étant rendu coupable d'une insulte à l'égard d'un de ses vassaux poitevins, celui-ci en appela au roi de France. Sommé de se justifier devant la Cour du roi, Jean refusa de comparaître. En conséquence il fut condamné comme félon à perdre tous les fiefs qu'il possédait en France. Philippe Auguste s'empara aussitôt de l'Anjou et de la Touraine, puis de la Normandie, où il prit le fameux château Gaillard, et enfin de la Bretagne, où aucun Capétien n'avait encore paru. Jean n'avait pas essayé de résister. De ses possessions en France il ne lui restait que le Poitou méridional et la Guyenne.

3. Echec de la coalition anglo-allemande. Bouvines.

Philippe Auguste put un instant caresser le rêve de s'emparer de l'Angleterre elle-même. En lutte avec Innocent II, Jean avait été excommunié et condamné à perdre son royaume. Mais il se réconcilia à temps avec le pape, et les espérances du Capétien s'évanouirent.

Pour se venger, Jean forma contre son rival une vaste coalition. Il appela à l'aide l'empereur, les comtes de Flandre et de Boulogne, des seigneurs de Hollande et de Lorraine. La France courut alors un terrible danger. Mais les alliés de Jean furent écrasés à *Bouvines*, près de Lille (1214), pendant que Jean était mis en fuite près d'Angers. La victoire de Bouvines, qui fut célébrée dans tout le royaume comme une victoire nationale, ne sauva pas seulement la France de l'invasion, elle amena en Allemagne la chute de l'empereur, qui fut remplacé par Frédéric II ; en Angleterre elle entraîna une révolte contre Jean.

Les provinces enlevées aux Plantagenets ne sont pas les seules qu'annexa Philippe Auguste. Il faut y ajouter l'Artois, la Picardie, l'Auvergne. A sa mort (1223) il laissait le domaine royal quintuplé.

4. Progrès de l'autorité royale.

Il laissait aussi l'autorité du roi fortifiée. Dans le domaine royal il institua des fonctionnaires nouveaux, les *baillis*. Jusqu'alors le domaine était administré par des *prévôts* ; ceux-ci achetaient leur charge et ne pouvaient donc être révoqués ; aussi se montraient-ils souvent indociles. Philippe Auguste les fit surveiller par des baillis, qu'il nommait et renvoyait à son gré. Les baillis furent d'abord des inspecteurs ; plus tard ils devinrent sédentaires. Plusieurs *prévôtés* formaient le ressort d'un *baillage*. Dans l'ouest et dans le midi de la France les baillis s'appelaient *sénéchaux* et les baillages portaient le nom de *sénéchaussées*.

Désireux d'avoir toujours à sa disposition quelques milliers de soldats bien entraînés, Philippe Auguste constitua une petite *armée de métier*. Pour trouver l'argent nécessaire à sa solde, il leva un impôt spécial sur les roturiers exemptés du service militaires.

Maître dans son domaine, Philippe Auguste essaya aussi d'*affaiblir la puissance des grands barons*. Il exerça très fermement ses droits de seigneur suprême et contraignit ses vassaux à remplir strictement le devoir féodal. Il tenta de limiter le droit de guerre privée. Il décida que certains procès ne pourraient être jugés que par le roi. Il protégea les petits vassaux, que menaçait un puissant seigneur, en partageant avec eux l'administration de leur fief : les attaquer eût été dès lors attaquer le roi. Il osa même intervenir dans les fiefs de ses vassaux et prendre sous sa protection directe certains de leurs sujets. Une ville, une association de marchands, un simple particulier, pouvaient être ainsi placés sous la *sauvegarde du roi* : désormais ils ne relevaient plus que du roi.

Souvent Philippe Auguste *favorisa les petits contre les grands.* Il le montra dans le choix de ses conseillers. Pour prendre des décisions importantes, il réunissait bien auprès de lui ses grands vassaux — cette assemblée temporaire formait comme sous ses prédécesseurs le Cour du roi — mais, en temps ordinaire, ses collaborateurs immédiats, ceux qui l'aidaient quotidiennement à gouverner et à juger, étaient de simples clercs et de petits seigneurs de la région parisienne.

5. Alliance de la bourgeoisie et de la royauté.

Tout ce que perdait la féodalité, la bourgeoisie le gagnait. Philippe Auguste fut le *protecteur des villes*, il confirma et augmenta leurs privilèges. Dans les pays qu'il venait de conquérir c'était un moyen de s'attacher ses nouveaux sujets. D'ailleurs les villes fournissaient de grosses sommes d'argent et de bons fantassins.

Le roi voulut même que *la bourgeoisie eût une part officielle dans le gouvernement.* Aux séances de la Cour du roi on vit les notables des villes à côté des barons et des prélats. Dans chaque ville où résidait un prévôt, quatre bourgeois devaient l'aider à administrer. Quand le roi partit pour la Croisade (1190), il laissa à six bourgeois de Paris la garde du Trésor et du sceau royal pendant son absence. C'était leur accorder la haute surveillance sur l'administration du royaume.

6. Paris capitale de la France.

Les premiers Capétiens n'avaient pas eu de résidence fixe et, jusqu'au dix-septième siècle, les rois de France furent souvent nomades. Cependant Philippe Auguste résida fréquemment à

Paris et en fit la capitale du royaume. Sous son règne, les quartiers de la rive droite, jusque-là peu peuplés, prirent une grande extension : c'étaient les quartiers industriels et commerçants. Il y éleva des halles, agrandit les marchés, et, un peu en dehors des murailles, il se bâtit la forteresse du *Louvre*. Philippe Auguste fit aussi paver certaines rues et entoura la ville d'un puissant mur d'enceinte[1]. Ce développement de Paris est comme le symbole de la puissance croissante de la royauté.

Après deux siècles de tâtonnements, la royauté capétienne avait vraiment pris son essor.

1. Certaines rues portaient les noms, qui parfois existent encore aujourd'hui, de quelque riche bourgeois ou d'un métier : la rue Aubry-le-Boucher, la rue Geoffroy-l'Asnier (un ânier qui portait son blé au moulin du Temple, c'est-à-dire de la forteresse des Templiers), la rue de la Verrerie où travaillaient les fabricants de vitraux, la rue de la Vannerie (exactement de l'Avannerie parce qu'on y trouvait les marchands d'avoine).

Le règne de saint Louis

1. Louis VIII et Blanche de Castille.

Le fils de Philippe Auguste, *Louis VIII*, ne régna que trois ans (1223-26). A sa mort, son fils — le futur saint Louis — était encore un enfant de douze ans. La reine mère, *Blanche de Castille*, devint régente. Même après que saint Louis fut devenu roi, elle continua à prendre une grande part au gouvernement.

Louis VIII et sa veuve surent continuer l'œuvre de Philippe Auguste. Une expédition contre les Albigeois, puis l'habile traité de Paris (1229) firent tomber dans la famille des Capétiens la majeure partie des États du comte de Toulouse. Un soulèvement des nobles, qui voulaient profiter de la régence pour affaiblir l'autorité royale, échoua devant l'énergie de Blanche de Castille. Enfin le roi d'Angleterre dut céder le Poitou.

2. La piété de saint Louis.

En 1235, lorsqu'il eut atteint l'âge de vingt et un ans, le fils de Blanche de Castille devint roi sous le nom de *Louis IX.* Il fut canonisé, c'est-à-dire déclaré *saint* par l'Église, très peu de temps après sa mort, et on l'appelle couramment *saint Louis.*

Le trait dominant de son caractère est en effet la *piété.* Sa mère avait dit un jour qu'elle préférerait le voir mourir plutôt que commettre un péché mortel. Toute sa vie, il resta fidèle à cet enseignement. Il fut avant tout un chrétien fervent. Il était très assidu aux offices, se levait régulièrement toutes les nuits pour chanter matines, portait sur la chair un cilice et, chaque vendredi, en mémoire de la mort de Jésus-Christ, se faisait donner la discipline avec des chaînettes de fer. L'un de ses plus grands bonheurs fut de pouvoir acheter à un empereur de l'empire latin de Constantinople les *reliques de la Passion :* pour les abriter il fit construire dans son palais, à Paris, la *Sainte Chapelle.* Sa piété explique aussi son attitude impitoyable à l'égard des hérétiques : il se montra très favorable à l'établissement de l'Inquisition en France.

Saint Louis pratiqua avec zèle la vertu chrétienne par excellence : la *charité.* Il était plein de pitié pour les misérables, il multiplia pour eux les institutions charitables ; il les recevait souvent à sa table ou les soignait lui-même.

Ce n'est pas seulement dans sa vie privée que Saint Louis voulait pratiquer les vertus chrétiennes, c'est aussi dans sa vie politique : *établir la justice en France, vivre en paix avec tous les pays voisins, partir pour la Croisade,* tel fut le triple idéal de sa vie.

3. Saint Louis : le roi justicier.

Saint Louis disait que le premier devoir d'un prince est de faire à chacun bonne justice. Aussi est-il resté dans l'imagination populaire le roi qui rend la justice lui-même, assis sous un chêne dans le bois de Vincennes. Il était très respectueux des droits d'autrui, mais savait aussi exiger qu'on le fût des siens. Ce souci de faire régner la justice lui fit prendre plusieurs mesures importantes.

Il publia une ordonnance pour définir, jusque dans les détails, les devoirs de ses fonctionnaires. Il les fit surveiller par des *enquêteurs*, presque toujours des religieux, qui devaient faire droit aux justes plaintes des habitants et mettre un terme aux exactions des prévots et des baillis. Il voulait la justice égale pour tous et il fit aussi surveiller les justices de ses vassaux; il n'hésita pas à condamner les barons brigands ou criminels à des peines très dures. Il ordonna d'ailleurs que de tous les tribunaux du royaume, même de ceux des plus puissants seigneurs, on pût en appeler au roi, comme au juge le plus impartial et le plus équitable. Le *droit d'appel* se développa beaucoup sous son règne. Par là s'établissait un lien entre le roi et tous ses sujets. Le tribunal du roi, auquel aboutissaient désormais beaucoup d'affaires, prit, à partir de saint Louis, le nom de *Parlement*.

Saint Louis voulut enfin que dans toute la France la *monnaie* fût bonne et stable. Il frappa à nouveau des pièces d'or. Les grands vassaux gardèrent le droit de battre monnaie, mais le roi leur interdit d'en faire de la mauvaise; il les contraignit même à accepter dans leurs fiefs, concurremment à la leur, la monnaie du roi.

4. Saint Louis : le pacificateur.

La guerre entre princes chrétiens semblait à saint Louis le pire des crimes, parce qu'elle donne aux chrétiens l'occasion de commettre de grands péchés. Son amour de la paix inspira tous ses actes à l'égard de ses vassaux et des princes étrangers.

En France il voulut que toutes les contestations fussent désormais réglées par voie de justice et non par voie des armes. S'il ne réussit pas à supprimer les tournois, il osa du moins interdire les guerres privées, même dans les fiefs de ses vassaux. Rien ne montre mieux son autorité, car la guerre privée apparaissait, dans la société féodale, comme un droit.

Dans ses rapports avec les autres rois saint Louis apporta le même souci de justice et de paix. Au début de son règne il avait dû combattre le roi d'Angleterre *Henri III*, mais il désirait vivement mettre fin au conflit qui, depuis un siècle, opposait les Plantagenets et les Capétiens. En 1259, il signa avec l'Angleterre le *traité de Paris.* Il renonçait spontanément à ses droits sur le Limousin et le Périgord; en revanche Henri lui reconnaissait officiellement la possession de la Normandie, de l'Anjou, de la Touraine et du Poitou; de plus il se déclarait vassal lige du roi de France pour le duché de Guyenne.

En d'autres circonstances, saint Louis fut l'arbitre équitable dont on recherche la médiation. Il essaya de réconcilier le pape et l'empereur Frédéric II, Henri III d'Angleterre et ses sujets révoltés contre lui. Son honnêteté et sa droiture lui donnaient un prestige qu'aucun roi, aucun pape, n'avait encore eu. Il exerça en Europe, par le seul ascendant de ses vertus, une véritable suprématie morale.

5. Saint Louis : le Croisé.

Une guerre pourtant paraissait à saint Louis légitime et même excellente : la guerre contre les «Infidèles», Les Musulmans. Il fut toute sa vie obsédé par l'idée de la Croisade, et il se croisa à deux reprises.

En 1248, il fit voile vers l'*Égypte.* Mais, après quelques succès, les Croisés furent surpris par la crue du Nil, atteints par une épidémie, accablés enfin par les Musulmans. Ils durent se rendre et n'obtinrent la liberté que contre d'énormes rançons.

En 1270 saint Louis, quoique malade, partit pour *Tunis.* Il espérait convertir le sultan de cette ville et, avec son aide, attaquer de nouveau l'Égypte. Mais à peine arrivé sous les murs de Tunis, il fut emporté par la peste et mourut en balbutiant le mot : Jérusalem.

6. Importance du règne de saint Louis.

Le règne de saint Louis est une grande époque de l'Histoire de France. Le royaume était en paix, mieux gouverné et plus justement que tous les autres. L'Europe entière se tournait vers saint Louis, non parce qu'il était un grand conquérant, mais parce qu'il était un saint. Notre littérature, nos cathédrales étaient partout admirées et, de partout; les étudiants affluaient à l'Université de Paris.

Plus qu'aucun de ses prédécesseurs ou de ses successeurs, saint Louis a contribué, par le souvenir de ses vertus et de sa justice, à créer dans le cœur de tous les Français, même les plus humbles, un profond *sentiment d'amour et de respect pour la royauté.* Quand on avait appris son emprisonnement en Égypte, une multitude de pauvres gens avait décidé de partir pour l'aller délivrer. Vingt ans plus tard, à l'annonce de sa mort à Tunis, un poète anonyme exprima en vers touchants la douleur de ceux dont saint Louis avait toujours pris la défense :

«Droit est enseveli et royauté est morte...
A qui se pourront mais (désormais) les pauvres gens clamer
Quand le bon roi est mort, qui tant les sut aimer?»

Le règne de Philippe le Bel

1. L'influence des légistes.

Philippe le Bel était le petit-fils de saint Louis. Nous ne savons presque rien de son caractère ; mais son long règne (1285-1314) a une importance capitale. Le domaine royal s'agrandit de la *Champagne*, dot de la reine, de *Lyon* et d'une petite partie de la Flandre avec la ville de *Lille*.

Ce qui distingue ce règne de tous les autres, et surtout de celui de saint Louis, c'est la place qu'y ont tenue les *légistes*. On appelait ainsi ceux qui se consacraient à l'étude du droit et particulièrement du droit romain. Or la loi romaine proclamait que le prince doit être le maître de tous ses sujets. Dans le régime féodal, au contraire, le roi n'a d'autorité que sur ses vassaux directs ; encore ses droits sur eux sont-ils limités. *Les légistes voulaient que le roi eût dans son royaume le pouvoir absolu que possédaient jadis les empereurs romains.*

Ces hommes, en général d'humble origine, se montrèrent durs, sans scrupules, prêts à tout pour arriver à leurs fins. Mais ils furent toujours soutenus par le roi. Le plus célèbre fut *Guillaume de Nogaret*, un ancien juge. C'est lui qui, semble-t-il, a joué le premier rôle dans les deux grandes affaires du règne : le conflit avec le pape Boniface VIII et la condamnation des Templiers.

2. Le conflit avec Boniface VIII.

Le pape *Boniface VIII* (1294-1303) était un vieillard orgueilleux et intraitable. Il entra en conflit avec Philippe le Bel parce que celui-ci avait levé des impôts sur le clergé sans demander l'autorisation du Saint-Siège, et avait même arrêté, sous l'inculpation de trahison, un légat pontifical. En 1301 le pape osa convoquer à Rome les prélats français pour discuter avec eux des réformes à apporter au royaume.

Pour résister à ces prétentions Philippe le Bel ne se contenta pas de réunir la Cour du Roi, comme eussent fait ses prédécesseurs. Il voulut s'appuyer sur la nation entière. Il lança une violente campagne de propagande contre le pape dans l'espoir de soulever ainsi l'indignation de tout le peuple. Puis il réunit à Paris, en 1302, une Assemblée où l'on trouvait, à côté de nobles et de prélats, les représentants d'un grand nombre de villes. Il y fit résumer par un légiste ses griefs contre Rome, affirma que le pape voulait lui arracher le pouvoir pour gouverner lui-même les Français et demanda aux assistants de le soutenir. Tous le lui promirent. Le pape riposta avec colère et, dans la bulle *Unam sanctam*, proclama une fois de plus la supériorité du Saint-Siège sur les rois et son droit de les déposer. Il n'y avait dans ses affirmations guère plus que dans celles d'Innocent III, mais le ton était plus brutal. Surtout il se trouvait maintenant en France des hommes décidés à s'opposer par tous les moyens aux prétentions pontificales.

3. L'affaire d'Anagni.

Or Boniface VIII avait, en Italie, beaucoup d'adversaires, qui l'accusaient de professer des doctrines hérétiques et même d'avoir fait assassiner son prédécesseur. Philippe le Bel a-t-il cru de bonne foi à ces accusations ? Toujours est-il qu'il se rallia au plan que lui proposa Nogaret : faire juger le pape par un concile. A nouveau il voulut donner l'impression que la France entière le soutenait : des fonctionnaires allèrent par tout le royaume recueillir les adhésions des chapitres, des couvents, des bourgeois au procès du pape. Presque personne n'osa refuser (1303).

Pendant ce temps Nogaret se rendait en Italie, *à Anagni*, près de Rome, où résidait alors le pape, pour le citer à comparaître devant le concile. Les chefs de la famille italienne des Colonna en profitèrent pour arrêter Boniface VIII, dont ils étaient depuis longtemps les adversaires (septembre 1303). Celui-ci fut, il est vrai, délivré peu après par la population d'Anagni, mais il mourut quelques semaines plus tard.

4. Conséquences de l'attentat d'Anagni.

La mort de Boniface VIII eut de très graves conséquences. D'une part Philippe le Bel réussit à faire nommer pape un Français, l'évêque de Bordeaux. Celui-ci, connu sous le nom de *Clément V*, leva les excommunications lancées contre le roi qui, dit-il, n'avait agi dans toute l'affaire que «par un zèle bon et pieux». D'autre part, Clément V ne se rendit pas à Rome; il vint habiter la ville d'*Avignon*, alors possession du roi de Naples. Pendant près de soixante-dix ans ses successeurs, tous Français, restèrent à Avignon et se montrèrent dociles à l'égard des rois de France. Les Italiens mécontents appelèrent cette période la *Captivité d'Avignon* (1309-1376).

Enfin la mort de Boniface VIII porta un coup très grave aux prétentions des papes à dominer les rois. Désormais l'indépendance politique des princes et des États à l'égard de la Papauté fut définitivement établie. Là où Frédéric Barberousse et Frédéric II avaient échoué, Philippe le Bel et ses légistes avaient réussi.

5. Les besoins d'argent. L'affaire des Templiers.

Si puissante que fût devenue la royauté, elle avait souvent des embarras d'argent. Le domaine s'était beaucoup accru depuis le commencement du treizième siècle, les fonctionnaires étaient devenus très nombreux, les guerres coûteuses. Le roi ne pouvait plus se contenter du revenu du domaine et des aides féodales. Il lui arriva de lever une «aide de l'armée» sur tous ceux qui n'étaient pas mobilisés : ainsi apparaissait l'idée d'un *impôt universel.* Mais il devait user de ménagements, car les seigneurs voyaient d'un mauvais œil le roi lever des taxes sur leurs vassaux et leurs paysans.

Il se rabattit donc sur des expédients. Il demanda de l'argent au clergé, il multiplia les emprunts forcés, il fit varier le taux de la monnaie, il expulsa les Juifs pour confisquer leurs biens. Enfin c'est peut-être par besoin d'argent qu'il s'engagea dans l'affaire des Templiers.

Les *Templiers*, créés pour la défense de la Terre sainte, s'étaient établis en Europe après la perte de la Palestine. Forts riches — ils servaient de banquiers aux papes et aux princes, notamment aux rois de France — ils avaient souvent mauvaise réputation. Nogaret conseilla à Philippe le Bel d'agir envers eux comme il avait voulu agir envers Boniface VIII : arrêter les Templiers et faire supprimer l'ordre par un concile. Arrêtés en masse le même jour (1307), mis à la torture, les malheureux avouèrent tout. En même temps le roi faisait appel, une fois encore, à l'opinion publique, réunissait à Tours une Assemblée devant laquelle il énumérait les crimes des inculpés. Ceux des Templiers qui rétractèrent leurs aveux furent brûlés vifs, au nombre d'une soixantaine.

Après quoi Philippe le Bel obtint du pape Clément V, par des menaces, la suppression de l'ordre des Templiers.

6. La fin des Capétiens directs.

Philippe le Bel laissait trois fils qui furent rois l'un après l'autre (1314-1328). Chacun n'avait que des filles, et, par trois fois, on les écarta du trône. En 1328 se termina donc la dynastie des *Capétiens directs*[1]. La couronne passa à un neveu de Philippe le Bel, Philippe de Valois, qui prit le nom de *Philippe VI.* Il inaugura la dynatie des *Capétiens Valois.*

L'œuvre des Capétiens directs avait été immense. D'une part ils avaient rattaché beaucoup des grands fiefs au domaine royal,

1. La décision d'écarter les femmes du trône de France fut appelée plus tard la *loi salique*, du nom d'une loi des Francs Saliens, à laquelle, disait-on, on l'avait empruntée.

d'autre part ils avaient créé une administration déjà forte et centralisée. La royauté française était, en 1328, la mieux obéie et la plus puissante qui fût en Europe.

L'Angleterre au XIIIe siècle
Les progrès du Parlement

1. Mauvais gouvernement de Jean sans Terre.

Le règne de Jean sans Terre fut une période néfaste pour l'autorité royale en Angleterre. A peine le roi avait-il perdu la plupart de ses fiefs français que ses grands vassaux se révoltèrent contre lui et il fut contraint d'en passer par leurs exigences.

Il est vrai qu'il gouvernait très mal. Il entra en conflit avec Innocent III à propos de la nomination d'un archevêque, et il faillit y perdre sa couronne. Le pape en effet le déposa et offrit le royaume d'Angleterre à Philippe Auguste. Jean dut s'humilier; il alla jusqu'à se reconnaître vassal du Saint-Siège : lui et ses successeurs tiendraient désormais leur couronne du pape.

A peine ce confit était-il apaisé qu'un autre commençait entre le roi et ses vassaux. Les prélats se plaignaient que Jean nommât ses amis, même indignes, aux hautes fonctions ecclésiastiques. Les barons lui reprochaient de vouloir les envoyer faire la guerre en France, de ne pas observer les coutumes féodales, d'élever démesurément le taux des aides, de laisser ses fonctionnaires se conduire en vrais tyrans. Depuis Henri II, en effet, le pouvoir royal s'était beaucoup développé au détriment des seigneurs. *Tous demandaient que l'on observât les anciennes chartes*, antérieures au règne d'Henri II.

Le roi aurait peut-être pu résister si sa politique extérieure n'avait été désastreuse. Mais, au lendemain de sa défaite près d'Angers et de celle de ses alliés à Bouvines (1214), les barons vinrent lui présenter brutalement leurs revendications. Elles étaient inscrites dans un document célèbre que l'on appelle la *Grande Charte*. Jean, abandonné de tous, fut contraint de l'accepter (1215).

2. La Grande Charte.

Le roi s'engageait à observer les droits traditionnels du clergé, de la noblesse et des bourgeois, il restituait les sommes qu'il avait extorquées et les biens qu'il avait illégalement confisqués ; ses fonctionnaires n'empiéteraient plus à l'avenir sur les droits de ses vassaux ; les impôts féodaux seraient désormais moins lourds et le roi ne pourrait établir de taxes exceptionnelles qu'avec l'assentiment de ses sujets. Si Jean n'observait pas la Charte, les barons auraient le droit de s'emparer de ses châteaux jusqu'à ce qu'il eût cédé.

La Charte voulait donc seulement *rétablir le passé*, en revenir au temps où le pouvoir royal n'était pas aussi fort qu'il l'était devenu sous les Plantagenets. D'ailleurs ce retour au passé ne favorisait guère que les hauts barons, les évêques et les bourgeois de quelques villes, particulièrement de Londres. Il faut se rappeler que la majorité des Anglais était alors composée de serfs et que la Grande Charte ne s'appliquait qu'aux hommes libres. Elle est surtout *une victoire de la noblesse sur les empiètements de la puissance royale*.

Le roi avait dû souscrire aux exigences de ses adversaires. Mais il fut soutenu par Innocent III qui cassa la Grande Charte. Furieux, les barons déclarèrent Jean sans Terre déchu et offrirent la couronne au fils de Philippe Auguste. Celui-ci accepta, malgré les anathèmes du pape ; il avait déjà débarqué en Angleterre lorsque Jean mourut brusquement. Les barons se rallièrent au fils de Jean, qui fut élu sous le nom de Henri III, quand il eut juré la Grande Charte (1216).

3. Mécontentement général contre Henri III.

Barons et prélats ne furent guère plus satisfaits du gouvernement d'*Henri III* (1216-1272), que de celui de son père. Le roi, de caractère faible, donnait toutes les bonnes places aux étrangers que sa femme, une princesse, provençale, ou sa mêre, remariée à un seigneur du Poitou, amenaient avec elles. Il se montrait surtout d'une docilité extraordinaire à l'égard du pape, gaspillait des sommes énormes pour l'aider à lutter contre l'empereur Frédéric II, le laissait nommer des Italiens comme évêques et abbés en Angleterre. Enfin, au-dehors, la politique anglaise ne connaissait guère que des échecs.

Ce mauvais gouvernement mécontenta les grands vassaux d'Henri III. Ils ne cachaient pas leurs sentiments lorsqu'ils venaient à la Cour du Roi ou, comme on disait déjà, au *Parlement.* La Cour du Roi, chez les Plantagenets, étaient semblable à celle des Capétiens : elle comprenait d'une part les conseillers ordinaires du roi et d'autre part les hauts barons et les prélats qu'il réunissait auprès de lui dans les circonstances importantes. Le roi pouvait d'ailleurs y convoquer qui il voulait et il y appelait parfois des membres de la petite noblesse, ceux qu'on nommait *chevaliers.* A partir du milieu du treizième siècle, *le mot de Parlement, qui à la même époque désignait en France le tribunal royal, servit à désigner en Angleterre la Cour du Roi.*

Dans le Parlement le mécontentement croissait. En 1258 les nobles, accablés d'impôts, décidèrent d'en finir. Ils prirent pour chef l'un d'entre eux, *Simon de Montfort*, fils du vainqueur des Albigeois (sa mère était anglaise et il possédait un fief en Angleterre). C'était un homme de caractère dur, impérieux et fanatique. D'abord ami intime d'Henri III dont il avait épousé la sœur, il s'était brouillé avec lui.

4. Dictature et échec de Simon de Montfort.

Cette fois-ci les nobles allèrent beaucoup plus loin qu'en 1215. Ils mirent la Royauté complètement en tutelle. A la tête de l'État un conseil de quinze barons aurait tous les pouvoirs ; les hauts fonctionnaires seraient nommés par le Parlement et responsables devant lui ; dans chaque comté le fonctionnaire royal, *le sheriff*, serait surveillé par quatre chevaliers. Tout le pouvoir passait donc à la noblesse. Henri III fut obligé de subir ces exigences et, quand il essaya de se révolter quelques années plus tard, il fut battu et fait prisonnier (1264).

Simon de Montfort devint un véritable dictateur, mais il gouvernait de façon despotique et cruelle. Beaucoup de nobles l'abandonnèrent et revinrent au parti du roi. Il essaya alors de s'appuyer sur la bourgeoisie, et, en 1265, il convoqua un Parlement où, pour la première fois, on vit les députés des villes siéger à côté des membres du clergé et de la noblesse. Mais, peu après, il fut tué et rien ne subsista de son œuvre.

5. Progrès du Parlement.

Les stipulations de la Grande Charte conservaient du moins leur valeur et le successeur d'Henri III, son fils *Édouard Ier* (1272-1307), les confirma solennellement. Édouard fut un roi puissant ; il n'en dut pas moins convoquer fréquemment le Parlement parce qu'il avait besoin d'argent pour faire la guerre aux seigneurs d'Écosse et du Pays de Galles. Or, pour lever des impôts nouveaux, il fallait l'autorisation du Parlement. Comme Édouard Ier voulait diminuer la puissance de ses grands vassaux laïcs et ecclésiastiques, il s'appuya sur les chevaliers et sur les bourgeois. Reprenant la tentative de Simon de Montfort, il convoqua presque toujours à ses Parlements des représentants des villes. Le Parlement prit de plus en plus d'importance ; il lui arriva de refuser ce que le roi demandait. En 1327 il fit plus : il osa *déposer le fils d'Édouard Ier, le roi Édouard II.*

6. Chambre des Communes et Chambre des Lords.

Vers 1350 les membres du Parlement formèrent deux chambres séparées. Les hauts barons et les prélats, qui avaient toujours fait partie de la Cour du Roi, formèrent la *Chambre des Lords;* les chevaliers et les bourgeois qui, jusqu'au treizième siècle, n'en avaient pas fait partie, formèrent la *Chambre des Communes*. On continua d'ailleurs à appeler «Parlement» l'ensemble des deux Chambres. Le roi le convoquait dans l'abbaye de *Westminster*, près de Londres.

Les deux Chambres eurent à peu près les mêmes droits, mais il y eut toujours entre elles une grande différence. Les membres de la Chambre des Lords étaient nommés par le roi, et la dignité de lord devint vite héréditaire : le fils aîné — mais lui seul — devenait lord à la mort de son père. Au contraire les membres de la Chambre des Communes étaient élus par la petite noblesse des campagnes et par les bourgeois des villes ; ils représentaient leurs électeurs, comme nos députés représentent les électeurs français. Nous avons là l'origine de ce qu'on appelle le *gouvernement représentatif*. C'était quelque chose de tout nouveau. La Grèce et Rome, en effet, n'avaient connu que le *gouvernement direct*, où les citoyens n'élisent pas de députés mais viennent siéger eux-mêmes et forment l'Assemblée. C'est l'Angleterre du treizième siècle qui, la première, a introduit dans le gouvernement le régime représentatif, si répandu de nos jours.

On voit aussi combien le pouvoir royal différait en Angleterre et en France au milieu du quatorzième siècle. En France où l'autorité du roi avait commencé par être si faible au temps des premiers Capétiens, les légistes affirmaient que la volonté du roi a force de loi. En Angleterre le roi, jadis si puissant, était contraint de demander dans tous les cas importants l'assentiment du Parlement.

L'industrie au Moyen Age

1. Renaissance de l'industrie.

Nous avons vu que la ruine du commerce et des villes avait entraîné au début du Moyen Age la décadence de l'industrie. Mais, à partir du onzième siècle, les progrès du commerce, l'enrichissement des villes, le développement du luxe amenèrent une véritable *renaissance de l'industrie*. On recommença à produire pour vendre. En même temps, les artisans d'Occident se mirent à l'école des Orientaux ; ils apprirent d'eux les procédés qu'ils ignoraient et bientôt ils leur firent concurrence.

2. Caractères de l'industrie au Moyen Age.

Les conditions du travail industriel étaient alors bien différentes de ce qu'elles sont aujourd'hui. Il n'y avait point de machines mues à la vapeur ou à l'électricité ; tout le travail se faisait à la main. On ne fabriquait que peu à la fois. Il n'y avait pas non plus de grandes usines : chaque patron travaillait dans un petit atelier avec quelques ouvriers, sous les yeux des passants.

Comme les communications étaient lentes, coûteuses, dangereuses même, chaque ville fabriquait tout ce qui était nécessaire pour la consommation de ses habitants et des paysans d'alentour. Au treizième siècle, deux régions seulement, dans l'Europe Occidentale travaillaient pour l'exportation : en France, la *Flandre*, c'est-à-dire une partie de la Belgique actuelle et nos départements du Nord et du Pas-de-Calais; en Italie, la *Toscane*, dont la principale ville était Florence. Flandre et Toscane étaient toutes deux spécialisées dans l'industrie du drap.

Enfin, dernier trait caractéristique, l'industrie était réglementée très strictement par les autorités de la ville.

3. Réglementation du travail.

Au Moyen Age le patron n'était pas libre de fabriquer, comme il lui plaisait, les objets qu'il mettait en vente : tout était réglementé, le mode de fabrication aussi bien que les conditions du travail.

En général il était interdit de travailler la nuit, car il y avait danger d'incendie et l'ouvrage de nuit risquait d'être moins bien fait. Les procédés de fabrication étaient fixés par les statuts des métiers.

Ceux-ci visaient à protéger l'acheteur contre les fraudes. Ils défendaient par exemple de mêler du lin à une corde de chanvre, et si l'on admettait les étoffes mélangées de fil de soie, c'était à condition que le fil fût bien apparent. Dans certains métiers, aucune marchandise ne pouvait être mise en vente avant d'avoir été reconnue bonne et d'avoir reçu la marque du métier. Les autorités avaient le droit de saisir les marchandises défectueuses et de condamner le marchand coupable à une forte amende ou même de lui interdire le métier. N'allons pas croire pourtant que le Moyen Age n'ait jamais connu la fraude. Parfois la municipalité fixait le prix des marchandises pour éviter une hausse du coût de la vie.

Ces précautions n'empêchaient pas d'ailleurs les rivalités entre métiers voisins : les tailleurs interdisaient aux fripiers de vendre des vêtements neufs; les cuisiniers interdisaient aux rôtisseurs de vendre des viandes en sauce; les rôtisseurs voulaient être les seuls à préparer des rôtis. Les procès entre drapiers, fouleurs et teinturiers durèrent plusieurs siècles.

4. Condition de l'ouvrier.

Il est très difficile de savoir quelle était la condition des ouvriers à cette époque ; les documents antérieurs au quatorzième siècle sont très rares. La journée de travail était plus ou moins longue selon les saisons, car elle durait en général du lever au coucher du soleil. Mais il y avait de nombreux jours de fête, et, le samedi, on quittait le travail plus tôt que les autres jours. Comme la concurrence était faible et que les marchandises se vendaient à un prix assez élevé, le patron pouvait donner à ses ouvriers des salaires suffisants.

Il n'y avait pas autant de différence que de nos jours entre patrons et ouvriers. Ils travaillaient ensemble dans l'atelier et menaient à peu près la même existence. Les *apprentis* étaient nourris et logés chez le patron. Celui-ci prenait l'engagement de leur apprendre le métier et de bien les traiter : il avait le droit de les battre, mais non de les faire corriger par autrui. En fait plus d'un patron se servait de l'apprenti comme d'un domestique. D'apprenti on devenait *compagnon*, c'est-à-dire ouvrier. Les compagnons s'engageaient à la journée, à la semaine ou à l'année. Dans les villes où il n'y avait pas de bureaux de placement, ils allaient sur la place publique, à un endroit convenu, pour se faire embaucher. Ils vivaient pour la plupart chez eux et à leurs frais, mais ils n'avaient pas le droit de travailler hors de l'atelier du patron. A condition d'avoir fait quelques économies, l'ouvrier pouvait devenir patron à son tour.

Sans doute, à cette époque, y avait-il aussi des mécontents qui exigeaient des salaires plus élevés. Le Moyen Age n'a pas ignoré les grèves. Mais ces conflits n'ont eu d'importance que dans les grandes régions industrielles de Flandre et de Toscane, où la condition des ouvriers était particulièrement dure.

5. Les confréries.

Les membres d'un même métier se retrouvaient dans des associations d'un caractère purement religieux, les *confréries*. Mais ils n'étaient pas contraints d'en faire partie, et tous y jouissaient des mêmes droits : dans la confrérie, l'apprenti était l'égal du maître.

La confrérie avait son *patron*, c'est-à-dire son protecteur au ciel, choisi parmi les saints ou les saintes qui, d'après la tradition, avaient exercé le métier : saint Crépin pour les cordonniers, saint Joseph pour les charpentiers, saint Pierre pour les boulangers, saint Fiacre pour les jardiniers, etc. Elle entretenait dans l'église une chapelle dédiée au saint et y faisait célébrer les services divins.

Chaque confrère versait une cotisation pour alimenter la caisse de la société. La confrérie était, en effet, une véritable *société de secours mutuel*; elle venait en aide aux orphelins, aux veuves et aux vieux ouvriers; dans certains cas elle prenait à ses frais les obsèques de ses membres. Parfois même, elle secourait ceux qui ne faisaient pas partie du métier : à Paris les orfèvres laissaient une de leurs boutiques ouverte le dimanche et le produit de la vente de ce jour servait à donner chaque année un repas aux pauvres de l'Hôtel-Dieu. Les confréries distribuaient aussi des vivres et des vêtements dans les hospices et les prisons.

6. Les corporations.

Dans certaines villes les travailleurs de certains métiers étaient tenus de former des groupements particuliers qu'on appelait *communauté de métiers ou jurandes* et qu'on nomma, beaucoup plus tard, *corporations.*

La corporation avait le *monopole* de la profession : on ne pouvait exercer le métier dans la ville qu'en entrant dans la corporation. Les chefs de la corporation, ou *jurés*, fixaient le nombre des apprentis que chaque maître avait le droit d'avoir, et les conditions que l'ouvrier devait remplir pour pouvoir devenir *maître*, c'est-à-dire patron. Ils faisaient une enquête pour savoir si le candidat avait bonne réputation et s'il était assez riche pour s'établir à son compte. Pour juger de sa capacité ils lui faisaient fabriquer quelque pièce du métier, ce que l'on appelait le *chef-d'œuvre.*

Au treizième siècle les corporations étaient encore inconnues dans la plupart des villes. Même là où elles existaient, elles étaient loin d'englober tous les métiers : à Paris elles n'en groupaient pas le tiers. C'est beaucoup plus tard, à partir du dix-septième siècle, que les corporations se généralisèrent dans tout le royaume.

Le grand commerce — Les foires

1. Caractères du commerce.

Comme l'industrie, le commerce était au Moyen Age bien différent de ce qu'il est aujourd'hui. Le petit commerce n'existait guère : on achetait en effet directement au producteur, c'est-à-dire au petit patron qui, dans son atelier, avait lui-même fabriqué la marchandise. Seul comptait le grand commerce, celui où des marchands allaient chercher au loin les produits rares et précieux, ou bien achetaient et vendaient aux foires internationales.

Le métier de marchand n'était pas sans péril. Les routes étaient mauvaises et peu sûres. On risquait toujours d'être détroussé par des brigands ou des seigneurs cupides : aussi les marchands voyageaient-ils en groupes et armés. De plus le commerce était entravé par les innombrables droits ou péages qu'il fallait sans cesse acquitter à l'entrée et à la sortie de chaque seigneurie, de chaque ville, sur chaque pont. Enfin la monnaie était rare et variait d'un fief à l'autre.

2. Renaissance du commerce.

Cependant, à partir du douzième siècle, les conditions du commerce s'améliorèrent. On créa des routes nouvelles, on éleva des ponts, tel le pont d'Avignon (1177-1189), on construisit des hôtelleries, des refuges dans les montagnes, aux cols les plus fréquentés. En même temps de grands progrès dans l'*attelage du cheval* facilitèrent le charroi des matières lourdes. Sur mer la navigation devint moins périlleuse, grâce à la construction de *phares*, à l'établissement de *cartes marines*, à l'usage du *gouvernail*, enfin à l'emploi de la *boussole* qui permit de s'orienter sûrement et par tous les temps. Enfin les opérations de banque se développèrent pour le plus grand profit du commerce : les gens riches fournirent aux marchands des *capitaux*, c'est-à-dire de l'argent, moyennant une part dans les bénéfices commerciaux.

3. Les Hanses.

Pour mieux défendre leurs intérêts, les marchands firent comme les artisans ; ils s'associèrent. Les associations de marchands s'appelaient *hanses*. Telle fut à Paris la Hanse des Marchands de l'eau. Ses membres avaient le monopole des transports sur la Seine entre Paris et Mantes. A leur tête se trouvait le *prévôt des marchands*, qui finit par devenir une sorte de maire de Paris ; encore aujourd'hui les armes de la ville de Paris (un navire) sont celles de la Hanse des Marchands de l'eau.

Certaines hanses groupaient des marchands originaires de villes différentes mais qui faisaient le commerce dans les mêmes régions. La *Ligue Hanséatique* — on l'appelle souvent tout simplement *la Hanse* — comprit ainsi aux quatorzième et quinzième siècles la plupart des villes allemandes qui commerçaient dans la mer du Nord et la mer Baltique.

4. Le commerce en Méditerranée.

La Méditerranée resta le centre le plus actif du commerce maritime. Les Croisades, la fondation de principautés féodales dans le Levant avaient donné un grand essor au commerce méditerranéen. Jusqu'à la fin du onzième siècle c'étaient les Orientaux qui apportaient à l'Europe les denrées dont elle avait besoin. Désormais les marchands d'Italie, du Languedoc, d'Espagne vinrent directement les chercher en Orient. A Alexandrie en Égypte, dans l'île de Chypre, à Beyrouth et Tripoli en Syrie, dans les ports de l'Empire byzantin, ils possédaient des *comptoirs.* Ils y achetaient principalement les épices, dont les hommes du Moyen Age faisaient un si grand usage dans la cuisine et la pharmacie, puis les parfums comme l'encens et le musc, les plantes tinctoriales qui servaient à teindre les étoffes et à colorier les manuscrits, enfin les soieries et les mousselines, les tapis, les perles, les verreries. De Crimée venaient le blé, les poissons, les peaux. En échange, les marchands occidentaux apportaient le plomb et l'étain, les vins, les armes, les toiles de lin et de chanvre et surtout les draps de Flandre et de Toscane.

De nombreuses villes s'enrichirent dans le commerce méditerranéen : *Marseille* et *Barcelone* étaient en relation avec l'Afrique du Nord et la Syrie, mais elles venaient loin derrière *Gênes* et *Venise.*

Les Gênois prirent la première place dans l'Empire byzantin et en Crimée. Les Vénitiens dominèrent l'Adriatique, l'Archipel et trafiquèrent surtout avec Alexandrie. Vénitiens et Génois entrèrent même en relations directes avec l'Extrême-Orient. A l'époque où mourait saint Louis, le Vénitien *Marco Polo* alla jusqu'en Chine où il séjourna dix-sept ans : trois ans après son retour, il dictait le *Livre des Merveilles*, récit de son prodigieux voyage.

5. Le commerce dans l'océan Atlantique.

Le commerce dans l'Atlantique, d'abord moins actif, se développa à partir du douzième siècle, lorsque presque toute l'étendue des côtes françaises de l'Atlantique fut aux mains des rois Plantagenets. Des relations étroites se nouèrent entre l'Angleterre et les ports d'Aquitaine, surtout *Bordeaux* qui, en une seule année (1299), expédiait à Londres 173 bateaux chargés de vin.

En même temps le commerce dans la mer du Nord et la mer Baltique, qui avait été longtemps le monopole des Danois, passa aux mains des marchands allemands. Les régions slaves à l'est de l'Elbe avaient été christianisées et mises en valeur par des paysans venus de Hollande et des bords du Rhin. Les marchands de la ville de *Lubeck* recevaient les produits de l'Allemagne du Nord et aussi ceux de la Russie occidentale. Ils les apportaient à Bruges, d'où ils revenaient avec des cargaisons de laine brute, de draps, de sel, de vins et d'épices.

Bruges, sur la côte de Flandre, était à la fin du treizième siècle le plus grand port océanique. Il recevait d'Angleterre la laine ; d'Espagne le fer ; de France les vins et le sel ; de Scandinavie et de Russie les fourrures, le bois, le goudron, les peaux, le blé, la cire ; enfin, par la Meuse, le Rhin et l'Escaut, lui arrivaient les marchandises d'Italie et d'Orient. Avec ses deux avant-ports, ses digues, ses phares, ses quais où s'entassaient, dit un contemporain, les richesses de trente contrées différentes, Bruges était la Venise du Nord.

6. La routes de terre. Les foires de Champagne.

Sur terre, la principale route du commerce au treizième siècle, était celle qui reliait l'Italie et, par elle, tout l'Orient à la Flandre et à l'Angleterre. Placée entre la Flandre et l'Italie, c'est-à-dire entre les deux plus riches pays industriels et marchands, la France occupait donc une situation privilégiée. C'est sur son territoire, en Champagne, que se tenaient les plus grandes *foires*. Les marchands italiens y arrivaient en remontant le Rhône et la Saône, ou en traversant les Alpes aux cols du Cenis ou du Grand-Saint-Bernard.

Les foires de Champagne avaient lieu six fois par an ; les deux principales étaient la foire de mai à *Provins* et la foire de juin à *Troyes* ; chacune durait environ cinquante jours. C'étaient de grands marchés internationaux où s'échangeaient toutes les denrées dont nous avons parlé. Français et Flamands y coudoyaient les Italiens, les Espagnols, les Provençaux et même les Musulmans.

7. Importance de l'argent.

Dans les derniers jours de foire, les ventes terminées, les marchands faisaient place aux *banquiers*. C'est là ce qu'il y a de plus nouveau dans les foires de Champagne. Jusqu'au douzième siècle la monnaie était très rare; maintenant le numéraire reparaît. Les États commerçants se donnent des monnaies de bon aloi, comme le *sterling*, pièce d'argent anglaise. Ils frappent même des pièces d'or : *l'écu* en France, le *ducat* à Venise, le *florin* à Florence. Les opérations de banque, qui avaient presque cessé depuis la fin de l'Empire romain, recommencent. Au treizième siècle, les banquiers — on les appelait *changeurs* — étaient surtout des Italiens de *Sienne* et de *Florence*. Déjà ils disposaient de capitaux importants et se livraient à presque toutes les opérations de banque que leurs successeurs font encore aujourd'hui.

Cette importance de l'argent dès la fin du XIIe siècle constituait une véritable *révolution économique* : songez que depuis plus de huit siècles la terre était dans l'Europe occidentale la seule richesse et l'agriculture la seule ressource. Cette révolution économique fortifia, au détriment de la noblesse attachée à la terre, la bourgeoisie attachée à l'argent.

La vie de tous les jours aux XIIe et XIIIe siècles

1. L'habitation.

Dans les villes, les logements étaient souvent exigus. La place manquait pour construire les maisons. Entourées de leur ceinture de remparts, les villes ne pouvaient pas facilement s'agrandir au fur et à mesure que leur population s'accroissait.

Si l'on accepte les demeures des seigneurs et des riches bourgeois, la pièce principale de la maison était la cuisine, avec la grande cheminée. Les Anciens ne connaissaient pas les cheminées : ils utilisaient des braseros portatifs, c'est-à-dire des sortes de bassins de métal où l'on brûlait du bois ou du charbon de bois. Les premières cheminées furent de grands braseros fixes, de forme circulaire qui se plaçaient au centre de la pièce : la fumée se répandait partout. A partir du XIIe siècle, on adossa la cheminée au mur et la fumée sortit par le toit. Au-dessus des chenets où brûlaient d'énormes bûches, pendait la tige de fer de la *crémaillère* : c'est là qu'on attachait la marmite. A portée de la main, il y avait l'écumoire, la cuiller à pot, les broches, les pincettes, le tisonnier et le soufflet (inventé au

XIIe siècle). Le long du mur, on trouvait le coffre où l'on pétrissait le pain et où on le conservait quand il était cuit. On mangeait à une longue table — on ne prenait place que d'un côté, l'autre côté restant libre pour le service — et l'on s'asseyait sur un banc ou sur des escabeaux.

Dans les chambres, les lits, toujours de bois, étaient placés en lits de milieu, ne touchant le mur que par la tête. Ils étaient entourés de rideaux ou *courtines*. Sur la paillasse, bourrée de foin ou de paille, on plaçait un matelas de laine ou de coton. Par-dessus les couvertures, on étendait une sorte d'édredon, la *courtepointe*, emplie de coton. Avant de se coucher on déposait ses habits sur une perche placée horizontalement à l'exception de la chemise qu'on glissait sous l'oreiller. Les vêtements en réserve n'étaient pas, comme aujourd'hui, pendus dans une armoire mais, comme chez les Grecs et les Romains, placés dans un coffre semblable à une grande malle.

Il n'y avait pas de carreaux de verre aux fenêtres, mais des feuilles de parchemin huilé. Le soir, on s'éclairait avec des chandelles de suif qui donnaient beaucoup de fumée.

Chez les riches, le luxe se développa au XIIIe siècle. Les murs des pièces furent tendus de toiles peintes ou de cuirs de Cordoue gaufré ou doré. L'ensemble de ces tentures constituait ce qu'on appelait la *chambre*. Les fenêtres furent garnies de vitraux, faits de morceaux de verre colorés et sertis dans d'étroites lames de plomb. On eut des chaires, semblables à de grands fauteuils, souvent ornées de sculptures. La vaisselle ordinaire se rangeait dans un buffet, mais, pour mettre bien en vue la vaisselle précieuse, on la plaçait sur un *dressoir*.

2. Le costume.

Au début du douzième siècle, le costume différait peu de l'ancien costume franc qu'on portait au temps de Charlemagne. Les hommes avaient des *braies*, sortes de caleçon de toile, sur lequel on passait la chemise ou *chainse*, souvent gaufrée à petits plis. La chemise était encore un vêtement de luxe et on ne la portait que le jour. Il n'y avait pas de linge de nuit et l'on couchait tout nu dans son lit.

Par-dessus la chemise, on mettait le *bliaud*, tunique serrée à la taille et qui s'arrêtait aux genoux. Les jambes et les pieds étaient protégés par de grands bas, les *chausses*. Sur l'épaule droite, on agrafait la *chape*, manteau-pèlerine à capuchon.

Puis les vêtements devinrent plus longs, du moins pour les bourgeois et les seigneurs, et tombèrent jusqu'aux chevilles. Le bliaud fut remplacé par la *cotte*, qui avait à peu près la même forme ; par-dessus, le *surcot* sans manches ou à demi-manches. Enfin le manteau, souvent garni de fourrures — hermine, vair et petit-gris (écureuil), castor, etc. — était rejeté en arrière sur les épaules et retenu par-devant au moyen d'une cordelière[1].

Les bliauds et cottes des femmes tombaient jusqu'aux pieds. Les élégantes recherchaient les étoffes d'Orient et d'Italie, drap d'or, soies brochées, soies souples et satinées, brocarts ou velours satins rehaussés d'or. Parfois les manches étaient indépendantes de la robe ; on se les faisait épingler ou même coudre après qu'on avait passé la cotte. Le surcot était aussi très long, parfois muni d'une traîne, et on le relevait de la main par-devant, quand on marchait. Les femmes portaient des bagues, mais n'avaient ni colliers, ni bracelets, ni boucles d'oreilles.

3. Coiffure et chaussures.

Depuis l'époque de Charlemagne, les hommes avaient les cheveux courts. A la fin du XIIe siècle, la mode fut aux cheveux plus longs ; on se les faisait *doreloter*, c'est-à-dire onduler. Les femmes portèrent d'abord deux longues tresses, parfois en faux cheveux. Puis elles relevèrent leurs cheveux sur la tête et les serrèrent dans un haut bandeau de linge, le *touret*, retenu par une mentonnière.

Les chapeaux étaient de forme extrêmement variée, depuis le bonnet-capuchon jusqu'au chapeau de feutre, au chapeau de plumes et au chapel de fleurs, sorte de couronne de fleurs que les élégants portaient comme coiffure de cérémonie. Les riches mettaient des gants en tricot, en peau ou en fourrure ; on les fabriquait surtout à Londres et à Paris. Les chaussures des gens du peuple étaient confectionnées par des *savetiers*, celles des riches par des cordouaniers (d'où nous avons fait le mot cor-

1. C'est au treizième siècle que l'on inventa le *bouton*.

donniers), c'est-à-dire ceux qui travaillaient le cuir à la manière des ouvriers de Cordoue.

4. Les repas.

Le goût du luxe se manifesta non seulement dans l'ameublement et le costume, mais aussi dans les repas.

Au moment du dîner (vers dix heures du matin) et du souper (vers six heures du soir), les serviteurs posaient sur la nappe les plats couverts, pour que les mets ne se refroidissent pas ; de là vient notre expression : «mettre le couvert». La fourchette était encore inconnue. On buvait dans des gobelets de métal ou de bois : le verre était connu, mais peu employé. Les pauvres mangeaient surtout des légumes (les fèves et les pois jouaient le rôle que jouent aujourd'hui les pommes de terre), du lard, du fromage, mais très peu de viande. Aux jours où l'Église ordonnait de faire maigre, on servait du poisson, — souvent du poisson salé qui coûtait moins cher. Les riches aimaient les viandes de gibier, cerf, chevreuil, sanglier : ils appréciaient aussi le paon, le cygne, le héron, la cigogne. On prodiguait, pour assaisonner les sauces, l'ail, la menthe et les épices (poivre, clou de girofle, cannelle, anis, gingembre, cumin, safran). On buvait du vin ou de la bière ou de l'*hypocras*, c'est-à-dire une infusion de cannelle et d'amandes dans du vin sucré.

5. Les jeux et les fêtes.

La vie étant moins dure qu'aux siècles précédents et la richesse plus abondante, la société fut, par une conséquence toute naturelle, d'humeur plus joyeuse, plus avide de distractions de toutes sortes : les jeux et les fêtes se multiplièrent.

Les nobles continuaient à se passionner pour les jeux violents, pour la *chasse*, les *tournois* ou le jeu de la *quintaine*. Les tournois étaient l'occasion de grandes fêtes qui attiraient de véritables foules. Au château, le délassement préféré des seigneurs était le *jeu d'échecs*. On aimait à danser, à jouer à la balle, au *billart* (qui était une sorte de croquet) et à la *soule*, qui ressemblait à notre football.

De temps en temps, quelques fêtes mettaient plus d'animation dans la ville. Au jour de Noël, on élevait dans l'église une crèche; une femme et un petit enfant représentaient la Vierge et Jésus et des assistants, vêtus en bergers, venaient adorer le nouveau-né. Ou bien le curé racontait comment les prophètes d'Israël avaient prédit la venue du Messie : à chaque fois qu'il nommait l'un d'entre eux, un fidèle s'avançait et récitait quelques-unes des prophéties que la Bible attribue à ce prophète.

A d'autres époques de l'année, on mettait en scène des récits connus de la Bible, par exemple l'histoire d'Adam et d'Ève, le meutre d'Abel par Caïn ou bien des épisodes de la vie des saints. De même, lors de la fête patronale, les confréries faisaient jouer parfois une sorte de petite pièce de théâtre, appelée *miracle*, dont le sujet était un miracle attribué au patron de la confrérie.

Parfois certaines fêtes religieuses avaient un curieux accent de gaieté populaire. Le 28 décembre, anniversaire du massacre des Innocents, on élisait un évêque des Innocents qui disait la messe, donnait la bénédiction et recevait de l'évêque une redevance. Ce jour-là, dans certains couvents, les religieuses avaient le droit de recevoir des invités, de dîner et de danser avec eux. A la même époque, on célébrait la fête de l'Ane : en mémoire de l'âne qui avait, selon la tradition, porté en Égypte la Vierge et Jésus, on amenait dans l'église un âne revêtu d'ornements sacerdotaux, on lui adressait une harangue grotesque, puis, dans un vacarme épouvantable, toute l'assistance se mettait à braire. A Reims, tous les ans, on assistait à la *procession du hareng* : ce jour-là les chanoines sortaient en procession et chacun d'eux traînait derrière lui un hareng attaché à une ficelle, il essayait de marcher sur le hareng de celui qui le précédait et d'empêcher qu'on ne marchât sur le sien.

6. La violence des mœurs.

Cette société du douzième et du treizième siècle si vivante, si turbulente, offre les plus étranges contrastes. Les jours d'épouvante succèdent sans transition aux jours de farces, les massacres les plus hideux aux réjouissances les plus innoncentes. Les mœurs s'affinent, les seigneurs se piquent de *courtoisie* à l'égard des dames; cependant la violence continue de sévir partout, aussi bien dans les classes populaires que dans la caste seigneuriale. On peut s'en rendre compte par la persistance du *droit de vengeance* de famille à famille, et du *droit de guerre privée.* Au village ou à la ville comme au château, ne pas laver dans le sang l'affront fait à l'un des siens semblait déshonorant. De là un état permanent de troubles, des rixes, des luttes à main armée, non seulement entre nobles, mais entre bourgeois et entre paysans.

On a vu que le clergé d'abord, puis les rois capétiens s'étaient efforcés de substituer l'ordre et la paix à ce régime de violence. Depuis Philippe Auguste le droit de guerre privée était limité, depuis saint Louis il était officiellement aboli. A cet égard, le treizième siècle fut donc une époque de progrès. Les guerres et les vengeances privées n'en subsistèrent pas moins. De ces coutumes barbares, notre époque a conservé un vestige : le duel.

L'enseignement, la littérature et l'art aux XIIe et XIIIe siècle

1. La chrétienté.

L'Europe médiévale est une *Europe chrétienne.* La foi dans les dogmes de l'Église et la mise en pratique de ses commandements sont le premier devoir de l'homme. Les chemins de l'Europe sont constamment sillonnés de pèlerins de tous pays, hommes et femmes, riches et pauvres, grands seigneurs ou vilains qui vont honorer les reliques des saints. Etre excommunié, c'est-à-dire exclu de la communauté des chrétiens, est le plus terrible châtiment. Aussi la lutte est-elle constante contre le musulman et l'hérétique. La Croisade est un trait caractéristique du Moyen Age.

La diversité des langues ne fait pas obstacle à cette communauté de civilisation. On se sent chrétien bien plus que Français, Allemand ou Anglais. Les «nations» au sens moderne du mot ne sont pas encore nettement différenciées les unes des autres. Elles se fondent toutes dans une unité plus vaste : la *chrétienté*, dont les deux chefs sont le pape et l'empereur.

Il est naturel que, dans ces conditions, l'Église se charge de donner *l'instruction*. Ce n'est pas seulement parce que le clergé est presque seul alors à être instruit; c'est surtout parce que l'élève ou l'étudiant doit recevoir un enseignement où rien ne vienne contredire ou mettre en doute les dogmes.

L'art aussi est au service de l'Église. Le monument qui caractérise l'Europe catholique des XIIe et XIIIe siècles est la *cathédrale*. Le fidèle y reçoit les sacrements; en même temps les statues, les bas-reliefs, les fresques, le vitraux lui rappellent son catéchisme et les principaux événements de l'Histoire sainte.

2. L'enseignement.

Les premiers rudiments de l'instruction étaient donnés dans les écoles primaires attachées aux couvents et aux églises de villages. Les études qui correspondent à notre enseignement secondaire et supérieur se faisaient soit dans des abbayes, soit dans les écoles fondées par les évêques dans les villes : celles de Chartres et surtout de Paris furent célèbres. Pour avoir le droit d'enseigner il fallait recevoir de l'évêque la *licence*, c'est-à-dire la permission (d'enseigner).

Il n'y avait pas d'établissements scolaires comme aujourd'hui. Le professeur louait une salle à ses frais et y faisait ses cours; il recevait de chaque élève une rétribution. A Paris les professeurs enseignaient sur la rive gauche de la Seine dans le quartier de la montagne Sainte-Geneviève. Ce quartier des études s'appelait et s'appelle encore le *Quartier Latin*, parce que tous les cours se faisaient en latin. Le latin était en effet la langue internationale de l'Europe : tous les hommes cultivés, lisaient, parlaient et écrivaient en latin. Les livres continuaient à être copiés à la main, puisque l'imprimerie n'était pas encore inventée; cependant ils étaient moins rares qu'on ne pourrait le croire.

Beaucoup d'étudiants étaient pauvres et leurs familles n'avaient pas de quoi payer leur pension. Des personnes charitables créèrent pour quelques-uns d'entre eux des *collèges* où ils trouvaient gratuitement le logis et le couvert. Tel fut à Paris le collège de *Sorbonne*, fondé par l'aumônier de saint Louis, Robert de Sorbon, pour hospitaliser des étudiants en théologie. Plus tard, à partir du quinzième siècle, les professeurs prirent l'habitude de venir faire leurs cours dans les collèges ; ceux-ci devinrent alors des établissements d'instruction.

3. Les Universités.

A partir du XIIe siècle, les abbayes cessèrent de donner l'enseignement et seules subsistèrent les écoles des villes épiscopales. Mais bientôt maîtres et étudiants ne voulurent plus dépendre des évêques et, à l'exemple des bourgeois, ils s'associèrent en corporations qui prirent le nom d'*Universités*. Il en fut ainsi à Bologne d'abord, puis à Paris, vers 1200. Indépendante de l'évêque. L'Université de Paris le fut aussi du roi : elle s'administrait elle-même et ne relevait que du pape.

A l'Université de Paris ce que nous appelons l'enseignement secondaire était enseigné à la *Faculté des Arts libéraux*[1]. Il fallait en avoir suivi les cours pour pouvoir se spécialiser ensuite dans l'une des trois Facultés qui correspondaient à notre enseignement supérieur : *Théologie*, *Droit ecclésiastique*, *Médecine*. Chaque Faculté avait à sa tête un *doyen ;* celui des Arts libéraux était en même temps le chef de toute l'Université et portait le titre de *recteur*.

A l'image de l'Université de Paris se fondèrent au treizième siècle d'autres Universités : en France celles de Toulouse, d'Orléans, de Montpellier ; à l'étranger celles d'*Oxford* et de *Cambridge* en Angleterre. Mais aucune n'eut autant de prestige que celle de Paris. Sa Faculté de Théologie, où enseigna au temps de saint Louis le Dominicain italien *saint Thomas d'Aquin*, était sans rivale en Europe.

4. Apparition de la littérature française.

La langue de l'Église et des savants était le latin. Beaucoup d'œuvres du Moyen Age, traités de théologie, sermons, ouvrages scientifiques et historiques, sont donc écrites en latin et cette *littérature latine du Moyen Age* est fort importante.

A partir de la fin du XIe siècle apparurent des œuvres lit-

1. Les Arts libéraux correspondaient en partie aux matières que les élèves étudient aujourd'hui dans les lycées et collèges : grammaire, art de bien écrire, de raisonner juste, arithmétique, géométrie, astronomie, musique.

téraires en «langue vulgaire» c'est-à-dire écrites dans la langue que les habitants parlaient couramment entre eux. En France, les œuvres rédigées en langue d'oc, au sud de la Loire, étaient surtout de petits poèmes composés par des troubadours et que l'on récitait en s'accompagnant de musique. En pays de langue d'oïl le dialecte de l'Ile-de-France, ou *français*, l'emporta sur tous les autres. C'est dans cette langue que furent écrites les *chansons de gestes*, grands poèmes qui racontent les *gestes* ou exploits de quelque illustre guerrier : Charlemagne, Roland, Raoul de Cambrai. La plus célèbre, la *Chanson de Roland*, remonte à 1080 environ. Plus tard on composa, également en vers, des *romans courtois*, où l'on voit les prouesses d'un chevalier imaginaire, modèle de courtoisie et qui fait preuve d'un respectueux amour à l'égard de la dame qu'il a choisie : tel Tristan à l'égard d'Yseut. Le plus célèbre auteur français de romans courtois fut *Chrétien de Toyes (mort vers 1200)*. L'une des œuvres les plus goûtées du XIIIe siècle fut le *Roman de la Rose*. De cet immense poème la première partie, œuvre de *Guillaume de Lorris*, est un panégyrique de l'amour courtois; la seconde au contraire, œuvre de *Jean de Meung*, persifle les rois, les nobles, les moines et même la «courtoisie» : en revanche elle exalte la science et elle est comme le résumé de tout ce qu'on savait au Moyen Age,

A ceux qui ne s'intéressaient pas aux Chansons de gestes et aux romans courtois, les écrivains offrirent des poèmes malicieux, les *fabliaux*, ou de petites pièces de théâtre. Parfois ils mirent en scène des animaux en leur attribuant les sentiments des hommes : tel fut le *Roman de Renart*.

En prose, les premières œuvres importantes furent des œuvres historiques : la Conquête de Constantinople, composée par Villehardouin à son retour de la quatrième Croisade, et, cent ans plus tard, l'*Histoire de saint Louis*, œuvre de Joinville.

La littérature française avait alors une vogue immense dans toute l'Europe, mais il y eut aussi de grands écrivains en Allemagne : tels les auteurs de l'épopée des *Niebelungen* ou ceux des romans et des poèmes courtois. Le plus grand poète du Moyen Age fut le Florentin *Dante* (1265-1321), qui écrivit en italien la *Divine Comédie*.

5. L'art du XIe au XIIIe siècle.

L'art du Moyen Age fut avant tout un *art religieux*. Architectes, peintres et sculpteurs suivaient les directives du clergé.

Dès le début du XIe siècle, le secret des grandes constructions fut retrouvé dans l'Europe occidentale et la *cathédrale* apparut. Le grand édifice, fait pour contenir des foules, est désormais en pierre ; il est couvert d'une voûte et non plus d'un plafond en bois. La forme de la voûte et les détails de la construction varièrent au cours du Moyen Age. C'est pourquoi on distingue l'*art roman*, qui commence vers 1025 et l'*art gothique ou ogival*, qui naît un siècle plus tard dans l'Ile-de-France, vers 1125. Les chefs-d'œuvre de l'architecture française ne sont d'ailleurs pas uniquement des églises comme les cathédrales de Paris, de Chartres, de Reims, d'Amiens, de Bourges, etc. Ce sont aussi des *monastères* comme l'abbaye du Mont-Saint-Michel, des *hôtels de ville* comme celui de Bruges, des *halles* comme celles d'Ypres, des *palais* comme celui de saint Louis et de Philippe le Bel à Paris.

En même temps que l'architecture, la *sculpture* qui ne jouait plus qu'un rôle secondaire depuis la fin de l'Empire romain, reprit toute son importance. D'une raideur embarrassée, quoique pleine de mouvement, pendant la période romane, elle crée ensuite des chefs-d'œuvre que l'on peut comparer à ceux de la sculpture grecque. La petite sculpture de métal ou d'ivoire rivalise en perfection avec la grande sculpture en pierre.

La *peinture* prenait des formes très diverses : jusqu'au milieu du quatorzième siècle on ne peignait pas, comme aujourd'hui, sur des panneaux de toile. Les Byzantins étaient passés maîtres dans la *mosaïque*, sorte de peinture en pierre. Les artistes français excellèrent dans la *miniature* des manuscrits ; dans le *vitrail*, sorte de mosaïque de verres de couleur ; dans *l'émail* qui est comme une peinture sur métal ; dans la *tapisserie* qui est une manière de peinture à l'aiguille avec de la laine sur un tissu ; enfin, à l'époque romane surtout, dans la *fresque*, c'est-à-dire la peinture sur les murs. A la fin du treizième siècle, le plus grand peintre de fresques fut un Italien, l'artiste florentin *Giotto*. Comme la littérature française, l'art français fut partout imité.

La civilisation de l'Europe occidentale et centrale, encore si arriérée vers l'an mille, au regard des civilisations byzantine et asiatiques, avait fait en trois siècles d'immenses progrès : elle connaissait maintenant, en partie sous l'influence de la France, un magnifique épanouissement.

Les débuts de la guerre de Cent Ans
Les désastres
sous Philippe VI et Jean le Bon

1. Causes de la guerre de Cent Ans.

A la mort du dernier Capétien direct en 1328, deux candidats se posaient en prétendants à la couronne de France. D'une part Philippe de Valois, fils d'un frère de Philippe le Bel, d'autre part le roi d'Angleterre, *Édouard III*, fils d'une fille de Philippe le Bel. Les barons français choisirent Philippe, qui prit le nom de *Philippe VI* et inaugura la *dynastie des Valois*[1]. Édouard III prêta au nouveau roi le serment de fidélité qu'il lui devait pour ses possessions de Guyenne.

Mais justement *les affaires de Guyenne* étaient une cause de mésentente entre les deux princes. Quand le Parlement de Paris jugeait en appel les procès de Guyenne, il cassait systématiquement les arrêts des tribunaux anglais. Les rapports se tendirent au point que Philippe VI confisqua le duché de Guyenne (1337). Édouard III riposta en revendiquant la

1. Le Valois est une petite région au nord de Paris : les principales villes en sont Compiègne et Senlis.

couronne de France. Ainsi allait commencer une guerre qui devait se prolonger plus d'un siècle : d'où le nom de *guerre de Cent Ans.*

Édouard III se chercha des alliés et trouva les *Flamands.* Quoique Français, les Flamands n'aimaient pas le roi de France : Philippe le Bel, puis, tout récemment, Philippe VI, leur avaient infligé de sévères défaites. Leur ressentiment s'accrut lorsque, pour répondre aux mesures inamicales de la France, Édouard III interdit toute exportation des laines en Flandre. Or la Flandre vivait du tissage des laines anglaises. Pour sauver leur industrie, les Flamands décidèrent d'appuyer les prétentions d'Édouard III. Celui-ci se proclama dès lors roi de France (1340) et une flotte anglo-flamande détruisit, non loin de Bruges, la flotte française. Maître de la mer, Édouard III pouvait envahir la France ; il hésita encore six ans avant de le faire, tant le royaume de France semblait puissant — à cette date, en effet, la France comptait peut-être 16 millions d'habitants et l'Angleterre 5.

2. Les désastres de Crécy et de Poitiers. Le traité de Brétigny.

En 1346 cependant Édouard III débarqua dans le Cotentin, ravagea la Normandie et marcha sur Paris. Obligé de se replier devant les forces supérieures de Philippe VI, il remonta vers le Nord, passa la Somme et se fortifia à *Crécy* près d'Abbeville. Philippe VI vint l'y attaquer. L'armée française, mal commandée, indisciplinée, fut écrasée. Édouard III assiégea et prit *Calais* malgré l'héroïque résistance de la population (1347). Pendant plus de deux cents ans, Calais allait rester une ville anglaise. Une trêve arrêta les hostilités et Philippe VI mourut peu après, laissant le trône à son fils *Jean le Bon*, c'est-à-dire le Brave (1350). Il avait pu du moins rattacher à la France le Dauphiné. On appela désormais « dauphin » l'héritier de la couronne : en Angleterre on l'appelait « prince de Galles ».

Comme le prince de Galles ravageait le Poitou, Jean le Bon vint l'attaquer près de *Poitiers* (1356). Le désastre des Français fut encore plus grave qu'à Crécy : le roi lui-même fut fait prisonnier.

La paix fut signée en 1360 à *Brétigny*, près de Chartres.

Édouard III renonçait à la couronne de France, mais il recevait en toute suzeraineté, plus d'un quart du royaume : Calais, une partie de la côte de Picardie, et tout le Sud-Ouest : Poitou. Limousin, Périgord et Guyenne. La France était démembrée.

3. La tentative d'Étienne Marcel.

L'invasion de la France, les défaites françaises mécontentèrent vivement les bourgeois. Ils rendirent les nobles et les conseillers du roi responsables de tous ces malheurs, et ils décidèrent de prendre en mains la direction du royaume. Au lendemain du désastre de Poitiers, les circonstances semblaient favorables : le roi était prisonnier en Angleterre et le dauphin, le futur Charles V, avait dix-huit ans à peine. Il venait de réunir à Paris les États Généraux pour leur demander de voter en hâte des impôts exceptionnels.

On appelait *États Généraux* des Assemblées, composées de nobles, de prélats et de bourgeois venus de plusieurs provinces pour aider le roi de leurs conseils. Philippe le Bel en avait convoqué à Paris et à Tours lors de sa lutte contre Boniface VIII et les Templiers. Aux États réunis après la défaite de Poitiers, les bourgeois jouèrent le premier rôle sous la direction d'*Étienne Marcel*, prévôt des marchands de Paris. Avant de voter aucun impôt, ils imposèrent au dauphin la *Grande Ordonnance* (1357). Ils demandaient le renvoi des conseillers du roi, une réforme générale de l'administration et de la justice, l'interdiction des guerres privées : les nouveaux impôts seraient levés non par des fonctionnaires royaux mais par des commissaires des États Généraux, qui en contrôleraient aussi l'emploi. Les États pourraient enfin se réunir d'eux-mêmes plusieurs fois par an, sans même que le dauphin les convoquât, pour délibérer sur toutes les affaires importantes.

La tentative d'Étienne Marcel rappelle celle de Simon de Montfort en Angleterre. Mais, comme Simon, Étienne Marcel gouverna trop brutalement : il fit massacrer deux conseillers sous les yeux mêmes du dauphin. Les bourgeois, effrayés de ces violences, l'abandonnèrent. Il rechercha alors l'alliance d'un vassal révolté, *Charles le Mauvais*, comte d'Évreux et roi de Navarre. Mais cette trahison indigna la population de Paris et il fut assassiné (1358). Rien ne subsista de sa tentative : la royauté conserva tout son pouvoir.

4. Troubles et désordres.

Même après l'échec d'Étienne Marcel et la signature de la paix de Brétigny, la France continua d'être plongée dans un désordre inexprimable. Les ravages de la guerre n'avaient pas été les seuls dont le pays avait souffert ; il avait encore connu la Peste noire, la Jacquerie, les Grandes Compagnies.

La *Peste noire* fut une horrible épidémie qui se répandit pendant plus de deux ans dans toute l'Europe occidentale (1347-1349). Plus du tiers de la population de la France et de l'Angleterre succomba au fléau. Il n'y eut plus assez d'hommes pour cultiver la terre ; les récoltes furent insuffisantes, la disette apparut, et avec elle le renchérissement de tous les produits. Le gouvernement dut fixer les prix de certaines marchandises. Nombre de propriétaires furent appauvris et les impôts ne rapportèrent presque plus rien. D'autre part le peuple avait été tellement effrayé par la peste qu'une sorte de vent de folie traversa la France : dans le Languedoc on accusa les Juifs d'avoir empoisonné les fontaines et on les massacra par milliers. Le pape Clément VI intervint pour protéger ces malheureux qui trouvèrent asile en Avignon et dans le Comtat Venaissin. Ailleurs on voyait des pénitents traverser les villes, nus jusqu'à la ceinture et se flagellant cruellement pour apaiser la colère de Dieu. Inversement, une fois l'épidémie passée, il y eut une véritable soif de plaisirs : ce ne furent que fêtes et festins.

Dix ans plus tard, au moment où Étienne Marcel échouait dans sa tentative, on assista en Picardie et en Champagne à un formidable *soulèvement des paysans contre les nobles.* Comme on appelait souvent par dérision le paysan : Jacques Bonhomme, cette révolte est connue sous le nom de *Jacquerie.* Elle eut pour cause principale l'excès de misère, provoqué par les ravages des gens de guerre. Elle fut dirigée surtout contre les nobles qui, au lieu de protéger le paysan, s'entendaient avec les brigands pour le rançonner. Les Jacques brûlèrent nombre de châteaux, mais ils furent bientôt tenus en échec, puis férocement traqués (1358).

Enfin, depuis la bataille de Poitiers, les bandes de mercenaires qui avaient combattu dans les deux camps se trouvèrent en chômage. Elles se mirent alors à piller la France pour leur propre compte. Groupées en *Grandes Compagnies*, elles dévastaient villes et campagnes et on n'évitait le vol ou l'incendie qu'en se rachetant au prix d'énormes rançons.

C'est dans ces conditions affreuses qu'à la mort de son père, en 1364, le dauphin prit la couronne sous le nom de *Charles V*.

Relèvement et rechute de la France
Les règnes de Charles V et de Charles VI

1. Bon gouvernement de Charles V.

Charles V était très différent de son père et de son grand-père. Ceux-ci étaient de brillants chevaliers, toujours prêts aux grands coups d'épée. Louis était un savant — c'est le sens du mot «sage» qui lui a été donné comme surnom. Il passait de longues heures dans sa bibliothèque à feuilleter les centaines de manuscrits qu'il y avait réunis. Il aimait les belles étoffes, les tapisseries, les meubles sculptés, les joyaux. Il agrandit et embellit le Louvre, commencé par Philippe Auguste; il se fît bâtir à l'est de Paris l'*Hôtel Saint-Paul* et le *Château de Vincennes*; il éleva sur la rive droite de la Seine une nouvelle enceinte et ordonna la construction d'une importante forteresse, la *Bastille.*

Mais sa grande préoccupation fut d'avoir de bonnes finances. Il rétablit une monnaie saine et organisa *l'impôt de la gabelle*, qu'on levait sur la vente du sel. Ces ressources abondantes devaient lui permettre de recommencer la guerre contre les Anglais. Pour cette œuvre militaire, Charles V, qui n'était pas lui-même un bon général, eut la chance de trouver un excellent collaborateur, *Duguesclin.*

2. Duguesclin libérateur du territoire.

Bertrand Duguesclin était un noble breton de famille pauvre. Très courageux, il était rusé aussi et préférait les embuscades aux grandes rencontres sur les champs de bataille. Dans les premières années du règne il contraignit l'ancien complice d'Étienne Marcel, Charles le Mauvais, à se réconcilier avec Charles V, puis il alla en Espagne où deux frères ennemis se disputaient le trône de Castille. Il emmena avec lui la plupart des routiers des Grandes Compagnies et en débarrassa ainsi la France. Avec leur aide, il donna la victoire à celui des deux prétendants qui était le protégé de Charles V. Il fut d'ailleurs fait prisonnier là-bas et le roi dut payer pour lui une lourde rançon.

C'est alors (1368) que Charles V rompit avec les Anglais. Ceux-ci ravagèrent à plusieurs reprises tout l'ouest du royaume, mais Charles V leur fit une guerre très différente de celle du temps de Philippe VI et de Jean le Bon : guerre d'escarmouches, où l'on harcelait l'ennemi, où l'on faisait le vide devant lui pour qu'il ne pût se ravitailler. En même temps les troupes royales mettaient le siège devant les centaines de châteaux forts que les Anglais possédaient en France et les prenaient les uns après les autres.

En 1380, quand Charles V et Duguesclin moururent, le roi d'Angleterre ne possédait plus en France que Calais, Cherbourg, Brest, Bordeaux et Bayonne. Malheureusement, la France sortait épuisée de la lutte.

3. La folie de Charles VI.

Par surcroît de malheur, le nouveau roi *Charles VI* (1380-1422) était encore un enfant. Le pouvoir passa à ses oncles qui gouvernèrent fort mal et levèrent de lourds impôts, alors que le royaume était appauvri. Le mécontentement fut partout très vif : dans beaucoup de villes des soulèvements éclatèrent, qui furent durement réprimés.

Devenu majeur, Charles VI renvoya ses oncles, s'entoura de bons conseillers, fit quelques réformes. Mais cette œuvre réparatrice fut bientôt arrêtée : le roi devint fou (1392). Les *princes de sang* — c'est-à-dire les princes de sang royal, de la famille royale — revinrent au pouvoir : fêtes et gaspillages recommencèrent de plus belle.

4. Rivalité des Armagnacs et des Bourguignons.

Plus grave que les gaspillages était la rivalité qui opposait deux princes du sang : un cousin du roi, le duc de Bourgogne, *Jean sans Peur* et un frère du roi, *Louis d'Orléans*. Pour se débarrasser de son adversaire, Jean sans Peur le fit assassiner (1407).

Ce meurtre déchaîna la guerre civile; toute la France se divisa en *Armagnacs* et en *Bourguignons*. On appelait Armagnacs le parti des Orléans, parce que le chef en fut le comte d'Armagnac. A Paris la rivalité des Bourguignons et des Armagnacs fut, à plusieurs reprises, marquées par d'affreux massacres.

Au milieu de ces horreurs, on apprit que le roi d'Angleterre *Henri V* venait de débarquer en Normandie. La guerre étrangère s'ajoutait à la guerre civile, et le roi était fou!

5. Le désastre d'Azincourt et le traité de Troyes.

Les armées française et anglaise se rencontrèrent en Picardie, non loin de Crécy, à *Azincourt* (1415). Pour la troisième fois, la chevalerie française subit un épouvantable désastre. Le duc de Bourgogne Jean sans Peur, appuyé par les Anglais et par la reine *Isabeau de Bavière*, femme de Charles VI, paraissait le maître de la France. Mais, lors d'une entrevue avec le dauphin (le futur Charles VII) sur le pont de Montereau, Jean sans Peur fut assassiné (1419).

Ce crime faillit amener la ruine de la France. La reine Isabeau signa avec les Anglais le désastreux *traité de Troyes* (1420). Elle déshéritait son fils, le futur Charles VII; elle donnait sa fille en mariage au roi d'Angleterre Henri V et le reconnaissait comme héritier du trône de France. Bien plus, elle lui abandonnait immédiatement le gouvernement du royaume puisque Charles VI était fou. La France conserverait ses institutions, mais aurait pour roi le roi d'Angleterre. Dans le même temps Charles VI mourait à son tour. Son fils, «le soi-disant dauphin», selon l'expression de sa mère Isabeau de Bavière, prit à Bourges le titre de roi, sous le nom de Charles VII (1422). Mais il n'avait aucune autorité ni sur la Guyenne ni sur la moitié de la France située au nord de la Loire. *Il y avait maintenant deux rois de France et il y avait deux France*, dont chacune accusait l'autre de trahir la patrie.

6. Le siège d'Orléans.

Certes les Anglais étaient haïs par la majorité des Français qui voyaient en eux des usurpateurs. Mais ils avaient une bonne armée et ils pouvaient compter sur le fils de Jean sans Peur, le duc de Bourgogne *Philippe le Bon*, qui accusait Charles VII d'avoir organisé le meutre du pont de Montereau. En 1428 les Anglais, déjà maîtres de toute la partie septentrionale de la France, vinrent assiéger la ville d'*Orléans*. C'était la seule grande ville au nord de la Loire qui reconnût encore Charles VII. La population se défendit bravement, mais elle était sur le point de se rendre, lorsque brusquement tout fut changé dans le royaume de France par l'arrivée de Jeanne d'Arc.

Jeanne d'Arc et la fin de la guerre de Cent Ans

1. La jeunesse de Jeanne d'Arc.

Jeanne d'Arc était une paysanne. Elle était née à *Domremy* en Lorraine vers 1412. Toute son enfance, elle eut sous les yeux le spectacle de la guerre et de ses misères. Elle s'habituait aussi à voir dans les Anglais des usurpateurs, car ses parents, comme tous les habitants de la région étaient restés fidèles à Charles VII.

Jeanne était très pieuse. Un jour qu'elle gardait son troupeau — elle avait alors treize ans — elle eut une vision. Elle en eut beaucoup d'autres, pendant trois ans de suite. Elle voyait les saints et les saintes dont elle connaissait les noms, saint Michel, sainte Catherine, sainte Marguerite, elle entendait leurs voix. Celles-ci lui ordonnaient de quitter son village et d'aller chasser les Anglais. Longtemps elle résista. Comment pourrait-elle, pauvre enfant des champs, repousser les soldats ennemis? Un jour enfin, dans un grand élan de confiance, elle décida à partir. Elle obtint, difficilement, d'un capitaine du village voisin de *Vaucouleurs*, qu'il lui fît donner un cheval, une armure et une escorte de quelques soldats. En février 1429 la petite troupe —

Jeanne et six hommes d'armes — se mit en route pour *Chinon* où résidait Charles VII.

Jeanne avait seize ans.

2. Les victoires de Jeanne.

Jeanne essaya de convaincre le roi qu'elle obéissait à un ordre de Dieu. Mais Charles VII n'osa pas lui accorder immédiatement sa confiance. Il l'envoya d'abord à Poitiers : là des théologiens l'interrogèrent sur ses visions. Leur avis ayant été favorable, Jeanne put partir avec une petite armée pour Orléans.

Elle réussit à y entrer (avril 1429) et rendit courage à la garnison, celle-ci attaqua les redoutes ou «bastilles» que les Anglais avaient construites devant les murs de la ville. Le 8 mai l'ennemi levait le siège.

La délivrance d'Orléans ne suffisait pas à Jeanne. Elle avait hâte de faire couronner Charles VII à *Reims.* Elle l'y mena et connut sans doute la plus grande joie de sa vie lorsque, le 17 juillet 1429, son roi reçut l'onction sainte dans la cathédrale. Il semblait que désormais il n'y avait plus de doute possible : entre les rois qui, depuis le traité de Troyes, se partageaient la France, Dieu s'était prononcé pour Charles VII. Henri VI n'était donc qu'un usurpateur. Comment Dieu laisserait-il la victoire à un usurpateur?

3. Les échecs de Jeanne.

Chose étrange, au milieu de l'enthousiasme et de l'espérance qui traversaient tout le pays, Charles VII et son entourage restaient apathiques, méfiants, et même hostiles. Il eût fallu marcher tout de suite sur Paris, l'arracher aux Anglais déjà démoralisés. On perdit du temps. Le premier assaut échoua, Jeanne fut même blessée. Sans plus attendre, l'armée royale battit en retraite, puis se disloqua (septembre 1429).

Pendant six longs mois Jeanne, ramenée à la cour du roi, dut rester inactive. Un jour enfin elle s'enfuit avec quelques compagnons et alla s'enfermer dans *Compiègne* que les Bourguignons essayaient d'assiéger. Le lendemain elle fit une sortie, mais au moment de rentrer dans la ville elle fut cernée et faite prisonnière (mai 1430). Le seigneur qui l'avait prise la vendit quelques mois plus tard aux Anglais.

4. Le procès de Jeanne.

Les Anglais ne voulaient pas seulement se débarrasser de Jeanne en la gardant prisonnière. Ils voulaient lui enlever tout prestige — et à Charles VII avec elle — en montrant que sa prétendue mission n'était qu'un mensonge, qu'elle était l'envoyée, non pas de Dieu, mais du Diable. Il fallait qu'un tribunal ecclésiastique lui fît son procès et la déclarât hérétique et sorcière.

Les Anglais choisirent pour juges des chanoines de Rouen, des théologiens de l'Université de Paris et l'évêque de Beauvais, Pierre Cauchon. Le procès se déroula à *Rouen* et dura six mois. Jeanne fut interrogée longuement par les théologiens qui lui posèrent des questions compliquées et lui tendirent mille embûches dans l'espoir qu'elle se tromperait et qu'on pourrait alors la convaincre d'hérésie. Jeanne se défendit très bien, avec calme, souvent avec malice. Mais elle était condamnée d'avance. Les juges la déclarèrent idolâtre, blasphématrice, hérétique.

Puis Cauchon imagina, pour mieux la perdre, un procédé infâme. Par une mise en scène effrayante, destinée à la terrifier, il arriva à lui faire signe une formule d'abjuration par laquelle elle reconnaissait que sa mission n'était pas divine. Peut-être, sur le moment, n'en comprit-elle pas le sens. Elle fut alors condamnée à l'emprisonnement perpétuel. Mais bientôt elle eut honte de ce moment de faiblesse, et, le surlendemain, très courageusement, elle rétracta tous les aveux qu'on lui avait fait faire. Aussitôt les juges accoururent pour constater qu'elle était «relapse», c'est-à-dire retombée dans les erreurs qu'elle avait abjurées. Or, l'Église punissait les relaps en les livrant aux tribunaux du roi, qui leur infligeaient la peine du feu. Le tribunal ecclésiastique remit donc Jeanne entre les mains des Anglais qui la brûlèrent vive à Rouen, le 30 mai 1431.

Ni Charles VII ni personne de son entourage n'avait rien tenté pour racheter Jeanne ou pour la sauver.

5. La fin de la guerre de Cent Ans.

Jeanne d'Arc semblait donc avoir échoué. En réalité elle avait rendu courage aux Français et démoralisé l'ennemi. Elle avait aussi contribué à relâcher l'alliance du duc de Bourgogne, Philippe le Bon, avec les Anglais. Dès 1435, le duc se réconciliait avec Charles VII, moyennant la cession de plusieurs villes importantes en Picardie. Peu après, Paris chassait sa garnison anglaise. Henri VI demanda une trêve.

Charles VII, enfin sorti de son apathie et mieux conseillé, utilisa ce répit à organiser une solide armée. En 1445 il se donna une bonne cavalerie, les *Compagnies d'Ordonnance*, dont il nommait lui-même les officiers et à laquelle il payait régulièrement une solde. Il leva aussi parmi les roturiers un corps d'archers, qui furent affranchis de l'impôt de la taille : d'où leur nom de *francs-archers*. Enfin il se donna une forte artillerie. Les *canons*, c'est-à-dire des engins capables de lancer un projectile grâce à une charge de poudre, avaient été inventés par les Musulmans d'Espagne au treizième siècle. Ce ne furent d'abord que d'énormes machines de siège, non mobiles. Puis on créa des canons plus légers, les *couleuvrines*, et on les monta sur roues; elles étaient en bronze et lançaient des boulets non plus de pierre mais de fonte. En même temps on inventait les *couleuvrines à main*, ancêtres du fusil.

Alors, sûr de son armée, Charles VII recommença la guerre (1449). Il occupa la Normandie, puis la Guyenne que les rois d'Angleterre possédaient depuis trois siècles. En 1453 les Anglais ne gardaient plus en France que *Calais*. Aucun traité ne fut signé, Henri VI continuait à s'appeler «roi de France», mais la guerre de Cent Ans était bien finie.

6. La guerre de Cent Ans et le patriotisme.

Le domaine royal sortait donc agrandi de cette terrible épreuve. Mais à cet avantage matériel s'ajoutait un précieux avantage moral. *Les souffrances de la guerre avaient développé en France le sentiment patriotique*, c'est-à-dire le sentiment que tous les Français forment une même nation et qu'il ne faut pas que cette nation tombe aux mains des étrangers. Nul n'avait autant contribué à répandre ce sentiment dans le peuple de France que Jeanne d'Arc, l'humble paysanne qui, à seize ans, avait quitté son village pour délivrer son pays.

Le relèvement de la France sous Charles VII

1. Réorganisation économique de la France.

La France était sortie victorieuse de l'affreuse guerre de Cent Ans, mais dans quel état d'épuisement et de dévastation ! Ce n'étaient partout que terres abandonnées, villages ravagés ; dans beaucoup de grandes villes la population était diminuée de moitié et les loups venaient jusque dans Paris.

Le peuple de France se mit hardiment à l'œuvre pour réparer ces ruines. L'agriculture languit encore pendant tout le règne de Charles VII, car il faut bien du temps pour que des terres, laissées en friche pendant de nombreuses années, produisent à nouveau de belles moissons. Mais l'industrie et le commerce se rétablirent vite. On exploita les mines de charbon, de fer, de plomb, de cuivre ; la draperie redevint florissante et le grand commerce reprit avec la Syrie et l'Égypte.

Le plus connu des grands commerçants de l'époque de Charles VII est *Jacques Cœur.* Il avait à Marseille une flotte de sept vaisseaux qui transportaient en Orient les pèlerins, les armes, les draps et en rapportaient les soieries, les velours, les tapis, les épices, les parfums que d'ordinaire on achetait aux Vénitiens. En même temps il possédait une fabrique de soieries à Florence, une teinturerie à Montpellier et de vastes domaines dans toute la France, avec plusieurs palais somptueux. Jacques Cœur prêta souvent de l'argent à Charles VII, qui fit de lui son «argentier», c'est-à-dire son trésorier. Mais sa richesse excitait bien des jalousies : il fut brusquement disgracié et emprisonné (1451).

Ces bourgeois enrichis achetèrent souvent des fiefs aux nobles que la guerre avait ruinés; d'autres entrèrent au service du roi comme fonctionnaires des finances et de la justice; en même temps ils se faisaient anoblir. Ainsi se forma, à côté de la noblesse d'épée, souvent appauvrie et endettée, une nouvelle noblesse, composée celle-là de fonctionnaires, et qu'on appelle *noblesse de robe* — parce que les magistrats portaient, comme aujourd'hui encore les juges ou les avocats, la robe longue.

2. Progrès de la puissance royale.

Pendant que le royaume se relevait de ses ruines, la Royauté devenait plus puissante qu'elle n'avait jamais été. Charles VII gouverna avec des bourgeois, comme avaient fait ses ancêtres Philippe le Bel et Charles V. Ses conseillers ordinaires formaient autour de lui ce qu'on appelait le *Conseil du roi.* Comme jadis les légistes, ils voulaient que le roi fût maître dans son royaume. Ils le poussèrent à gouverner seul, sans faire appel aux États Généraux.

Nous savons ce qu'étaient les États Généraux et le rôle qu'ils avaient voulu jouer pendant la captivité de Jean le Bon, en 1356 et 1357. Après cette date les rois les avaient souvent convoqués et Charles VII lui-même, quand il n'était encore que roi de Bourges, leur avait demandé de voter les taxes dont il avait besoin. Il semblait ainsi reconnaître qu'il ne pouvait lever aucun impôt sans leur consentement. Tout changea quand la situation des Anglais en France eut été affaiblie. Charles VII ne réunit plus les États Généraux après 1439 et il déclara permanents les impôts qu'ils lui avaient provisoirement consentis.

C'est à ce moment que la Royauté acheva d'organiser les trois impôts qui, jusqu'à la Révolution de 1789, lui fournirent l'essentiel de ses ressources : les *aides*, la *gabelle*, la *taille*. Les aides consistaient en une taxe payée sur la vente des marchandises; la gabelle était un impôt sur le sel; enfin la taille était levée sur le produit des terres et sur la fortune en argent; mais elle ne pesait pas sur tous les Français : les nobles, les ecclésiastiques et les fonctionnaires du roi, même s'ils étaient roturiers, en étaient exempts.

Le roi, qui avait déjà une armée permanente, possédait maintenant des impôts permanents. Il pouvait compter sur le dévouement du peuple, du clergé, de la petite noblesse. Quant aux grands vassaux, ils essayèrent bien parfois d'intriguer et même de se soulever, mais ils furent rudement châtiés et réduits à l'obéissance.

3. Puissance du duc de Bourgogne.

Cependant la puissance de Charles VII sur son royaume n'était pas complète : elle se heurtait à celle du duc de Bourgogne.

Le duché de Bourgogne était un *apanage*, c'est-à-dire un fief taillé dans le domaine royal et accordé par le roi à un prince de sang. Le prince *Philippe le Hardi*, fils de Jean le Bon, l'avait reçu de son père. Lui et ses successeurs, *Jean sans Peur* (1404-1419) et *Philippe le Bon* (1419-1467) avaient réussi par d'habiles mariages à étendre immensément leurs domaines.

Au milieu du quinzième siècle, Philippe le Bon possédait deux grands groupes de territoires : au Sud la Bourgogne et la Franche-Comté; au Nord quelques villes en Picardie, l'Artois, la Flandre qui faisaient partie du royaume de France, puis le reste de la Belgique actuelle, une partie de la Hollande d'aujourd'hui et le Luxembourg, régions qui, comme la Franche-Comté, faisaient partie de l'Empire. De ces deux groupes, le bourguignon et le flamand, le second formait l'une des régions les plus riches d'Europe. Les champs y étaient bien cultivés, la draperie florissante et la ville de Bruges était encore, avec Venise, le port le plus actif de l'Europe.

La Flandre possédait également dans la première moitié du quinzième siècle de très grands artistes : le sculpteur *Claus Sluter*, les peintres *Jean* et *Hubert Van Eyck*, sans oublier ceux qui dessinaient les motifs des tapisseries dans les ateliers d'Arras et de Tournai, ni les miniatures qui illustrèrent les *Très riches Heures du duc de Berry*, ni les musiciens de l'école franco-belge, comme *Ockeghem*.

La puissance bourguignonne constituait pour Charles VII la plus grave des menaces. Non seulement elle marquait un démembrement de la France, mais encore Philippe le Bon songeait à réunir ses deux groupes de territoires en annexant la Champagne et la Lorraine. Charles VII essaya de toutes manières de contrecarrer ces ambitions. Jusqu'à sa mort (1461) il y réussit ; mais, plus que toute autre, la question de Bourgogne allait dominer le règne de son fils, Louis XI.

Le règne de Louis XI

1. Louis XI, « l'universelle aragne ».

Nous connaissons bien Louis XI grâce aux mémoires qu'a laissés un de ses conseillers, l'historien *Commines.* Louis XI avait un visage laid, un corps mal proportionné, avec des jambes grêles et tordues. Très simple, il s'habillait d'étoffes communes, voyageait sans apparat, descendant le soir chez un bourgeois ou mangeant à la taverne comme un marchand de passage. Quoique brave, il n'aimait pas la guerre parce que, disait-il, elle est toujours un fléau pour les paysans. Aux batailles il préférait les négociations. Il passa sa vie à intriguer, à ourdir des complots contre ses adversaires. Commines, qui le connaissait bien, le comparait à une araignée tissant sa toile et l'appelait « l'universelle aragne ». Les promesses ne le gênaient guère : sans aucun scrupule, il était toujours prêt à violer celles qu'il venait de faire. Parfois, il est vrai, il combinait des intrigues si compliquées qu'il se laissait prendre à ses propres pièges, ou bien il échouait parce qu'au dernier moment il se montrait trop impatient. Il était aussi très autoritaire, tyrannique même et férocement cruel.

2. Les folles ambitions de Charles le Téméraire.

Tout différent était son plus redoutable adversaire, le fils de Philippe le Bon, *Charles le Téméraire*, duc de Bourgogne (1467-1477). Ce jeune homme bouillant et emporté, d'humeur sombre, suivait la première impulsion et ne savait pas ruser. Ses ambitions étaient immenses. Il voulait occuper l'Alsace, la Lorraine et la Champagne de façon à relier ses deux groupes de possessions ; il voulait aussi se faire donner le titre de roi. Pour arriver à ses fins, il fallait que la France fût affaiblie. Il soutint donc les ambitions de quelques grands vassaux qui, sous la direction du duc de Berry, frère du roi, furent perpétuellement en rébellion contre Louis XI.

Louis XI, trop faible pour résister, dut céder à plusieurs reprises, accorder aux révoltés tout ce qu'ils exigeaient : territoires, pensions, dignités. Un jour même, il courut un grand danger : il avait poussé la ville de *Liège*, en Belgique, à se soulever contre le duc de Bourgogne ; puis, confiant en son habileté, il était venu voir le Téméraire à *Péronne*. Juste à ce moment, le duc apprit que les Liégeois s'étaient révoltés à l'instigation du roi. Dans sa fureur il fit emprisonner son rival et pensa même à le faire tuer. Louis XI se tira de ce mauvais pas en accordant au duc tout ce que celui-ci demandait ; il consentit même à l'accompagner à Liège et à assister au châtiment de la ville, qui fut incendiée et totalement ruinée (1468). Après quoi, il convoqua une Assemblée à Tours et se fit déclarer « quitte et délié » de tout ce qu'il avait promis !

Pour atteindre son but, le duc de Bourgogne s'allia à son beau-frère, le roi d'Angleterre, et lui promit de l'aider à devenir roi de France. Très habilement Louis XI lança contre le Téméraire le duc de Lorraine et les Suisses ; en même temps il achetait à prix d'or le départ des Anglais qui avaient déjà envahi la Picardie. Déçu, le Téméraire se jeta, tête baissée, dans les aventures : il marcha contre les Suisses, mais fut complètement battu près du lac de Neuchâtel à *Granson* et à *Morat* (1476). Fou de rage, et pour effacer cette humiliation, il vint assiéger *Nancy*. Il fut repoussé et quelques jours plus tard on découvrait son cadavre à demi dévoré par les loups (1477).

3. Annexions de Louis XI.

Louis XI allait-il saisir l'immense héritage bourguignon? Il en avait furieusement envie. Mais il ne put annexer que la Bourgogne et les villes bouguignonnes de Picardie. Les autres territoires passèrent au fils de l'empereur, l'*archiduc Maximilien de Habsbourg*, qui épousa la fille du Téméraire; ils échappèrent donc à la France, même la Flandre et l'Artois qui avaient de tout temps fait partie du royaume. Tout au plus Louis XI put-il obtenir que la fille issue de ce mariage épouserait plus tard le dauphin, le futur Charles VIII, et lui apporterait en dot l'Artois et la Franche-Comté. Et, pour plus de sûreté, il occupa immédiatement ces deux provinces. Mais ce mariage n'eut pas lieu, en sorte que la France dut rétrocéder à Maximilien l'Artois et la Franche-Comté.

Louis XI fut plus heureux avec l'héritage de la famille d'Anjou; *Maine, Anjou* et *Provence*. Il l'acquit en entier. La succession comportait des droits sur le royaume de Naples, que fera plus tard valoir Charles VIII. Enfin Louis XI enleva le *Roussillon* au roi d'Aragon.

Louis XI exerça encore sur plusieurs États de l'Europe une influence considérable : sur la Navarre et la Savoie, dont les princes avaient épousé ses sœurs; sur les gouvernements de Milan et de Florence qui étaient ses alliés; dans les cantons suisses où il levait des mercenaires.

4. Le «terrible roi».

Tout occupé à ses multiples intrigues diplomatiques, Louis XI n'a pas fait de grandes réformes. Il favorisa du moins le commerce et l'industrie parce qu'il avait besoin d'une France riche, qui pût payer de lourds impôts. Il introduisit en France l'industrie de la *soie* et celle de l'*imprimerie*, la première venue d'Italie, la seconde d'Allemagne. Il développa les foires de Lyon pour faire concurrence à celles de Genève et faire entrer de l'argent en France; il signa aussi des traités de commerce avec de nombreux pays étrangers. Sous son impulsion les négociants de Rouen commencèrent à concurrencer les marins flamands et anglais dans la mer du Nord et la mer Baltique, les marins espagnols dans l'océan Atlantique, les marins italiens en Méditerranée.

Louis XI ne changea rien aux institutions que lui laissait son père. Mais il renforça encore l'autorité royale, tant il se montra brutal et tyrannique. Il vivait entouré d'espions et de policiers de tout rang, tels son ancien barbier *Olivier le Daim*, ou le prévôt *Tristan Lermite*. Il courba sous sa volonté tous ses vassaux, n'hésitant pas à faire décapiter ceux qui se révoltaient contre lui. Il tint emprisonné pendant onze ans un cardinal; il contraignit les moines et les chapitres à nommer abbés et évêques ses candidats; il imposa aux villes des maires de son choix et écrasa d'impôts les bourgeois. Il viola toutes les règles de la justice, multiplia les emprisonnements arbitraires, créa des tribunaux exceptionnels pour juger ses adversaires. Aussi laissa-t-il après lui un sinistre renom, «le plus terrible roi qui fût jamais en France». De moins jamais roi en France n'avait été aussi obéi.

5. Le gouvernement des Beaujeu.

Au moment de mourir, en 1483, Louis XI laissa le pouvoir à sa fille *Anne* et à son gendre *Pierre de Beaujeu* : le dauphin, le futur Charles VIII, était en effet trop jeune pour régner. Les Beaujeu eurent à lutter contre les continuelles révoltes d'un prince du sang, *Louis d'Orléans* (qui succédera à Charles VIII sous le nom de Louis XII). Mais le pouvoir royal était assez fort pour résister à ces intrigues. On le vit bien quand les Beaujeu réunirent les États Généraux à Tours en 1484. Les États étaient bien décidés à limiter le pouvoir royal; en fait ils se montrèrent très dociles. Aucune force ne semblait capable de s'opposer à la volonté du roi.

Les Beaujeu réussirent même l'annexion de la *Bretagne*, le dernier grand fief qui restât à peu près indépendant. En 1491 ils marièrent le jeune roi *Charles VIII* à *Anne*, héritière de la Bretagne. Mais ce mariage fit perdre à la France l'Artois et la Franche-Comté que Louis XI avait occupés par avance. Peu après les Beaujeu abandonnèrent le pouvoir à Charles VIII qui aspirait à gouverner par lui-même.

A cette date *la grande féodalité, si puissante à l'avènement des Capétiens, était définitivement vaincue.* A peine comptait-on encore en France trois ou quatre fiefs de quelque importance. Mais sur ces fiefs le roi percevait les impôts, levait des soldats, rendait la justice en dernier ressort, comme sur son domaine propre. L'unité intérieure presque entièrement achevée[1], l'autorité royale partout obéie, une très forte armée, des impôts permanents, un pays riche, où le sentiment national était déjà très développé, — voilà ce que Charles VII, Louis XI et les Beaujeu laissaient au jeune *Charles VIII*, lorsque celui-ci se lança imprudemment dans les Guerres d'Italie en 1494.

1. A partir du milieu de quinzième siècle les actes administratifs, jusque-là rédigés en latin, le furent désormais en français. Dans le même temps la langue française progressait au sud de la Loire aux dépens de la *langue d'oc*.

L'Angleterre et l'Espagne à la fin du Moyen Age

I. L'Angleterre.

1. Progrès du Parlement anglais pendant la guerre de Cent Ans.

Nous avons vu comment, au début du quatorzième siècle, le Parlement anglais était devenu une assemblée régulière et périodique, sans l'assentiment de laquelle le roi ne pouvait lever aucun impôt nouveau. Pendant la guerre de Cent Ans son autorité ne fit que grandir : les rois avaient besoin d'argent et devaient constamment s'adresser à lui. Avant d'accorder les subsides qu'ils lui demandaient, le Parlement présentait ses revendications, faisait écarter les ministres qui ne lui plaisaient pas, indiquait les lois qu'il désirait voir adopter. A la fin du quatorzième siècle, il fut même assez puissant pour recommencer son coup d'audace de 1327 : il contraignit le roi *Richard II* à abdiquer et appela au trône un de ses cousins, d'une branche cadette des Plantagenets, *Henri de Lancastre* (1399)[1].

1. C'est à ce moment que parut le premier chef-d'œuvre de la littérature anglaise, le poème de *Chaucer* (1341-1400) intitulé : *Les Contes de Canterbury*.

2. La guerre des Deux Roses.

Quand la guerre de Cent Ans se fut terminée par la victoire des Français (1453), il y eut en Angleterre un grand mouvement de mécontentement. De plus, comme le roi Henri VI de Lancastre avait de fréquentes crises de folie, un de ses cousins, le duc d'York, essaya de lui ravir la couronne. Une terrible guerre éclata entre la famille des *Lancastre* et celle des *York*. Chacune des deux ayant dans ses armoiries une rose, l'une rouge, l'autre blanche, cette guerre est connue sous le nom de *guerre des Deux Roses.*

Elle dura trente ans (1455-1485) et fut marquée par d'affreux massacres. Finalement le trône revint à un prince apparenté aux Lancastre, *Henri Tudor*, qui prit le nom de *Henri VII* et inaugura une nouvelle dynastie. La *dynastie des Tudor* succéda ainsi à celle des Plantagenets. Elle allait gouverner l'Angleterre pendant tout le seizième siècle (1485-1603)

3. Développement du pouvoir royal.

Ce changement de dynastie ne fut que la moindre conséquence de la guerre des Deux Roses. Ces trente années de lutte féroce avaient décimé l'aristocratie anglaise; des familles entières avaient été anéanties. Leurs biens, désormais sans propriétaires — un cinquième peut-être de toute l'Angleterre — revinrent au roi Henri VII (1485-1509), qui jouit ainsi d'immenses ressources. Quant aux bourgeois, ils étaient prêts à se soumettre à quiconque rétablirait l'ordre et la paix. Dans ces conditions, le Parlement, bien loin de s'opposer aux volontés du souverain, était disposé à tout accepter. Pour avoir de l'argent Henri VII recourut aux amendes, aux emprunts forcés, aux pires violences : le Parlement laissa faire. En principe rien n'était changé : le roi était toujours tenu de le consulter quand il voulait lever un impôt nouveau; en fait la royauté gouvernait à sa guise, un peu comme les Valois à la même époque.

Henri VII se fit pardonner son despotisme parce qu'il maintint l'ordre et enrichit la nation. A ce moment, une grande transformation commençait : l'Angleterre, jusque-là surtout pays de cultivateurs et d'éleveurs, devenait aussi *un pays de drapiers et de commerçants.* C'est pourquoi Henri VII protégea l'industrie de la laine contre la concurrence étrangère et développa la marine marchande.

II. L'Espagne.

4. La péninsule ibérique au XVe siècle.

Après la grave défaite que leur avaient infligée les Chrétiens sous le pontificat d'Innocent III, en 1212, les Musulmans ne possédaient plus à la fin du treizième siècle que le petit royaume de Grenade, au sud-est de l'Espagne. La civilisation y était d'ailleurs très brillante, comme en témoigne le *Palais de l'Alhambra.*

Puis, pendant deux cents ans, il y eut un brusque arrêt de la «Reconquête». Au milieu du quinzième siècle, on distinguait dans la péninsule ibérique trois États chrétiens importants : celui d'*Aragon* sur la côte méditerranéenne; celui du *Portugal* sur la côte atlantiqiue; celui de *Castille* au centre. Les deux premiers s'intéressaient peu aux affaires de la péninsule; ils tournaient toutes leurs ambitions vers le déhors. Les Portugais tentaient d'occuper le Maroc et *exploraient les côtes de l'Afrique*[1]. De leur côté, les Aragonais essayaient de dominer la Méditerranée occidentale : ils possédaient les îles Baléares, la Sardaigne, la Sicile, et un de leurs princes gouvernait le royaume de Naples. Quant à la Castille, elle était déchirée par les guerres civiles

5. Ferdinand et Isabelle.

Tout allait changer à partir de 1469. A cette date, l'héritière de la Castille, *Isabelle*, épousa l'héritier de l'Aragon, *Ferdinand.* Quand, peu après, Isabelle et Ferdinand entrèrent en possession chacun de son royaume, la Castille et l'Aragon ne fusionnèrent pas : les deux États restèrent distincts, chacun avec sa capitale, ses lois, ses fonctionnaires. Du moins avaient-ils désormais les mêmes souverains et la même politique étrangère.

1. En 1488 ils doublèrent le cap de Bonne-Espérance et, dix ans plus tard, le Portugais *Vasco de Gama* arrivait par mer dans l'Inde.

L'unité de l'Espagne se préparait.

Elle fit un pas de plus quand «les deux rois» (comme on appelait Ferdinand et Isabelle) eurent définitivement chassé d'Espagne les Musulmans. En 1492, le royaume de *Grenade* fut pris et incorporé à la Castille. Celle-ci annexa également la partie de la *Navarre* située aux sud des Pyrénées. De son côté Ferdinand se fit restituer par Charles VIII le Roussillon, jadis enlevé par Louis XI. Enfin même où le royaume de Grenade tombait, Christophe Colomb faisait, au service d'Isabelle, son premier voyage à travers l'Atlantique et découvrait l'Amérique. La Castille allait immédiatement en commencer la conquête : elle était ainsi la première puissance en Europe à se donner un grand *empire colonial.*

6. Le développement de l'autorité royale.

En même temps Ferdinand et Isabelle établissaient solidement leur autorité. Le pays était infesté de brigands : une justice expéditive et sans pitié les fit disparaître. Le clergé était puissant : Ferdinand se fit nommer grand maître des principaux ordres religieux et obtint du pape le droit de choisir les évêques. Les villes s'étaient rendues presque indépendantes : on leur imposa des gouverneurs royaux. La Castille et l'Aragon avaient depuis longtemps des sortes d'États généraux, souvent indociles, les *Cortès :* on ne les réunit plus.

Cependant chacune des provinces qui constituaient les royaumes de Castille et d'Aragon conservait certaines «libertés», certains privilèges auxquels les habitants étaient extrêmement attachés et qu'il eût été impossible au roi ou à la reine de supprimer. Le pouvoir royal avait donc des limites et, même dans chacun des deux royaumes, l'unité administrative n'était pas réalisée.

Enfin, contre les non-catholiques, Ferdinand et Isabelle, princes très dévots — on les appelait les *Rois Catholiques* — prirent des mesures terribles. L'esprit de tolérance qui avait si souvent marqué les relations entre Espagnols et Musulmans aux onzième et douzième siècles disparut. Les Juifs en 1492, les Musulmans en 1502 eurent à choisir entre le baptême et l'exil. Beaucoup quittèrent le pays, et leur départ fit perdre à l'Espagne ses meilleurs agriculteurs. Ceux-mêmes qui s'étaient convertis demeurèrent suspects aux Espagnols : on les accusait de rester secrètement fidèles à leur ancienne religion. Contre eux, les rois utilisèrent le tribunal religieux de l'Inquisition, qui prit en Espagne le nom de *Saint-Office* et dont ils nommaient les membres. Le Grand Inquisiteur *Torquemada*, un dominicain, est resté célèbre par le souvenir des nombreux Juifs convertis qu'il livra au bras séculier pour les faire brûler vifs, sans compter les milliers d'autres qu'il fit condamner à la prison perpétuelle. *Le développement du pouvoir royal s'accompagna ainsi de l'établissement de l'unité religieuse.*

L'Espagne allait désormais, pendant un siècle et demi, jouer en Europe un rôle prépondérant.

L'Italie et l'Allemagne à la fin du Moyen Age.

1. L'Italie au quinzième siècle.

A la fin du quinzième siècle, l'Italie restait morcelée en de nombreux États de grandeur et d'importance très diverses. Cependant ces États présentaient certains traits communs.

Le pouvoir était partout réservé à une minorité de citoyens riches. Souvent il était tombé aux mains d'un «tyran», qui gouvernait en maître. L'Italie des quatorzième et quinzième siècles est l'Italie des *tyrannies*.

Elle est aussi l'Italie des *condottieri*. On appelait de ce nom les chefs de mercenaires qui se mettaient à la solde d'un gouvernement. Les guerres étaient en effet perpétuelles entre États italiens. Plusieurs tyrans étaient d'anciens condottieri, que leurs victoires avaient rendus populaires.

Contre une cité rivale, les Italiens n'hésitèrent pas à se chercher un allié à l'étranger. De la fin du quinzième siècle au milieu du dix-huitième, l'Italie sera le *champ de bataille* où s'affronteront les ambitions des rois de France, des rois d'Espagne et des empereurs.

Ces guerres n'empêchèrent pas l'Italie de s'enrichir par l'industrie et le commerce, et de connaître un admirable développement littéraire et artistique : le quinzième siècle marque pour l'Italie les débuts de la *Renaissance.*

2. Les grands Etats italiens.

On pouvait alors distinguer en Italie cinq grands États. Le plus puissant était la *République de Venise.* Elle comprenait la région orientale de la plaine au nord du Pô, et, de l'autre côté de l'Adriatique, une partie de la côte dalmate, de nombreux comptoirs en Grèce et dans les îles de l'Archipel. Enfin les grandes îles de Chypre et de la Crète. Venise était une république, mais une *république aristocratique.* Seules les familles les plus anciennes et les plus riches, celles dont le nom était inscrit au «livre d'or», participaient au gouvernement. Le pouvoir appartenait officiellement à un *doge* (c'est-à-dire à un duc) élu à vie et à un Sénat ; en fait il était aux mains du *Conseil des Dix* qui exerçait sur tous une surveillance occulte et gouvernait souvent par la terreur.

A l'ouest de la Vénétie, le *duché de Milan* appartenait depuis le milieu du quinzième siècle à la famille des *Sforza.* Le duc Ludovic Sforza, politique intrigant et qui trompait tout le monde, s'était créé bien des ennemis. Pour leur résister, il fit appel en 1494 au roi de France, Charles VIII, et contribua ainsi à déchaîner les *guerres d'Italie.*

La *République de Florence* était tombée au début du quinzième siècle sous la domination d'une famille de riches banquiers, les *Médicis.* Sans qu'il eût reçu officiellement aucun pouvoir exceptionnel, *Cosme* de Médicis devint pendant trente ans (1434-1464) le premier personnage de l'État. Son petit-fils *Laurent le Magnifique* (1469-1492) fut un fastueux mécène, protecteur des écrivains et des artistes.

Les *États de l'Église* coupaient en écharpe la péninsule. Les papes s'occupaient beaucoup de leurs intérêts temporels, étendaient leurs possessions, luttaient contre leurs vassaux rebelles, s'enrichissaient et favorisaient les lettres et les arts.\

Enfin, au sud, le *Royaume de Naples*, disputé depuis la mort de l'empereur Frédéric II Hohenstaufen entre les princes espagnols d'Aragon et les princes français d'Anjou, était occupé par un cousin du roi Ferdinand d'Aragon. Louis XI, héritier de la maison d'Anjou, avait des droits sur le royaume. Il ne les fit pas valoir, mais son fils Charles VIII essaiera, dès son avènement, de conquérir le royaume de Naples : ainsi commenceront dans les dernières années du quinzième siècle les *guerres d'Italie.*

3. L'anarchie allemande.

Si l'Italie était morcelée, l'Allemagne, depuis le Grand Interrègne, l'était encore bien davantage : c'est par centaines que l'on y comptait, au quinzième siècle, les États, grands ou minuscules.

Au-dessus de tous les princes, il y avait bien toujours un roi allemand, mais sans pouvoir. La royauté élective, non héréditaire, et les électeurs choisissaient le roi tantôt dans une famille, tantôt dans une autre pour ne pas laisser se créer une dynastie trop puissante. En 1356, une loi fameuse, la *Bulle d'or*, fixa les détails de l'élection royale. Elle avait lieu à Francfort-sur-le-Main. De tous les princes allemands, sept seulement y participaient. C'étaient les *sept électeurs* : trois ecclésiastiques : les archevêques de Cologne, Trêves, Mayence ; et quatre laïcs : le roi de Bohême, le duc de Saxe, le margrave de Brandebourg et le comte palatin du Rhin qui possédait le Palatinat. La Bulle d'or leur reconnaissait une complète indépendance dans leurs États. Le pape n'avait aucun droit à se mêler de l'élection pour l'approuver ou la rejeter. Le nouvel élu prenait le titre de «roi des Romains, futur empereur». En fait il n'avait aucun pouvoir.

Il avait auprès de lui une Assemblée, la *Diète*, composée de trois chambres ou *collèges* : le collège des sept électeurs, le collège des autres princes, le collège des villes libres, c'est-à-dire celles qui avaient conservé le droit de se gouverner elles-mêmes : on en comptait une soixantaine. La Diète surveillait jalousement l'empereur, ne lui permettait d'avoir ni trésor, ni armée.

Cette faiblesse du pouvoir central avait eu de graves conséquences. A l'intérieur l'Allemagne était tombée dans l'anarchie. Les «chevaliers brigands», comme on appelait les nobles pillards, ne connaissaient que le «droit du poing», c'est-à-dire la force. Au-dehors le prestige de l'Allemagne diminuait. Déjà, depuis la mort de Frédéric II (1250), l'Italie échappait à l'autorité de l'empereur. Vers l'ouest, des terres d'empire étaient tombées au pouvoir du roi de France (Lyon, le Dauphiné, la Provence) ou du duc de Bourgogne (la Franche-Comté, la Belgique orientale, le Luxembourg, une partie de la Hollande). Vers l'Est, l'expansion germanique était arrêtée par les Polonais et les Hongrois. L'Empire portait maintenant le nom de *Saint-Empire romain de nationalité germanique*, comme pour montrer qu'il n'englobait plus que des territoires germaniques.

4. Puissance des Habsbourg.

Pendant que l'empereur perdait tout pouvoir, certains princes allemands augmentaient leurs territoires et leur prestige. Au début du quinzième siècle, le chef d'une famille de l'Allemagne du Sud, les *Hohenzollern*, était devenu le créancier d'un empereur. Celui-ci, ne pouvant payer ses dettes, lui céda le margraviat de Brandebourg avec le titre d'électeur. C'est l'origine de la grandeur des Hohenzollern qui, plus tard, seront rois de Prusse et, de 1871 à 1918, empereurs allemands.

Plus encore que les Hohenzollern, les *Habsbourg* surent développer leur puissance. En 1273 l'un d'eux, Rodolphe de Habsbourg, petit seigneur de la Suisse orientale, devint empereur. Il étendit son autorité sur presque toute la Suisse et enleva au roi de Bohême le duché d'Autriche et ses annexes alpestres du Danube à la mer Adriatique : dès lors la Maison des Habsbourg fut souvent appelée *Maison d'Autriche.*

Les successeurs de Rodolphe perdirent, il est vrai, leurs possessions en Suisse : en 1291, les cantons des bords du lac de Lucerne s'unirent et chassèrent les fonctionnaires autrichiens; à la fin du XIVe siècle, la Confédération des huit cantons suisses était, en fait, indépendante. En revanche, en 1440, un Habsbourg fut à nouveau élu empereur, sous le nom de Frédéric III et, quoique la couronne impériale ne devînt jamais officiellement héréditaire, les Habsbourg réussirent à la garder lans leur famille jusqu'à la suppression de l'empire germanique en 1806. Frédéric III fit épouser à son fils *Maximilien* la fille de

Charles le Téméraire. Quand le mariage de Charles VIII avec Anne de Bretagne eut forcé la France à renoncer à la Franche-Comté et à l'Artois, le jeune Maximilien joignit à l'héritage autrichien tous les anciens États du Téméraire à l'exception de la Bourgogne et des villes de la Picardie. En 1493, il succéda à son père Frédéric III.

5. Richesse de l'Italie et de l'Allemagne.

Les guerres perpétuelles en Italie, l'anarchie en Allemagne n'empêchaient pas certaines régions d'avoir une grande activité économique et d'être les plus riches de l'Europe.

L'Italie du Nord et la Toscane continuaient à exercer une véritable suprématie commerciale et industrielle. Les Vénitiens allaient toujours chercher en Syrie et en Égypte les épices de l'Extrême-Orient, venus par l'océan Indien dans le golfe Persique ou la mer Rouge. Les Génois, chassés de la mer Noire par l'avance des Turcs, participaient aux découvertes des Portugais, le long des côtes occidentales de l'Afrique. De son côté, Florence s'enrichissait par l'industrie des draps, à laquelle elle venait d'ajouter celle de la soie, et surtout par la banque: elle avait pour clients tous les princes de l'Europe, et d'abord les papes. Si les Médicis dirigèrent Florence au quinzième siècle, c'est que leur banque était la plus solide de la ville.

Les produits de l'Orient, les somptueuses étoffes de Venise, les draps et les soieries de Florence continuaient à être apportés en Flandre aux foires de *Bruges.* Mais on n'utilisait plus la route de France par la Champagne. Ou bien l'on empruntait la voie de mer par le détroit de Gibraltar, ou bien l'on franchissait les Alpes par le col du Saint-Gothard, on gagnait Bâle et on descendait le Rhin jusqu'à la hauteur de Strasbourg ou de Cologne pour, de là, atteindre la Flandre. Souvent aussi on allait de Venise à Cologne par le Tyrol et les villes d'*Augsbourg, Nuremberg, Francfort.* Les villes de l'Allemagne du Sud-Ouest et les villes rhénanes connurent au quinzième siècle une extrême prospérité; leurs foires remplacèrent les foires de Champagne que la guerre de Cent Ans avait ruinées. La banque des *Fugger* d'Augsbourg jouait en Europe un rôle aussi important que celle des Médicis de Florence. Dans les domaines autrichiens de Habsbourg, les mines de fer étaient exploitées avec des moyens techniques inconnus jusqu'alors.

A Bruges arrivaient également, comme au treizième siècle, les produits des régions riveraines de la mer Baltique — goudron, bois, poisson salé ou séché, blé, fourrures, cire, fer, cuivre — qu'apportaient les marchands allemands, unis dans la *Hanse germanique*. Au quinzième siècle la Hanse groupait plus de soixante villes de l'Allemagne du Nord et elle avait des comptoirs en Pologne, en Russie, en Suède, en Norvège et à Londres. Elle tenait ses assemblées générales à *Lubeck*; elle avait ses impôts, ses tribunaux, ses diplomates aussi et sa flotte de guerre, car elle était un véritable État : on la vit attaquer un roi de Danemark qui voulait lui enlever ses privilèges commerciaux.

6. Les débuts d'Anvers.

Cependant, dès le milieu du quinzième siècle, Bruges, dont le port commençait à s'ensabler, perdit sa primauté au profit d'*Anvers*. C'est à Anvers qu'arrivèrent désormais les draps anglais à destination de l'Allemagne et les produits «coloniaux» apportés par les Portugais : sucre de canne de l'île de Madère, poivre du golfe de Guinée. Déjà quelques grands banquiers allemands, comme les *Fugger* d'Augsbourg, créaient à Anvers des succursales de leurs banques. A l'imitation de Bruges, Anvers eut une *Bourse de commerce*[1], où les marchands des différents pays discutaient de leurs affaires et fixaient le cours (c'est-à-dire le prix) des marchandises. Anvers allait être, avec Venise, le premier port de l'Europe.

1. Le mot *Bourse* vient du nom d'une hôtellerie de Bruges dont le propriétaire s'appelait *Van den Beurse*.

L'Asie et l'Europe orientale du XIIIe au XVe siècle

1. Les peuples nomades de l'Asie centrale.

De tous temps, les peuples nomades des steppes de l'Asie centrale avaient menacé les terres fertiles de la Perse, de l'Inde et de la Chine. Depuis la fin de l'Antiquité aussi, par vagues successives, et sous le nom de Huns, d'Avars, de Bulgares, de Hongrois, ils avaient déferlé sur les vastes plaines de l'Europe orientale et du Danube qui ressemblaient à leurs pays natal.

Du treizième au quinzième siècle, deux peuples de race jaune, réussirent à constituer en Asie et en Europe de vastes Empires, les *Mongols* et les *Turcs*.

2. Les Mongols.

Les Mongols formaient un ensemble de tribus qui vivaient au nord-ouest de la Chine, dans l'actuelle Mongolie et le sud de la Sibérie. Vers 1200, au moment où Philippe Auguste régnait en

France, ils s'unirent sous l'autorité de l'un de leurs chefs, *Gengis-Khan* (1167-1227).

Gengis-Khan fut l'un des plus grands conquérants de l'Histoire. Il occupa le nord de la Chine, le Turkestan, la Perse et l'Afghanistan. Cavaliers intrépides, archers incomparables, d'ailleurs atrocement cruels, les Mongols détruisaient tout sur leur passage et laissaient derrière eux une impression d'épouvante. Ils continuèrent leurs conquêtes sous les successeurs de Gengis-Kahn. Les uns se précipitèrent, comme une avalanche, à travers la Russie, la Hongrie, la Bohême et arrivèrent jusqu'en vue de la mer Adriatique (1241) ; d'autres pénétrèrent en Mésopotamie et s'emparèrent de Bagdad où le dernier calife abbasside fut supplicié (1258) ; d'autres enfin occupèrent le reste de la Chine. A la fin du treizième siècle, la domination des Mongols s'étendait de l'océan Pacifique à la Crimée et à l'Arabie.

Cet Empire immense devait nécessairement se morceler. Mais partout les *Khans* (c'est-à-dire les souverains) mongols furent de bons administrateurs. Ceux de Chine, par exemple, loin de traiter les Chinois en peuple conquis, s'efforcèrent de gouverner à la façon des anciens empereurs. Ils se montrèrent aussi très tolérants à l'égard de toutes les religions : s'ils favorisèrent surtout le bouddhisme, ils réservèrent un bon accueil aux Franciscains que leur envoyèrent les papes et saint Louis. Ils développèrent également le commerce avec l'Europe : un négociant vénitien, *Marco Polo*, séjourna en Chine pendant plus de quinze ans (1275-1291) et nous a laissé un récit très curieux de ses voyages.

Mais, à partir du milieu du quatorzième siècle, la décadence commença. Une dynastie chinoise reprit le pouvoir en 1368, pendant qu'en Perse et au Turkestan la domination mongole était balayée par un autre grand conquérant, un Turc celui-là, Tamerlan.

3. Les Turcs.

On sait déjà comment, dès le onzième siècle, la tribu turque des Seldjoucides avait occupé la Mésopotamie et la plus grande partie de l'Asie Mineure. Ses progrès menaçants avaient provoqué le contrecoup de la première Croisade. Au treizième siècle, d'autres tribus turques avaient envahi le nord de l'Inde et fondé dans la pleine du Gange un *sultanat* (c'est-à-dire un royaume) dont la capitale était *Delhi.* Elles se montrèrent très intolérantes à l'égard des indigènes de religion brahmanique et leur imposèrent un joug très dur : de là date la haine qui, aujourd'hui encore, oppose dans l'Inde des Musulmans aux Hindous. — Enfin les Turcs s'emparèrent aussi de la Syrie et de l'Égypte : c'est contre eux que saint Louis dirigea sa première croisade, marquée par sa défaite et sa captivité.

Au début du quatorzième siècle, les Seldjoucides, affaiblis, laissèrent la place en Asie Mineure à une autre tribu turque, celle des *Ottomans.* Ceux-ci, dès 1326, enlevèrent aux Byzantins la ville de Brousse, dont ils firent pour un temps leur capitale; puis ils franchirent les Dardanelles et parurent pour la première fois, en Europe, en 1356. Appuyés sur une excellente armée composée de soldats de métier (fantassins ou *janissaires,* cavaliers ou *spahis*), les sultans ottomans semblaient sur le point de détruire l'Empire byzantin.

4. L'Empire byzantin.

Au lendemain de la quatrième Croisade (1204), l'Empire byzantin était réduit à l'Épire en Europe et à une petite partie de l'Asie Mineure. Mais, dès 1261, un prince grec, *Michel Paléologue,* reprit Constantinople et fonda la dernière dynastie grecque qui ait régné à Byzance, *la dynastie des Paléologues* (1261-1543).

La civilisation byzantine témoigna aux quatorzième et quinzième siècles d'une étonnante vitalité et elle se montra presque aussi brillante qu'au douzième siècle. Mais le gouvernement était en pleine décadence. Il n'y avait plus ni administration, ni armée, ni finances régulières; les révolutions de palais et les querelles religieuses sévissaient toujours. D'ailleurs l'Empire était territorialement très réduit. Il ne comprenait guère en Europe que Constantinople, la Thrace, la Macédoine, le sud du Péloponnèse (ou (Morée) et quelques îles de la mer Egée. Le reste de la péninsule des Balkans était aux mains des Bulgares, des Serbes, des Génois, des Vénitiens, des Napolitains ou même des Français. Les adversaires les plus redoutables que les

Paléologues eurent d'abord à combattre furent les Serbes, dirigés par *Étienne Douchan* (1331-1355). A peine le danger serbe était-il écarté par la mort de Douchan, que les Ottomans, on l'a vu, franchissaient les Dardanelles et prenaient pied en Europe.

Les Ottomans n'attaquèrent pas tout de suite Constantinople : ils préférèrent l'isoler en occupant successivement la Bulgarie et la Serbie. Quand une armée venue de France et commandée par Jean sans Peur marcha contre eux, ils l'anéantirent (1396). L'Empire byzantin semblait sur le point de succomber lorsqu'il fut temporairement sauvé par l'apparition de *Tamerlan*.

Ce turc du Turkestan, d'une cruauté féroce, venait de conquérir la Perse, l'Inde septentionale et la Syrie. Il attaque les Ottomans et leur infligea une écrasante défaite à Ankara (1402). Mais il mourut peu après et son empire se disloqua. L'affaiblissement momentané des Ottomans donna du moins aux Paléologues un demi-siècle de répit.

5. Mahomet II et la prise de Constantinople.

Quand *Mahomet II* devint *sultan*, il poussa les préparatifs pour la prise de Constantinople. L'empereur *Constantin XI* organisa activement la défense, mais il ne disposait guère que de 10 000 soldats. Après un siège de 54 jours Constantinople fut enlevée d'assaut (29 mai 1453), l'empereur fut tué et Sainte-Sophie, la cathédrale de Justinien, devint une mosquée, où la croix fut remplacée par le croissant (le drapeau turc est orné d'un croissant). A la fin du quinzième siècle, toute la péninsule des Balkans était aux mains des Ottomans. L'Empire byzantin disparaissait ainsi après une existence de plus de mille ans. Il avait rendu au monde l'immense service de lui conserver l'héritage intellectuel du monde antique.

Sa chute n'éveilla pas dans l'Europe chrétienne l'émotion à laquelle on pouvait s'attendre. D'ailleurs la domination turque ne semblait pas insupportable. Le sultan exigeait certes de lourds impôts, mais, par une tolérance inconnue alors aux chrétiens, il laissait à tous ses sujets leur religion, leur langue, leurs écoles et même leurs lois. De la sorte, si les *États* serbe, bulgare, grec disparurent, les *nations* serbe, bulgare, grecque gardèrent leur caractère propre. Au dix-neuvième siècle, elles sauront reconquérir leur indépendance politique.

6. Le royaume de Pologne.

Un seul État semblait de taille à tenir tête aux Turcs. C'était le royaume de Pologne qui s'étendait alors de la mer Baltique à la mer Noire.

Il était, il est vrai, menacé par les Allemands qui ont toujours essayé de repousser les Slaves vers l'est. Au treizième siècle, on l'a vu, les *Chevaliers teutoniques* avaient exterminé les Prussiens, qui étaient des Slaves, et installé des colons allemands sur le littoral de la mer Baltique. Mais, au début du quinzième siècle, les Polonais leur avaient infligé une grave défaite à la bataille de *Tannenberg* (1410) : le slavisme triompha momentanément du germanisme, et les Teutoniques, réduits à reconnaître la suzeraineté polonaise, ne possédèrent plus que la Prusse orientale.

Débarrassés des Allemands, les Polonais, très catholiques et belliqueux, furent, pendant trois siècles, les défenseurs de la Croix contre le Croissant. Pourtant leur adversaire le plus redoutable devait être non l'Allemagne ou la Turquie, mais un État nouveau : la Russie.

7. Ivan III et le réveil de la Russie.

Convertis par des missionnaires byzantins vers l'an mille, les Russes, dont la capitale était alors *Kiev*, avaient adopté la religion orthodoxe. Par là ils s'opposaient aux Polonais, aux Hongrois, aux Tchèques, tous catholiques, et ils se rapprochaient des Serbes, des Bulgares, des Roumains et des Grecs. Mais au treizième siècle ils tombèrent, on l'a vu, sous la domination des Mongols. Pendant plus de deux cents ans la Russie, entièrement séparée de l'Europe, fut une annexe de l'Asie.

Le salut lui vint des princes de la région de *Moscou*. Ceux-ci avaient été chargés par le khan mongol de lever en son nom le tribut que lui devait la Russie. Ils en profitèrent pour affermir leur autorité, jusqu'au jour où l'un d'eux, *Ivan III* (1462-1505), fut assez puissant pour chasser les Mongols de la Russie centrale et pour s'imposer aux autres princes russes. Il enleva ensuite aux Polonais quelques-unes des régions, peuplées de Russes, qu'ils occupaient; enfin il annexa les provinces de la Russie septentrionale jusque-là indépendantes. Il mérita ainsi d'être appelé le «rassembleur de la terre russe». Cependant le *grand-duché de Moscovie* n'atteignait pas encore la mer Baltique et ne comprenait pas la Russie méridionale.

Ivan III avait épousé la nièce de Constantin XI, le dernier empereur byzantin. Il se posa dès lors en héritier des empereurs grecs et, depuis ce moment, le but suprême de la politique russe fut toujours d'arracher Constantinople aux Turcs.

Ivan III essaya aussi d'introduire en Russie la civilisation occidentale, mais, pendant longtemps encore, la Russie allait être beaucoup plus asiatique qu'européenne.

8. La Question d'Orient.

Les grands événements que nous venons de rappeler expliquent les problèmes qui, jusqu'à nos jours, se sont posés dans l'Europe orientale. On peut en distinguer deux :

1° un *problème polonais :* les Polonais sont des Slaves et, par là, ils s'opposent aux Allemands; ils sont catholiques et s'opposent aux Russes qui sont orthodoxes; enfin, comme ils sont chrétiens, ils s'opposent aux Turcs musulmans.

2° un *problème balkanique :* les Turcs qui trouvent déjà des ennemis dans les Polonais et les Russes, sont aussi haïs par les nationalités chrétiennes qu'ils ont soumises et qui désirent recouvrer leur indépendance politique. Chacune de ces nationalités est d'ailleurs souvent en rivalité avec les autres (ce qui rend le danger moins grave pour les Turcs).

L'ensemble de ces problèmes compliqués constitue ce qu'on appelle la *Question d'Orient.*

L'Église catholique aux XIVe et XVe siècles.

1. La captivité d'Avignon.

Peu après la mort de Boniface VIII, le pape Clément V s'était installé à Avignon[1] (1309). Six papes, tous Français, y résidèrent après lui, jusqu'en 1376. Ce séjour, que les Romains par jalousie appelèrent la *Captivité d'Avignon*, porta un grave coup au prestige du Saint-Siège.

L'opinion publique accusait d'abord les papes d'être trop dociles à l'égard de la France ; elle leur reprochait ensuite de *faire argent de tout et de lever sans cesse des taxes nouvelles.* Ils intervenaient dans les élections épiscopales et se faisaient donner par le nouveau titulaire, qui leur devait sa place, de grosses sommes d'argent ; ils n'hésitaient pas à confier plusieurs fonctions ecclésiastiques à la même personne, quoique ce cumul fût interdit par les lois de l'Église ; ils faisaient payer de plus en plus cher les dispenses qu'ils accordaient ou les sentences en appel de leurs tribunaux. Tout l'argent qui affluait

1 Cette ville, alors possession du roi de Naples, fut ensuite achetée par le Saint-Siège qui la conservera jusqu'en 1791, date à laquelle elle devint française

ainsi dans les caisses de la papauté entretenait à la cour d'Avignon un *luxe* qui scandalisait beaucoup d'âmes pieuses. De graves abus, telle la simonie, reparaissaient. Beaucoup de bons catholiques suppliaient la Papauté de se réformer et de réformer l'Église.

2. Le Grand Schisme.

Mais la Papauté allait commencer par leur donner un spectacle encore plus douloureux. En 1377, le pape était revenu à Rome. Quand il mourut, l'année suivante, les cardinaux lui donnèrent pour successeur un évêque napolitain. Bientôt ils trouvèrent celui-ci trop autoritaire et, dans une seconde élection, nommèrent un pape français qui s'installa à Avignon. Il y eut donc en même temps deux papes, l'un à Avignon, l'autre à Rome; chacun se déclarait seul légitime et excommuniait l'autre. L'Église catholique était coupée en deux : cette scission, qui dura 39 ans, s'appelle *le Grand Schisme*. Jamais les âmes pieuses n'avaient connu pareilles angoisses, car elles craignaient d'être damnées si elles ne s'attachaient pas au pape légitime.

Un concile réuni à *Pise* en Italie (1409) pour trancher le conflit ne fit que l'aggraver. Il déposa les deux papes et en nomma un troisième; mais les deux premiers refusèrent de céder, et il y eut alors trois papes au lieu de deux! Un nouveau concile se réunit à *Constance* (1414). Il déposa deux papes, le troisième démissionna et un nouveau pape fut régulièrement élu, auquel se rallia toute la chrétienté.

Le Grand Schisme était terminé, mais il avait eu deux graves conséquences : le développement des hérésies; l'affirmation du gallicanisme.

3. Les hérésies de Wyclif et de Huss.

Les hérésies les plus importantes furent celles de Wyclif en Angleterre et Jean Huss en Bohême. Dans ces deux pays elles s'accompagnèrent d'un *violent mouvement national* dirigé contre la Papauté. Depuis que Jean sans Terre s'était reconnu vassal d'Innocent III, l'Angleterre était un des pays d'où les papes tiraient le plus d'argent. De là un mécontentement très vif dans le peuple et des conflits fréquents entre le Parlement et la Papauté. Au cours d'un ce ces conflits, un professeur d'Université d'Oxford, *Wyclif* (1320-1384), s'éleva avec violence contre les empiètements du Saint-Siège, conseilla au roi de s'emparer des biens d'Église et finit par attaquer certaines des croyances les plus importantes de la religion catholique. Condamné comme hérétique, il ne fut pas persécuté lui-même, mais ses disciples le furent horriblement.

Déjà ses doctrines avaient passé en Bohême. Elles y furent d'autant mieux accueillies que, dans ce pays, l'opposition à la Papauté avait des causes non seulement religieuses mais nationales. Les Tchèques, qui sont des Slaves, ont toujours été hostiles aux Allemands : ils s'indignaient de voir les papes nommer en Bohême des évêques et des abbés allemands. Le mécontentement s'incarna dans un prêtre tchèque, *Jean Huss,* qui reprit quelques-unes des théories de Wyclif. Le pape l'excommunia et le concile de Constance le cita à comparaître devant lui. Huss obéit, parce que l'empereur lui avait solennellement donné un sauf-conduit. Mais le concile l'arrêta, le condamna comme hérétique et le fit brûler vif (1415).

Ses partisans se soulevèrent alors et une terrible guerre, à la fois religieuse et nationale, la *Guerre des Hussites,* ravagea pendant vingt ans la Bohême et l'Allemagne (1419-1436). Finalement la papauté fit quelques concessions et les Tchèques se réconcilièrent avec l'Église catholique.

4. Le Gallicanisme.

Allait-on maintenant s'attaquer au grave problème de la réforme des abus? Mais tout de suite une question se posait : *qui devait faire cette réforme, le concile ou le pape?* Chacun prétendait que l'autre devait lui être soumis. Le concile de Constance faisait remarquer que, puisqu'il avait pu déposer des papes, c'est qu'il leur était supérieur. Les papes reconnaissaient cette supériorité, mais n'y voyaient qu'une mesure de circonstance, nécessaire pour mettre fin au schisme. En temps normal, disaient-ils, l'Église est une monarchie absolue où le pape a toute autorité. Le concile soutenait au contraire que le pape n'a qu'une autorité limitée dans l'Église et que, dans les cas graves, il doit consulter le concile général. Il ajoutait que le pape n'avait pas à se mêler des élections épiscopales, qu'il devait laisser beaucoup plus de liberté et d'initiative aux évêques dans leur diocèse, et que c'était seulement dans les cas très graves qu'on pouvait appeler du tribunal de l'évêque à celui du pape.

Cette théorie est connue sous le nom de *théorie gallicane* ou encore de *gallicanisme*, c'est-à-dire «théorie française» : elle fut en effet soutenue surtout par les théologiens de l'Université de Paris et par les évêques français qui siégeaient au concile de Constance et dans un autre concile qui se tint à *Bâle* (1431-1449). Charles VII lui donna même force de loi : il publia un règlement en vertu duquel les pouvoirs du Saint-Siège sur le clergé français étaient considérablement diminués. Les papes condamnèrent naturellement la théorie gallicane.

5. Echec de la réforme.

Quant à la réforme des abus, elle n'aboutit pas. Ils devinrent même plus criants à la fin du quinzième siècle. Les papes, dont la vie privée était souvent peu édifiante, s'occupaient bien moins de réformer l'Église que d'enrichir leur famille, d'agrandir leurs États et de protéger les artistes. Le respect à l'égard du clergé diminua chez beaucoup de fidèles. Alors même qu'ils restaient attachés aux dogmes du catholicisme certains d'entre eux en vinrent à ne plus regarder le prêtre comme l'intermédiaire nécessaire entre eux et Dieu. Leur religion devint ainsi toute individuelle, c'est-à-dire toute personnelle. Il y avait là pour l'Église un grave danger. Le mécontentement fut particulièrement vif en Allemagne. C'est un Allemand, *Luther*, qui, le premier, au début du seizième siècle, ayant perdu tout espoir de voir l'Église se réformer elle-même, rompra avec elle et dressera contre elle une grande partie de l'Allemagne.

Ainsi l'unité chrétienne, déjà brisée par le schisme grec au onzième siècle, va l'être à nouveau au début du seizième par le *Protestantisme*.

Nouveautés dans la vie intellectuelle et artistique.

1. Littérature et science aux XIVe et XVe siècles.

Les œuvres littéraires furent nombreuses en France, mais souvent de valeur médiocre. Trois genres furent alors en honneur : l'histoire, la poésie, le théâtre.

Les deux plus grands historiens furent *Froissart* (1337-1405) et *Commines* (1445-1511). Le premier ne s'intéressait qu'aux prouesses des chevaliers, le second au contraire aimait à chercher les causes des événements et à débrouiller les raisons qui faisaient agir Louis XI ou Charles le Téméraire. — Des nombreux poètes, le plus inspiré fut *Villon* (1431-?), un malandrin de la pire espèce, mais qui a écrit quelques beaux poèmes.

Le grand public s'intéressait surtout aux pièces de théâtre : soit aux *farces* qui le faisaient rire — telle la *farce de l'avocat* Pathelin — soit aux *mystères*, c'est-à-dire aux représentations qui mettaient en scène des épisodes de la vie de Jésus-Christ ou de la vie des Saints.

Les quatorzième et quinzième siècles virent dans tous les domaines de la *science* et de la *technique* un remarquable essor : dans la géométrie et la mécanique, comme dans les sciences physiques et naturelles. Les progrès de l'astronomie, de la géographie, de la cartographie, de l'art nautique (c'est-à-dire l'art de la navigation) préparèrent les grands voyages maritimes des Espagnols, des Portugais et des Italiens. On parvint à mesurer plus exactement le temps et les premières *horloges à poids* apparurent au temps de Charles V. La connaissance plus approfondie des lois de l'*hydraulique* (c'est-à-dire l'aménagement des eaux) permit la construction d'écluses et de dragues et l'emploi dans les forges de soufflets mécaniques mus par l'eau.

2. Déclin de l'Université. Les origines de l'humanisme.

De très nombreuses Universités se fondèrent dans tous les pays de l'Europe aux quatorzième et quinzième siècles, mais la vie universitaire se modifia profondément. D'une part elle perdit en partie son caractère international. Chaque souverain voulut désormais posséder ses propres Universités et interdire à ses étudiants de fréquenter celles de l'étranger. D'autre part, les Universités ne conservèrent plus la large autonomie dont elles jouissaient jusque-là : Charles VII plaça celle de Paris sous l'autorité du Parlement. Enfin la valeur de l'enseignement donné par les Universités baissa considérablement.

Ce déclin des Universités coïncidait avec le développement de l'*humanisme*, c'est-à-dire du goût passionné pour les œuvres de la littérature grecque et latine. En Italie d'abord un certain nombre d'écrivains recherchèrent et publièrent les manuscrits perdus ou oubliés des textes de l'Antiquité ; ils rééditèrent aussi, en les commentant, les écrits que l'on possédait déjà mais dont le texte était souvent fautif ou mal compris. On appelle ces lettrés des *humanistes* (du mot latin *humanus*, qui signifie : instruit, cultivé).

Les premiers Italiens qui s'adonnèrent à cette double tâche de collectionneurs et d'érudits furent au XIVe siècle le poète *Pétrarque*, puis *Bocace*, connu aussi par des contes en prose. Ils s'intéressaient surtout à la littérature latine. Ce goût pour l'histoire et les chefs-d'œuvre de la Rome antique se répandit en France au temps de Charles V et de Charles VI. Puis, au quinzième siècle, de nombreux savants byzantins, fuyant devant les Turcs, se réfugièrent en Italie, en Allemagne et en France; ils y enseignèrent la langue et la littérature grecques, firent connaître le texte original des ouvrages dont on n'avait encore en Occident que des traductions latines, faites sur des traductions arabes. Partout les princes, les villes, les riches particuliers commencèrent à réunir, souvent à prix d'or, les manuscrits des textes de l'Antiquité et constituèrent les premières *bibliothèques.* C'est ainsi que le pape Nicolas V (1447-1455) rassembla dans son palais du Vatican près de cinq mille manuscrits et fonda la *Bibliothèque vaticane*, aujourd'hui l'une des plus riches du monde.

Cependant, tant que les livres furent manuscrits, c'est-à-dire écrits à la main, leur diffusion était relativement réduite. Mais, au milieu du quinzième siècle, se produisit un événement d'importance capitale, l'invention de l'*imprimerie.*

3. L'invention de l'imprimerie.

Le premier progrès consista à graver le texte *en relief* sur une planche de bois : il suffisait ensuite d'encrer les lettres et d'y appliquer une feuille de papier. On pouvait ainsi reproduire un texte à un grand nombre d'exemplaires.

Mais les lettres — ou *caractères* — ne pouvaient pas servir pour un autre texte puisqu'elles n'étaient pas mobiles; de plus elles s'usaient vite. Le grand progrès consista d'une part à faire des caractères mobiles et d'autre part à les fondre en métal. Il semble que le nouveau procédé, auquel on travaillait aussi en Hollande et à Avignon, ait été mis au point, vers 1450, par un Allemand de Mayence, *Gutenberg*, qui avait travaillé à Strasbourg. Le premier livre imprimé fut une Bible. A Paris la première imprimerie fut installée en 1470 par trois Allemands, que le recteur de l'Université y avait appelés.

L'invention de l'imprimerie s'accompagna d'une autre grande nouveauté : *le papier de chiffon remplaça le parchemin.* Le papier de chiffon, utilisé par les Chinois dès le premier siècle de notre ère, se répandit en Perse, puis, par l'intermédiaire des Arabes, fut introduit en Europe. Longtemps dédaigné à cause de sa fragilité, le papier l'emporta définitivement au quinzième siècle.

L'invention de l'imprimerie, simple progrès technique en apparence, est l'un des événements les plus importants de toute l'Histoire, un de ceux qui ont révolutionné le monde. En créant le livre à bon marché et en le répandant à profusion, l'imprimerie a rendu possible la diffusion de toutes les idées et de toutes les connaissances humaines.

4. Caractères généraux de l'art.

Dans le domaine de l'art, également, les quatorzième et quinzième siècles apportèrent de grandes nouveautés.

L'architecture qui avait été jusque-là l'art essentiel, celui au service duquel se mettaient tous les autres, perdit sa primauté. La sculpture et surtout la peinture vécurent d'une vie indépendante et prirent un développement extraordinaire.

Les artistes avaient jusqu'alors travaillé presque exclusivement pour l'Église. Désormais ils travaillèrent pour des particuliers qui leur faisaient des commandes. Ils entrèrent au service de généreux Mécènes : papes, rois, princes, seigneurs, villes et mêmes riches bourgeois.

La France ne fut plus le principal foyer d'art, comme elle l'avait été aux douzième et treizième siècles. Le premier rang passa à l'Italie et aux Pays-Bas : on appelait alors Pays-Bas une vaste région qui comprenait la Hollande, la Belgique, le Luxembourg et les pays du Rhin allemand autour de Cologne.

Enfin et surtout, tandis qu'en France, aux Pays-Bas, en Allemagne, en Espagne, les artistes continuaient en général à s'inspirer des traditions de l'art gothique (même quand ils y apportaient des nouveautés), les artistes italiens s'affranchirent souvent bien davantage de ces traditions et s'inspirèrent plus directement de l'art des Grecs et des Romains. Ce retour à l'Antiquité est connu sous le nom de *Renaissance*.

5. L'art gothique aux XIVe et XVe siècles.

L'art gothique se continua aux quatorzième et quinzième siècles, mais il présenta certains caractères nouveaux.

Les architectes visèrent à la légèreté des formes ; ils évidèrent les murs, effilèrent les nervures. A partir de 1420, triompha dans les églises, les hôtels de ville, les maisons des riches particuliers, le *gothique flamboyant*, ainsi nommé parce que les lignes sinueuses donnent l'impression de flammes onduleuses.

Les sculpteurs, qui avaient jusqu'alors orné les églises de statues et de bas-reliefs, devinrent surtout des *portraitistes.* L'importance prise par la statue-portrait orienta la sculpture vers le *réalisme*, c'est-à-dire le représentation exacte du modèle. Au début du quinzième siècle le Hollandais *Claus Sluter* sculpta, on l'a vu, près de Dijon les effigies du duc de Bourgogne Philippe le Hardi et de sa femme, commença le tombeau du duc et éleva le Puits de Moïse.

Chez les miniaturistes, on retrouve le même goût pour l'observation de la réalité. La miniature donna au quinzième siècle ses deux chefs-d'œuvre : les *Très Riches Heures du duc de Berry*, œuvre de trois frères originaires de Belgique (vers 1415) et les *Heures d'Étienne Chevalier* (un conseiller de Charles VII), œuvre de Jean Fouquet. Mais bientôt la miniature allait disparaître, par suite de l'invention de la gravure.

On appelle *gravure* l'art de reproduire à de nombreux exemplaires un dessin. Sur une planche de bois, l'artiste trace son dessin, puis il creuse le bois tout autour pour que le dessin ressorte en relief. On utilise aussi le procédé inverse, c'est-à-dire celui de la gravure en creux : dans ce cas on emploie non le bois mais le cuivre. La feuille de papier sur laquelle s'inscrit le dessin s'appelle une *estampe*. La gravure devait très vite éliminer la miniature, parce que la même planche permettait de donner à bon marché des centaines d'épreuves du même dessin.

En même temps l'art des peintres était révolutionné par deux nouveautés : d'une part on prit l'usage de peindre sur *panneaux de bois*, puis sur *toile* : les tableaux étaient ainsi facilement transportables d'une pièce dans une autre. D'autre part la découverte de la peinture à l'huile permit de donner aux couleurs des tons plus chauds et plus transparents. Les principaux ateliers de peinture en France se trouvaient dans la vallée de la Loire (Tours, Moulins) et en Provence (Aix, Avignon) ; les plus grand artistes furent *Jean Fouquet* et *Nicolas Froment.* Aux Pays-Bas travaillaient les frères *Hubert* et *Jean Van Eyck*, puis *Roger de la Pâture*; en Allemagne *Mathias Grunewald.* Le quinzième siècle fut aussi l'âge d'or des belles *tapisseries*, particulièrement dans l'Anjou et à Arras.

6. Les débuts de la Renaissance en Italie.

Pendant ce temps les artistes italiens s'enthousiasmaient pour l'art gréco-romain. En quelques années ils allaient rénover l'architecture, le sculpture et la peinture. De toutes les villes d'Italie c'est Florence, la *Florence* des Médicis, qui fut au quinzième siècle le centre le plus brillant de cette *Renaissance artistique*.

L'architecture, avec *Brunelleschi*, revint aux méthodes de construction et à la décoration imitées de l'Antiquité. En Italie comme en Flandre la technique du dessin et de la peinture fit des progrès décisifs : les artistes redécouvrirent les lois de la perspective et étudièrent l'anatomie du corps humain. Les grands peintres sont légion : parmi eux, *Masaccio*, *Piero della Francesca*, *Mantegna*, le pieux moine *Fra Angelico*, à l'inspiration toute chrétienne, *Botticelli* dont beaucoup d'œuvres sont au contraire d'inspiration païenne.

Enfin trois grands sculpteurs qui, à l'exemple des Anciens, travaillèrent souvent le bronze, surent donner à la représentation du corps humain une vie et une souplesse inconnues jusque-là : *Donatello*, *Ghiberti* et *Verrocchio*.

Conclusion

L'œuvre du Moyen Age

1. Les débuts du Moyen Age.

La période de l'Histoire qu'on appelle le Moyen Age s'étend de la fin du cinquième siècle après J.-C. jusqu'à la fin du quinzième[1]. Les cinq premiers siècles étaient marqués essentiellement par les faits suivants:

— La formation d'États germaniques sur les ruines de l'Empire romain d'Occident et, dans cette région, le recul de la civilisation.

— La persistance de l'Empire romain d'Orient et l'éclat de la civilisation byzantine dans la péninsule des Balkans et l'Asie Mineure.

— La prédication par un Arabe, Mahomet, d'une religion nouvelle et la fondation en Asie, en Afrique et même dans l'Europe méridionale d'un immense Empire musulman.

— La lente expansion de la civilisation chrétienne à l'est du Rhin et au nord du Danube, c'est-à-dire dans des régions où la civilisation romaine n'avait que très peu (ou même pas du tout) pénétré.

1. Beaucoup d'historiens l'arrêtent dès le milieu du XVe siècle.

— Les tentatives de Charlemagne d'abord (800), puis d'Otton le Grand (962), pour ressusciter l'Empire d'Occident et en même temps un renouveau de la civilisation occidentale.

— Le développement du régime féodal, encore hâté par les invasions des Normands et des Hongrois aux neuvième et dixième siècles.

2. De l'an mille à la fin du XIIIe siècle.

Une seconde période du Moyen Age va de l'an mille à la fin du treizième siècle. C'est une période de création et de progrès, malgré la brutalité persistante des mœurs. Son idéal est l'édification d'une *société chrétienne* que dirigeraient le pape et l'empereur étroitement unis. L'Église catholique achève de s'organiser et de fixer ses dogmes. Les missionnaires convertissent les derniers païens de l'Europe, sur les rives de la mer Baltique; en Orient, les Croisades font, pour un temps au moins, d'une partie de la Terre sainte une terre chrétienne.

Alors aussi *l'activité économique reparaît.* Les grands travaux de défrichement et les inventions des onzième et treizième siècles donnent aux campagnes l'aspect qu'elles auront jusqu'à la fin du dix-neuvième siècle. Les villes se développent, l'industrie renaît, les travailleurs de certains métiers se groupent en corporations, les commerçants recommencent à silloner les routes.

En même temps, l'Europe connaît un *magnifique essor intellectuel et artistique.* Les premières œuvres littéraires écrites en langue vulgaire paraissent. Les étudiants se pressent par milliers dans les Universités dont la plus brillante est celle de Paris; les théologiens, utilisant les travaux des Arabes, essaient de faire profiter le christianisme de tout ce qui, dans la civilisation des Grecs et des Romains, n'est pas opposé à la doctrine chrétienne. C'est l'époque enfin de l'art roman et gothique : tout autant que le temple grec, bien qu'en différant profondément, la cathédrale est un chef-d'œuvre de l'art.

Dans cette période, au treizième siècle surtout, au siècle de saint Louis, la France, avec Paris, est le principal foyer de la civilisation occidentale, son rayonnement s'étend à toute l'Europe chrétienne.

3. La fin du Moyen Age.

Les quatorzième et quinzième siècle sont marqués par d'importantes nouveautés dans tous les domaines. *La carte politique de l'Europe est profondément modifiée.* L'Empire byzantin disparaît sous les coups des Turcs Ottomans qui occupent l'Asie Mineure et la péninsule des Balkans. Du moins, au Nord-Est le grand-duché de Moscovie s'est délivré des Mongols, pendant qu'au sud-ouest les Espagnols chassent les musulmans du royaume de Grenade. Dans les dernières années du quinzième siècle, Christophe Colomb découvre l'Amérique et les Portugais atteignent l'Inde en contournant l'Afrique méridionale : les Européens s'élancent à la conquête du monde.

Dans chaque État, *l'équilibre qui était encore réalisé dans la France de saint Louis, entre le régime féodal et l'autorité royale est définitivement rompu au profit du roi.* Partout celui-ci entend parler en maître. Il entend aussi repousser toute ingérance étrangère, fût-ce celle du pape. La victoire de Philippe le Bel sur Boniface VIII a marqué l'échec définitif des prétentions de Grégoire VIII et d'Innocent III. Les troubles du Grand Schisme et l'apparition de la théorie gallicane ont même permis aux souverains de fortifier leur autorité sur leur clergé aux dépens de celle du Saint-Siège.

Chez les habitants de chaque État se développe un *sentiment national*, encore inexistant vers l'an mille. La guerre de Cent Ans a achevé de créer un patriotisme français très hostile aux Anglais; la lutte des Espagnols contre le royaume de Grenade les a dressés contre les Maures; l'éclat de leurs œuvres d'art a donné aux Italiens le sentiment très vif de leur supériorité intellectuelle; l'hérésie de Jean Huss et la guerre des Hussites ont violemment opposé les Tchèques slaves aux Allemands. Dans l'Église elle-même les clergés des différents pays veulent jouir d'une large autonomie vis-à-vis du Saint-Siège. Ainsi *l'idée de l'unité chrétienne s'affaiblit* : bientôt on verra le «roi chrétien» François Ier s'allier aux Turcs contre le pieux empereur Charles Quint.

Ce n'est pas seulement l'idée de l'unité chrétienne qui est en déclin : *c'est parfois le christianisme lui-même.* Le Grand Schisme, la théorie gallicane, la vie trop mondaine des papes et de nombreux prélats ont jeté souvent le discrédit sur le clergé.

Certains fidèles ne croient plus qu'il soit l'intermédiaire nécessaire entre eux et Dieu. Dans le même temps certains humanistes se sont pris d'un tel enthousiasme pour les œuvres de l'Antiquité qu'ils en arrivent à se détacher du christianisme : c'est à Platon, à Sénèque, à Cicéron qu'ils s'attachent, non à l'Évangile et aux Épitres de saint Paul. L'art aussi échappe en partie à l'influence de l'Église. Peintres et sculpteurs se mettent au service non plus du clergé mais d'un prince ou d'un riche particulier. Plutôt que les épisodes de la vie de Jésus-Christ, de la Vierge et des saints, ils se plaisent à raconter les aventures des dieux et des héros de la mythologie, et ils sont poussés par un sentiment tout païen, le souci de la gloire.

A partir du milieu du quinzième siècle, *l'invention de l'imprimerie* va donner l'essor à ces idées nouvelles, à ces nouvelles manières de penser. Le monde occidental en sera révolutionné.

Ainsi, tantôt lentement, tantôt rapidement, selon les hommes et les pays, le Moyen Age fait place aux *Temps Modernes.*

Principaux faits

I. Le monde vers l'an mille.

Vers l'an mille on peut distinguer *quatre grands foyers de civilisation :* l'Europe occidentale et centrale, l'Empire byzantin, le monde musulman, enfin l'Inde, la Chine et le Japon.

Dans l'Europe occidentale, le *morcellement féodal* est la conséquence du démembrement de l'empire carolingien (*traité de Verdun* 843), des invasions des *Normands* et des *Hongrois*, de l'affaiblissement du pouvoir royal (malgré la création en 962 du *Saint-Empire* par Otton le Grand). En France la dynastie capétienne, avec *Hugues Capet*, a remplacé définitivement la dynastie carolingienne en 987.

II. Les XIe et XIIe siècles.

1. Le XIe siècle est marqué par la victoire de Guillaume le Conquérant à *Hastings* (1066) et la conquête de l'Angleterre par les Normands; — par la *Querelle des Investitures* qui met aux prises l'empereur *Henri IV* et le pape *Grégoire VII* (humiliation de l'empereur à *Canossa*, 1077), — par la *renaissance du commerce* et des *villes*, — par la construction des premières *églises romanes*, due surtout à l'activité des moines de *Cluny*, — enfin par la *Première Croisade* (1095-1099), riposte de la Papauté à l'avance des Turcs seldjoucides.

2. Le XIIe siècle voit les progrès de la dynastie capétienne sous *Louis VI* et même sous *Louis VII*, malgré le danger que présente pour elle la formation de l'empire anglo-français de *Henri II Plantagenet*. Les *villes* s'enrichissent, obtiennent des chartes de franchise, deviennent parfois des Communes. — L'empereur *Frédéric Barberousse* (1152-1190) dompte la féodalité allemande, mais est tenu en échec par le pape Alexandre III et les villes lombardes. — Enfin l'invention de la *croisée d'ogives* donne naissance à l'art gothique. (La construction de Notre-Dame de Paris commence vers 1160).

III. Le XIIIe siècle.

C'est le grand siècle du Moyen Age. Les principaux faits sont :

1. L'affaiblissement du Saint-Empire qui, après la terrible lutte de *Frédéric II* (1215-1250) contre la Papauté, tombe dans l'anarchie.

2. Les progrès du pouvoir pontifical dans l'Église, surtout sous le pape *Innocent III* (1193-1216) : organisation de la *Quatrième Croisade* (qui aboutit à la prise de Constantinople), des Croisades contre les *Albigeois* et contre les *Musulmans d'Espagne*; création des *ordres mendiants* (Franciscains et Dominicains); réunion du *concile du Latran* (1215).

3. La puissance de la monarchie capétienne avec *Philippe Auguste* (1180-1223) qui enlève à Jean sans Terre la France de l'Ouest et triomphe de la coalition anglo-allemande à *Bouvines* (1214); — avec *saint Louis* (1226-1270) qui met le pouvoir royal hors de pair par ses vertus et par les progrès de l'administration et de la justice royales; enfin avec *Philippe le Bel* (1285-1314) qui atteint le même but par les efforts de légistes sans scrupules (lutte contre Boniface VIII et procès des Templiers).

4. La limitation du pouvoir royal en Angleterre après que Jean sans Terre a dû accepter la *Grande Charte* (1215).

5. Le développement de **l'industrie,** et surtout du **grand commerce,** favorisé par l'usage du gouvernail axial et de la boussole et par l'unification d'une grande partie de l'Asie sous la domination mongole (voyage de *Marco Polo).*

6. Le rayonnement de la littérature et de l'art, sous l'influence de la France (l'*Université de Paris* avec le théologien italien saint Thomas d'Aquin, *œuvres littéraires* en langue vulgaire, construction des grandes *cathédrales* de Chartres, Amiens, Reims).

IV. Le XIVe siècle et la première moitié du XVe siècle.

1. L'affaiblissement de la Papauté et de l'Église marqué par l'attentat d'Anagni, la captivité d'Avignon, le Grand Schisme, les hérésies de Wyclif et de Jean Huss, l'affirmation du gallicanisme aux conciles de Constance et de Bâle, l'échec de toute réforme religieuse.

2. La guerre de Cent Ans qui, malgré les défaites françaises de *Crécy* (1346), de *Poitiers* (1356) et d'*Azincourt* (1415) aboutit, après Jeanne d'Arc (1429-1431), à la victoire de la France (1453).

3. La formation et l'apogée de la maison de Bourgogne : puissance de *Philippe le Bon* (1419-1467) et développement de l'art aux Pays-Bas et en Bourgogne (les frères *Van Eyck*, le sculpteur *Claus Sluter*).

4. La décadence du Saint-Empire : l'Italie et la Suisse lui échappent, la *Bulle d'or* (1356) réduit à rien le pouvoir de l'empereur. Mais la dynastie des *Hasbourg* acquiert les pays autrichiens et occupe le trône impérial de façon continue à partir de 1440.

5. L'établissement des Turcs en Europe et la disparition de l'Empire byzantin (prise de Constantinople par le sultan *Mahomet II* en 1453).

6. L'essor de la Renaissance italienne, commencée vers 1300 par le poète *Dante* et le peintre *Giotto*, continuée par les humanistes *(Pétrarque)* et les grands artistes : *Brunelleschi, Fra Angelico, Donatello.*

7. L'invention de l'imprimerie (*Gutenberg*, vers 1450).

V. La fin du Moyen Age.

L'Europe se transforme profondément et son horizon s'élargit.

1. La ruine de la maison de Bourgogne profite à Louis XI et surtout à Maximilien de Habsbourg. *Louis XI* (1461-1483), continuant l'œuvre de *Charles VII*, fortifie le pouvoir royal en France.

2. La guerre des Deux Roses décime l'aristocratie anglaise et prépare la toute-puissance du pouvoir royal sous la dynastie des *Tudors* qui, en 1485, remplace celle des Plantagenets.

3. L'Espagne se libère des Musulmans (prise de Grenade en 1492), commence son unification (après l'avènement d'*Isabelle* en Castille et de *Ferdinand* en Aragon) et se donne un empire colonial (*Christophe Colomb*, au service de la Castille, découvre l'Amérique en 1492).

4. Le grand-duché de Moscovie, sous *Ivan III* (1462-1505), s'affranchit de la domination mongole et s'étend sur une grande partie de la Russie.

5. La Renaissance italienne continue à se développer (*Botticelli, Mantegna, Verrochio).* D'Italie ce mouvement gagnera la France et le reste de l'Europe occidentale.

6. Les difficultés de l'Église augmentent et préparent le mouvement de la *Réforme* qui, au début du XVIe siècle, brisera l'unité du catholicisme.

Progressivement, le Moyen Age fait place aux Temps Modernes.

Table des matières

Imprimé en France, par l'imprimerie Hérissey à Évreux (Eure) - N° 93644
HACHETTE LITTÉRATURES - 43, quai de Grenelle - 75015 Paris
Collection n° 26 - Édition n° 03
Dépôt légal : 29178, novembre 2002
ISBN : 2.01.2790.64.X

27-9064-0